Günther Hoppe

Handbuch Quereinsteiger

Das komplette Know-How für einen erfolgreichen Start in den Lehrerberuf

Günther Hoppe

Handbuch Quereinsteiger

Das komplette Know-How für einen
erfolgreichen Start in den Lehrerberuf

Bibliografische Information der Deutschen Nationalbibliothek

Die Deutsche Nationalbibliothek verzeichnet diese Publikation in der Deutschen Nationalbibliografie; detaillierte bibliografische Daten sind im Internet unter http://dnb.d-nb.de abrufbar.

© Debus Pädagogik Verlag
Frankfurt/M. 2021

© WOCHENSCHAU Verlag,
Dr. Kurt Debus GmbH
Frankfurt/M. 2021

www.wochenschau-verlag.de

Alle Rechte vorbehalten. Kein Teil dieses Buches darf in irgendeiner Form (Druck, Fotokopie oder einem anderen Verfahren) ohne schriftliche Genehmigung des Verlages reproduziert oder unter Verwendung elektronischer Systeme verarbeitet werden.

Umschlaggestaltung: Ohl Design
Gedruckt auf chlorfrei gebleichtem Papier
Gesamtherstellung: Wochenschau Verlag
ISBN 978-3-95414-162-3 (Buch)
E-Book ISBN 978-3-95414-163-0 (PDF)

Inhalt

Vorwort von Dr. Heinz Klippert		11
Vorwort des Autors		14
1.	**Situationsbeschreibung**	17
1.1	Bildungspolitische Herausforderungen	18
1.2	Beweggründe für den Quereinstieg	18
1.3	Drei Erfahrungsberichte	19
1.4	Reflexionsaufgabe	23
2.	**Lehrer – ein Beziehungsberuf**	24
2.1	Kompetenzen eines „guten" Lehrers	25
2.2	Was sind Kompetenzen?	26
2.3	Rollenerwartungen	28
2.4	Belastungen und Ressourcen	29
2.5	Gesund bleiben im Lehrerberuf	31
2.6	Reflexionsaufgabe	32
3.	**Autorität und Beziehung**	33
3.1	Autorität erwerben	33
3.2	Beziehung fördern	34
3.3	Zwei Beispiele einer Beziehungsgestaltung	35
3.4	Reflexionsaufgabe	37
4.	**Didaktik und Methodik**	38
4.1	Grundlagen	38
4.2	Wie Lernen funktioniert	40
4.3	Lernrelevante Faktoren	40
4.4	Reflexionsaufgabe	41
5.	**Was ist guter Unterricht?**	42
5.1	Unterricht beobachten	43
5.2	Der Unterrichtsbeobachtungsbogen	46
5.3	Reflexionsaufgabe	46

6.	**Unterricht planen**	47
6.1	Bausteine einer Unterrichtsvorbereitung	47
6.2	Lernziele formulieren	52
6.3	Modelle und Beispiele	55
6.4	Reflexionsaufgabe	57
7.	**Unterricht durchführen und gestalten**	58
7.1	Phasen der Unterrichtsgestaltung	58
7.2	Bewährte Methoden	59
7.3	Lehrerverhalten	69
	7.3.1 Lehrerverhalten vor der Einzelarbeit	70
	7.3.2 Lehrerverhalten während der Einzelarbeit	71
	7.3.3 Lehrerverhalten während der Kooperationsphase	72
	7.3.4 Lehrerverhalten während der Plenumsphase	73
	7.3.5 Zusammenfassung	73
7.4	Präventiver Umgang mit Unterrichtsstörungen	74
	7.4.1 Formen der Unterrichtsstörung	75
	7.4.2 Arbeitsbelastungen in der Schule	75
	7.4.3 Unterrichtsstörungen und Prävention	76
	7.4.4 Zwei Beispiele für Unterrichtsstörungen	78
7.5	Zehn Tipps	79
7.6	Lehrersprache	81
7.7	Reflexionsaufgabe	83
8.	**Unterricht nachbereiten**	84
8.1	Fragen zur Stunde	84
8.2	Das ADA-System	84
8.3	Checkliste zum Bereich „Konsolidierung"	86
8.4	Reflexionsaufgabe	86
9.	**Aller Anfang ist schwer**	87
9.1	Der erste Tag in der neuen Schule	87
9.2	Checkliste: Neu in der Schule	89
9.3	Der erste Tag in meiner neuen Klasse	90
9.4	Kennenlernen	91
9.5	Die 10 Todsünden eines Neulehrers – und wie man sie vermeidet	93
9.6	Reflexionsaufgabe	96

10.	**Heterogenität – die größte Herausforderung im Unterricht** ...	97
10.1	Dimensionen der Heterogenität	97
10.2	Umgang mit Heterogenität	98
10.3	Methoden für Differenzierung	100
10.4	Instrumente und Werkzeuge	100
10.5	Kompetenzen im Umgang mit Heterogenität	102
10.6	Ausblick	103
10.7	Reflexionsaufgabe	104
11.	**Kooperatives Lernen – die wirksame Struktur für den Unterricht**	105
11.1	Vorteile des kooperativen Lernens	106
11.2	Struktur des kooperativen Lernens	106
	11.2.1 Individuelle Erarbeitung („Denken")	107
	11.2.2 Austausch in der Gruppe („Austauschen")	108
	11.2.3 Vorstellen im Plenum („Präsentieren")	108
11.3	Partner- und Gruppenbildung	109
11.4	Methodensammlung – bewährte Instrumente	111
11.5	Plädoyer für kooperatives Lernen	115
11.6	Reflexionsaufgabe	116
12.	**Direkte Instruktion – ein lehrergeleiteter Unterricht**	117
12.1	Exkurs: Was ist Frontalunterricht?	117
12.2	Was ist direkte Instruktion?	117
12.3	Unterrichtsvorbereitung im Schnelldurchgang mit direkter Instruktion	119
12.4	Direkte Instruktion und Frontalunterricht – ein Vergleich	119
12.5	Zusammenfassung	120
12.6	Reflexionsaufgabe	120
13.	**Klassenführung**	121
13.1	Führungsstile	121
13.2	Merkmale einer effizienten Klassenführung	122
	13.2.1 Der Ansatz von Kounin	123
	13.2.2 Selbsteinschätzung Klassenführung	125
13.3	Ruhe und Konzentration	126
13.4	So gelingt eine gute Klassenführung	127
13.5	Reflexion	127

14. Kommunikation ... 128
14.1 So lernen Schüler, besser zu kommunizieren ... 128
14.2 Erfolgreich kommunizieren ... 131
14.3 Das Unterrichtsgespräch ... 133
14.4 Drei Regeln für erfolgreiches Kommunizieren ... 134
14.5 „Über die allmähliche Verfertigung der Gedanken beim Reden" ... 134
14.6 Reflexionsaufgabe ... 135

15. Regeln und Rituale ... 136
15.1 Implementieren von Regeln und Ritualen ... 136
15.2 Einüben sozialer Kompetenzen ... 139
15.3 Reaktionen auf Unterrichtsstörungen ... 140
15.4 Was tun im Konfliktfall? ... 142
15.5 Konfliktgespräch führen ... 142
15.6 Reflexionsaufgabe ... 144

16. Beratungsgespräche mit Eltern und Schülern führen ... 145
16.1 Grundsätze der Gesprächsführung ... 145
16.2 Die Rolle der Eltern in der Schule ... 146
16.3 Das Lehrer-Eltern-Beratungsgespräch ... 147
16.4 Zwei Fallbeispiele (Dauerbrenner in jeder Schule) ... 148
16.5 Eine Checkliste ... 149
16.6 Gespräche mit Schülerinnen und Schülern ... 150
16.7 Reflexion ... 151

17. Kompetenzorientierte Leistungsbeurteilung ... 152
17.1 Funktionen der Leistungsbeurteilung ... 152
17.2 Neue Formen der Leistungsbewertung ... 153
17.3 Formative und summative Leistungsbewertung ... 155
17.4 Leistungsbeurteilung beim kooperativen Lernen ... 155
17.5 Schwierigkeiten bei der Leistungsbewertung ... 158
17.6 Mündliche Leistungen bewerten ... 159
    17.6.1 Problem, mündliche Leistungen gerecht zu bewerten ... 160
    17.6.2 Kriterien für die mündliche Note ... 161
    17.6.3 Checklisten für die mündliche Mitarbeit ... 162
17.7 Reflexionsaufgabe ... 164

18.	**Aufgaben und Arbeitsaufträge**	165
18.1	Lernaufgaben und Leistungsaufgaben	165
18.2	Mit Operatoren Aufgaben formulieren	165
18.3	Differenzierung und Aufgabentypen	167
18.4	Beispielaufgaben zum kompetenzorientierten Lernen in Mathematik und Deutsch	168
18.5	Arbeitsaufträge	170
18.6	Reflexionsaufgabe	173
19.	**Korrekturen**	174
19.1	Korrektur vor der Lernkontrolle planen	174
19.2	Lernförderliche Rückmeldung	176
19.3	Klassenarbeiten effizient korrigieren	177
19.4	Rückgabe der Klassenarbeit	177
19.5	Hausaufgaben korrigieren	178
19.6	Reflexionsaufgabe	180
20.	**Feedback und Evaluation**	181
20.1	Wirksame Lehr- und Lernstrategien	182
20.2	Arten von Feedback	184
20.3	Umsetzungsbeispiele und Instrumente	185
	20.3.1 Feedbackinstrumente für Schülerinnen und Schüler	185
	20.3.2 Feedbackinstrumente für Schülerinnen und Schüler und Lehrkräfte	187
	20.3.3 Feedbackinstrumente für Lehrkräfte	190
20.4	Einige Merksätze zum Schluss	191
20.5	Reflexionsaufgaben	192
21.	**Selbsteinschätzung und Reflexion für Schülerinnen und Schüler**	193
21.1	Reflexion des eigenen Lernens – warum?	193
21.2	Methoden und Instrumente zur Selbsteinschätzung	194
21.3	Kompetenzraster	196
21.4	Reflexionsaufgabe	196
22.	**Selbstreflexion Lehrerinnen und Lehrer**	197
22.1	Selbstreflexion bei Lernprozessen	197
22.2	Methoden und Inhalte der Selbstreflexion	198

22.3	Unterrichtsstunden reflektiert nachbereiten	199
22.4	Checkliste für die Selbstreflexion	200
22.5	Reflexionsaufgabe	201

23.	**Nur kein Stress**	202
23.1	Stressfaktoren in der Schule	202
23.2	Maßnahmen zur Stressbewältigung	203
23.3	Stressabbau durch Balance	203
24.4	Stressfreier durch den Schulalltag	204
23.5	Reflexion	205

24.	**Umgang mit Zeit**	206
24.1	Das Pareto-Prinzip	206
24.2	Das Eisenhower-Prinzip	207
24.3	Fragebogen zum Umgang mit Zeit	209
24.4	Zeit zum Lernen für Schülerinnen und Schüler	210
24.5	Zeit zum Träumen	212

25.	**Ein Kanon für junge Lehrer**	213
25.1	Reflexionsaufgabe	216

Nachwort	217
Ausgewählte Quellen	219

Vorwort

Beim Thema „Quereinsteiger" scheiden sich die Geister. Während die Skeptiker den Niedergang der schulischen Bildungs- und Erziehungsarbeit beklagen, betonen die Optimisten mit einer gewissen Gelassenheit, dass es grundsätzlich besser sei, pädagogisch ungeschulte Lehramtsanwärter/innen in die Schulen zu lotsen als gar keine Lehrkräfte zu haben. Fakt ist nämlich, dass es in den meisten Bundesländern seit Jahren einen eklatanten Lehrermangel gibt – insbesondere in den Grundschulen und in den mathematisch-naturwissenschaftlichen Fächern. Dieser Mangel ist diversen bildungspolitischen Versäumnissen bei der Lehrerekrutierung und Lehrerausbildung geschuldet und wird sich so schnell auch nicht beheben lassen. Von daher bleibt derzeit nur die Suche nach griffigen Kompensationsmöglichkeiten.

Das Anwerben von Quereinsteigern ist ein derartiger Kompensationsversuch. Zwar ist die fehlende pädagogische Ausbildung der angeworbenen „Nothelfer" sicherlich ein Handicap. Gleichwohl bleibt die Frage, ob die betreffenden Bewerber deshalb auf Dauer die schlechteren Lehrer/innen sein müssen. Grundsätzlich wohl kaum. Was z.B. für die Quereinsteiger spricht, ist ihre relativ ausgeprägte Lebens- und Berufserfahrung, die sie in die Schule mitbringen. Dieser Background erlaubt es ihnen, einen etwas anderen Blick auf die Schüler/innen und deren reale Arbeits- und Zukunftsperspektiven zu richten. Wenn dann noch ernsthaftes Interesse an der pädagogischen Förder- und Erziehungsarbeit hinzukommt, dann können sie ganz fraglos zu einer Bereicherung für jede Schule werden.

Diese Chance ist mir deshalb wichtig, weil ich selbst Anfang der 1970er Jahre als „Quereinsteiger" in Hessen begonnen und mich damals als gelernter Maschinenschlosser und Diplomökonom ganz bewusst für den Einsatz an einer Integrierten Gesamtschule mit Oberstufe entschieden habe. Mein Impetus war seinerzeit die Mobilisierung der brachliegenden Begabungsreserven durch neue Formen des Lehrens und Lernens. Zwar hatte ich wenig Ahnung von der tatsächlichen Lehrerrolle, war aber fest entschlossen, das kleine Einmaleins der schulischen Förder- und Erziehungsarbeit zu lernen.

Mein damaliger Vorteil war, dass ich eine zweijährige praktische Lehrerausbildung am Studienseminar in Offenbach absolvieren konnte bzw. musste, die mir recht intensive Trainings- und Klärungsmöglichkeiten eröffnete. Dieses Ausbildungsprivileg haben die meisten Quereinsteiger heutzutage leider nur noch sehr begrenzt. Stattdessen läuft ihre Ausbildung meist eher nebenher. Das erschwert nicht nur die nötige Rollenklärung, sondern auch den fundierten Aufbau eines tragfähigen pädagogisch-methodischen Repertoires. Schade, denn genau dadurch geraten Quereinsteiger immer wieder in die Defensive.

Das vorliegende Buch bietet verdienstvolle Anregungen, Grundinformationen und Reflexionsanlässe zur Kompensation dieser Ausbildungsversäumnisse. Dabei konzentriert es sich ganz vorrangig auf grundlegende Fragen und Probleme des pädagogischen Alltagshandelns, ist theoriegeleitet, aber nicht theorieüberfrachtet, ist knapp und adressatenorientiert formuliert, macht Mut und bietet unter dem Strich vielfältige Anlässe, um den spezifischen Belangen und Chancen der Lehrerarbeit auf den Grund zu gehen. In diesem Sinne ist das Buch ganz sicher eine Hilfe für jeden Quereinsteiger, der eine kompakte handlungs- und problemorientierte Einführung in den Lehrerberuf sucht.

Gleichwohl gewährleistet ein derartiger schriftlicher Leitfaden noch lange keine tragfähige Lehrerqualifizierung. Was erfolgreiche Quereinsteiger darüber hinaus vor allem brauchen, das sind praxisbezogene Workshops, Problembesprechungen, praktische Übungen, Hospitationen, anregende Unterrichtsversuche, Videostudien und andere Formen des praxisorientierten Erfahrungslernens in inspirierenden Lerngemeinschaften innerhalb wie außerhalb der eigenen Schule. Die damit verbundenen Kommunikations-, Produktions-, Planungs-, Erprobungs-, Reflexions- und Diskussionsaktivitäten tragen entscheidend dazu bei, dass der Aufbau nachhaltigen pädagogischen Wissens, Könnens und Wollens gelingt.

Nur wenn die entsprechenden Gärungs- und Klärungsprozesse gesichert werden, entfalten sich die erforderlichen pädagogischen Handlungskompetenzen. Kompetenzen also, die sowohl Know-how und Überzeugungen als auch grundlegende Instruktionen und Reflexionen zur Lehrerarbeit miteinschließen. Quereinsteiger müssen im besten Sinne des Wortes pädagogische „Überzeugungstäter/innen" werden und im Dialog mit anderen (angehenden) Lehrkräften lernen, sich als Entwicklungshelfer, Lernorganisatoren, Lernberater, Beziehungspfleger und Mutmacher im Dienste der Kinder zu verstehen und deren eigenständiges Denken, Arbeiten, Kooperieren, Reflektieren und Problemlösen fördern zu wollen. Dann stehen die Chancen für eine erfolgreiche Lehrertätigkeit relativ gut.

Diese Gärungs- und Klärungsarbeit verlangt zwingend nach den oben angedeuteten Seminaren, Workshops und sonstigen produktiven Kommunikations- und Kooperationsgelegenheiten. Für diese Art des aktiven und interaktiven Lernens muss den Quereinsteigern deutlich mehr Zeit als bisher gelassen werden. Ferner ist es wichtig, dass sie im Vorfeld ihres Schuleintritts möglichst sorgfältig daraufhin abgeklopft werden, wie es um ihre pädagogischen Grundmotivationen und Rollenvorstellungen steht. Wer nämlich lediglich auf mehr Arbeitsplatzsicherheit und weniger Arbeitsstress spekuliert, der ist als Lehrer ebenso fehl am Platze wie derjenige, dessen vorrangige Leidenschaft der fachlichen Unterweisung der Kinder gilt. Hier können Assessments oder andere Auswahlverfahren wichtige Aufschlüsse geben.

Fazit: Quereinsteiger werden dringend gebraucht, soll die obligatorische Unterrichtsversorgung gewährleistet werden. Sie sind nicht nur „Lückenfüller", sondern auch und zugleich verheißungsvolle Potenzialträger, die den meisten Schulen und Lehrerkollegien durchaus guttun können – vorausgesetzt, ihre Motivation, ihr Schülerbild, ihr Aufgabenverständnis und ihr didaktisches, methodisches und pädagogisches Repertoire stimmen. Daran muss gearbeitet werden. Dann dürfte ein erfolgreiches Mitwirken in den Kollegien sehr wohl gelingen. Das vorliegende Buch bietet wichtige Informationen und Gelegenheiten, um diese pädagogische Professionalisierung voranzutreiben.

Dr. Heinz Klippert

Vorwort

*„Die Menschen glauben den Augen mehr als den Ohren.
Lehren sind ein langweiliger Weg, Vorbilder ein kurzer,
der schnell zum Ziel führt."*

Seneca

Lieber Leser, liebe Leserin,
wer von uns an Schule denkt, erinnert sich in erster Linie an seine Mitschüler, an den Zusammenhalt, das Vertrauen, an Klassenfahrten und bestandene Prüfungen. Schule macht Spaß, zumindest im Rückblick. Aber dann tauchen in unseren Köpfen auch Gesichter von Lehrkräften auf, die unsere Schulzeit geprägt haben.

Wir erinnern uns an vertraute Momente, in denen sie uns aus der Patsche geholfen haben. An prägende Unterrichtsstunden, in denen sie uns Sachverhalte auf eine Art nähergebracht haben, dass wir sie heute noch „ein zu eins" abrufen können. Es sind Lehrer und Lehrerinnen, deren Namen wir vermutlich nie vergessen werden, weil wir ihnen vertraut haben und weil sie in uns die Begeisterung für Themen geweckt haben, der wir häufig sogar in eine Ausbildung, ein Studium, in den Beruf gefolgt sind.

Diese Lehrkräfte waren meinungsbildend und lebensprägend und wir bewundern sie auch noch als Erwachsene, weil wir von ihnen wirklich gelernt haben und weil sie uns ein Vorbild waren.

Ich bin Lehrer geworden, weil ich so ein Vorbild hatte, und ich versichere Ihnen: Es ist ein wunderbarer Beruf, der, mit Sachverstand, Engagement und Liebe zu den Schülerinnen und Schülern ausgeübt, innerlich satt und glücklich macht.

Die Liebe und das Engagement muss jeder Lehrer mitbringen. Die Sachkenntnis bekommt er in seiner umfassenden Ausbildung vermittelt. So weit, so gut. Doch was ist mit den vielen tausend Quer- und Seiteneinsteigern, die in unseren Schulen so dringend benötigt werden? Sie werden quasi im Schnellverfahren „tauglich" geschult. Sie möchten gute Lehrkräfte sein, an die sich ihre Schüler auch Jahrzehnte später noch erinnern. Aber ihnen fehlen gerade am Anfang ihrer Laufbahn die Praxis und das Know-how, mit ihren Schülern eine Beziehung zu gestalten, ihnen ein Vorbild zu sein und ihnen verlässlich das zu vermitteln, was sie ihren Fähigkeiten und Stärken entsprechend voranbringt.

Deshalb gibt es dieses Buch!

Es soll den Personen helfen, die sich später als andere entschieden haben, den Lehrerberuf zu ergreifen.

Hier finden „Neulehrer" professionelle Anleitung, das Kernstück des Berufes, den Unterricht, kompetent zu planen und durchzuführen. Sie erfahren, wie man Leistung bewertet, mit Stress und Konflikten umgeht und vieles mehr, was in der Praxis des Schulalltags von Bedeutung ist. Dazu gibt es Reflexionsaufgaben, die es ermöglichen, sich selbst zu überprüfen.

Aber ich möchte mehr. Ich möchte auch erklären und verdeutlichen, wie man eine echte Beziehung zu den Schülern aufbaut, wie man Vorbild wird und schließlich der Lehrer, den Schüler mit durchs Leben nehmen.

Ich habe das Schulleben auf drei Ebenen kennengelernt, als Lehrer, Schulleiter und Dezernent, und kenne alle Facetten der Schulpädagogik.

Mein Wunsch ist es, dass dieser wunderbare Beruf für Sie das wird, was er sein kann: absolute Erfüllung!

Aber ich möchte auch, dass Sie der Lehrer werden, an den sich Ihre Schülerinnen und Schüler ihr Leben lang erinnern: der beste!

Ihr Günther Hoppe

PS: Haben Sie Fragen, Anregungen oder suchen Unterstützung? Dann mailen Sie mir. Gern beantworte ich Ihre Nachricht.
guenther.hoppe@hoppe-schulberatung.de

1. Situationsbeschreibung

Es herrscht Lehrkräftemangel.

In einer Pressemitteilung vom 9. September 2019 beschreibt die Bertelsmann Stiftung die Lehrkräftelücke. Besonders betroffen vom Lehrkräftemangel sind die Grundschulen. Bis 2025 fehlen demnach 11.000 Grundschullehrkräfte mehr als von der Kultusministerkonferenz prognostiziert – insgesamt fehlen dann im Primarbereich 26.300 Lehrkräfte.

Dies betrifft aber nicht nur Grundschulen. Gravierend ist der Lehrkräftemangel in berufsbildenden Schulen sowie der Fachlehrkräftebedarf in weiterführenden Schule in den sogenannten MINT-Fächern. Das sind die naturwissenschaftlichen Fächer, Mathematik, Informatik und Technik.

Jörg Dräger, Vorstand der Bertelsmann Stiftung: „Die Bewältigung des Lehrermangels ist eine Herkulesaufgabe."

Sollte es nicht gelingen, bis 2025 die Lücke zu schließen, droht er bis 2030 fortzubestehen. Die Schulen trifft er in diesem Ausmaß unvorbereitet.

Wo sollen die fehlenden Lehrkräfte herkommen? Schon heute klafft eine große Lücke zwischen der Anzahl der offenen Stellen und der Anzahl der Bewerber. Offene Stellen für Lehrkräfte sind an den Schulen nur schwer zu besetzen.

Alle Bundesländer sind auf der Suche nach Lösungen. Viele haben die Anzahl der Studienplätze erhöht, andere versuchen, über ein höheres Einstiegsgehalt den Mangel zu lindern. Ebenso wird versucht, Lehrkräfte auch nach dem Erreichen der Altersgrenze weiter zu beschäftigen oder pensionierte Lehrkräfte zurückzuholen.

Der eklatante Lehrermangel, der letztlich mit einer Vernachlässigung der Lehrkräfteausbildung und falschen Prognosen zu tun hat, wird dadurch mittelfristig nicht behoben.

In der aktuellen Situation werden Seiten- und Quereinsteiger dringend gebraucht. (https://www.zeit.de/campus/2019/02)

Quereinsteiger kompensieren den Lehrermangel. Allerdings reichen ihre pädagogischen Kompetenzen ohne eine qualifizierte Vorbereitung oft nicht aus.

Schulleitungen und Fachverbände fordern eine berufsbegleitende Qualifizierung und Unterstützung für Seiteneinsteiger wie für Quereinsteiger. Seiteneinsteiger kommen in der Regel direkt aus dem Beruf in die Schule; für Quereinsteiger besteht die Verpflichtung, ein Referendariat zu absolvieren. Die entsprechenden Programme für Nachqualifizierungen sind in den einzelnen Bundesländern unterschiedlich entwickelt.

Dieses Buch kann den „Neulehrern" spürbar helfen, mit den neuen Herausforderungen erfolgreich umzugehen. Nutzen Sie die Lektüre für Ihren Schulalltag als Hilfsmittel für einen Einstieg in einen wunderbaren Beruf.

1.1 Bildungspolitische Herausforderungen

Die Kultusbürokratien der einzelnen Bundesländer stehen in der aktuellen Situation vor schwierigen Aufgaben.

Die gravierendste Herausforderung ist der Umstand, dass es für die wachsenden Schülerzahlen zu wenige Lehrkräfte gibt. Wir verzeichnen einen Lehrermangel, der sich durch eine Pensionierungswelle noch verstärken wird. Zuwanderer und Flüchtlinge erhöhen die bestehende Diskrepanz zwischen Personalstand und Bedarf.

Schülerinnen und Schüler streben immer mehr höhere Abschlüsse an; ihre Schulzeit wird dadurch verlängert. Allerdings gibt es gleichzeitig eine Zunahme bei den Schulabbrechern.

Die Ganztagsangebote werden immer mehr zum Regelfall. Damit steigt der Bedarf an zusätzlichen Unterrichtsstunden.

In der Schul- und Unterrichtsentwicklung gilt die Vorgabe, im Unterricht individuell zu fördern. Individuelle und kooperative Förderung soll jedem Einzelnen gerecht werden und möglichst effektiv sein. Zur Umsetzung müssen zusätzliche Unterrichtsstunden bereitgestellt werden.

Der Anteil der Schülerinnen und Schüler mit sonderpädagogischem Förderbedarf ist an allgemeinbildenden Schulen auf fast ein Drittel angewachsen. Für den sonderpädagogischen Unterricht fehlen an vielen Schulen ausgebildete Lehrkräfte.

1.2 Beweggründe für den Quereinstieg

1. Die beruflichen Anforderungen in einer Zeit ständigen Wandels sind nicht immer mit den eigenen Vorstellungen und Möglichkeiten vereinbar. Die Chance, Lehrer zu werden, ohne die dafür erforderliche Ausbildung zu haben, ist verlockend. Mit jungen Menschen zu arbeiten, sie zu fördern und zu begleiten, ist eine verantwortungsvolle Aufgabe. Quereinsteiger, die zwar einen Studienabschluss, aber keine Lehramtsausbildung haben, sind gefragter denn je.
2. Der Lehrerberuf bietet sehr viel Abwechslung und ist nie langweilig. Lehrkräfte sind Bezugsperson, Moderatorin, Sozialarbeiter, Weichensteller, Er-

zieherin und Vorbild. In der Schule sind sie Teil des Kollegiums, vor der Klasse mehr „Einzelkämpfer". Sie sind in die Organisationsstruktur der Schule eingebunden, haben aber ein hohes Maß an individueller Freiheit in der Gestaltung ihres Unterrichts.
3. Der Lehrerberuf ist familienfreundlich. Er ist krisensicher, wird relativ gut besoldet und ist nicht von wechselnden Arbeitsplätzen betroffen.
4. Der Lehrerberuf ist sinnstiftend. Der zukünftigen Generation das Rüstzeug zum Erwachsenwerden zu geben, Orientierung und Werte zu vermitteln, sollte der wichtigste Beweggrund für jeden Pädagogen, jede Pädagogin sein. Wenn Schüler erfolgreich lernen, ist das Anerkennung für die Arbeit und schafft ein gutes Gefühl.

1.3 Drei Erfahrungsberichte

Claudia B. (43) – „Die Schüler haben mich anfangs gar nicht ernst genommen!"
Wenn Claudia an die ersten Wochen an ihrer Realschule in Hannover denkt, muss sie schmunzeln. „Das hat bestimmt lustig ausgesehen. Im Klassenzimmer gingen die Schüler buchstäblich über die Tische. Die haben sich benommen, als ob ich gar nicht da gewesen wäre. So hatte ich mir meinen Start als Lehrerin nicht vorgestellt."

Claudia hat ein Diplom in Biologie in der Tasche, fast zehn Jahre in einem Institut für Bodenuntersuchung gearbeitet. Warum sie sich an einem Wochenende am Online-Portal als Lehrerin beworben hat, weiß sie genau. „Ich habe mich innerlich berufen gefühlt." Claudia ist Mutter von zwei Kindern und seit Jahren im Schulelternrat aktiv. „Ich habe die Lehrer von Anfang an um ihre wunderbare Aufgabe beneidet und immer häufiger bereut, nicht selbst auf Lehramt studiert zu haben."

Claudia bekommt rasch eine Zusage. Vier Monate später steht sie zum ersten Mal vor einer Klasse. Eine pädagogische Ausbildung hat sie nicht. Für sie gilt „learning by doing". Sie macht ein berufsbegleitendes Referendariat, das heißt, sie unterrichtet sofort und geht einmal in der Woche an ein Studienseminar.

Rückblickend gibt sie zu, den pädagogischen Teil ihrer Arbeitsaufgabe unterschätzt zu haben. „Ich war naiv, dachte, es gibt Bücher, Vorbereitungskurse, das reicht."

Umso bitterer ist das Erwachen. Unter den Schülern spricht sich schnell herum, dass Claudia keine „richtige Lehrerin" ist. Die Jüngeren sind einfach nur undiszipliniert. „Sie haben sich nicht einmal hingesetzt, wenn ich darum gebeten habe. Einige sind einfach weiter durch das Klassenzimmer gerannt." Die Älteren zeigen ihr subtiler, dass man sie nicht ernst nehmen muss. „Die haben mich spöttisch angegrinst und das war noch schlimmer", erinnert sich Claudia. Besonders tragisch: Einmal fließen sogar Tränen. „Peinlicher ging's nicht", beschreibt Claudia ihre damalige Gefühlslage. „Ich wäre am liebsten herausgerannt und einfach abgehauen."

Aber so weit kommt es zum Glück nicht, denn das Kollegium steht von Anfang an hinter ihr. Claudia fühlt sich gut aufgenommen, viele bieten ihr Hilfe an. Schon in der ersten Woche lädt sie eine Kollegin zu sich nach Hause ein, verrät ihr Kniffe, wie sie sich bei den Schülern Respekt verschaffen kann. Aber die größte Hilfe ist der Schulleiter, der einen ganzen Nachmittag mit ihr verbringt und sich bemüht, ihr die wichtigsten Grundlagen der Pädagogik im Schnellverfahren beizubringen. Danach bekommt sie eine Kollegin zur Seite gestellt, die zweimal in der Woche im Unterricht dabei ist.

„Eigentlich war das meine Rettung", so Claudia. „Ich habe sie machen lassen und direkt vor Ort viel von ihr abgeguckt. Diese unmittelbare Praxishilfe hat mir mehr geholfen als die Theorie im Seminar."

An Aufgeben denkt Claudia aber zu keinem Zeitpunkt. Im Gegenteil, sie fühlt sich Tag für Tag sicherer, die richtige Entscheidung getroffen zu haben. Aber sie ist auch von Anfang an bereit, sich mächtig in die neue Aufgabe hineinzuknien. Besonders die aufwendige Vorbereitung der Versuche kostet anfangs extrem viel Zeit. „Es war ja alles neu. Ich habe oft noch am Abend in der Schule im Labor gestanden."

Dazu liest sie viele Fachbücher, eignet sich damit Expertenwissen an.

Mit jeder Unterrichtsstunde kommt ein bisschen mehr Sicherheit. Und mit der Sicherheit verändert sich auch ihr Auftreten. Die Schüler reagieren darauf. „Ich glaube, es war die Mischung. Sie haben gemerkt, dass sie bei mir etwas lernen, und verstanden, dass ich mich wehren kann und sie langfristig den Kürzeren ziehen."

Mittlerweile, drei Monate nach ihrem holprigen Start, fühlt sich Claudia richtig angekommen. „Es läuft längst nicht alles glatt. Das habe ich für mich akzeptiert. Aber ich weiß, wie und wo ich Hilfe finde, und fühle mich angenommen. Das gibt mir die nötige Sicherheit."

Und dann lacht sie, zufrieden und ehrlich. „Ich habe meinen Traumberuf gefunden. Mein anfängliches Gefühl hat nicht getrogen."

Jürgen F. (49)

„Ganz ehrlich, ich habe bis vor Kurzem häufiger daran gedacht, alles hinzuwerfen! Die schulpraktische Ausbildung reichte mir einfach nicht", gibt Jürgen F. offen zu. „Ich habe mir meinen Neustart als Lehrer viel einfacher vorgestellt."

Der Diplom-Informatiker hat sich nicht spontan entschieden, Lehrer zu werden. Er suchte vielmehr schon längere Zeit einen Ausweg aus seiner für ihn unangenehmen Berufssituation. Jürgen F. hatte mehrere Jahre bei einem Computerhersteller gearbeitet, mit ungünstigen Arbeitszeiten und vielen Kundenbesuchen, bevor er sich für eine Bewerbung als Lehrer entschied.

„Die Entscheidung für den Lehrerberuf war weniger romantisch als bei einigen meiner Kollegen. Klar hat es mich gereizt, Wissen weiterzugeben und mit jungen Menschen zusammen zu sein. Aber Sicherheit und geregelte Arbeitszeiten spielten bei meiner Entscheidung, mich als Seiteneinsteiger zu bewerben, auch eine große Rolle. Ich musste als IT-Berater im Außendienst viele hundert Kilometer im Monat fahren und hatte kaum noch Zeit für meine zwei Kinder. Ich wollte einfach da raus."

Als Jürgen die Zusage bekam, an einer Kölner Gesamtschule anfangen zu können, war er erleichtert, ist aber ziemlich blauäugig an die neue Berufslaufbahn herangegangen. „Ich habe mir die ganze Didaktik wesentlich leichter vorgestellt", so Jürgen. „Ich dachte, wenn ich mich an meine eigene Schulzeit erinnere, klappt das irgendwie schon. Denn fachlich bin ich ja gut. Mein Thema beherrsche ich perfekt und meine Schüler sind in einem Alter, in dem sie das auch interessiert."

Doch die Enttäuschung ließ nicht lange auf sich warten. Die Schüler waren nur anfangs aufmerksam, dann fanden sie den Unterricht langweilig und schalteten ab.

Rückblickend weiß Jürgen, was er falsch gemacht hat. „Ich habe einfach nur den Stoff heruntergerattert. Meine Stunden hatten überhaupt keinen richtigen Aufbau. Das war fatal."

Jürgen sieht aber die Schuld für das Desaster nicht nur bei sich. „Es war eigentlich unverantwortlich von der Schulleitung, mich so unvorbereitet auf die Schüler loszulassen, zumal es eine Brennpunktschule ist, an der es sowieso schon reichlich chaotisch zugeht. Die Schüler sind problematisch. Aber damals gab es noch zu wenig Lehrer, der Schulleiter war häufig krank und ich fiel irgendwie durch alle Raster."

Das Ergebnis war vorhersehbar. Die Beschwerden häuften sich, erst von den Schülern, dann von den Eltern. Zum Glück fand Jürgen F. Unterstützung bei den Kollegen. Die gaben ihm Fortbildungstipps, empfahlen ihm Wochenendkurse. „Ich habe nebenberuflich richtig büffeln müssen und hatte schnell wieder dieselbe Situation wie vorher: viel Stress und wenig Zeit für die Familie."

Damals dachte Jürgen ernsthaft daran, in seinen alten Beruf zurückzukehren. Noch gerade rechtzeitig fruchteten die Fortbildungskurse. Hilfreich waren auch die vielen Hospitationen. „Irgendwann fiel bei mir der Groschen. Aber ich eigne mir bis heute, drei Jahre nach meinem ersten Schultag, noch viel pädagogisches Wissen zu Hause an. Das ist zeitaufwendig. Mit einem normalen Lehreralltag ist es bei mir längst noch nicht getan."

Aber es gibt auch gute Nachrichten. Jürgen hat trotz aller Widrigkeiten richtig Gefallen an seinem neuen Beruf gefunden. „Ich bin recht nüchtern eingestiegen, muss aber sagen, dass mich die Aufgabe heute begeistert. Ich bin mittlerweile richtig gern Lehrer. Aber der Weg dahin war und ist immer noch: ziemlich hart!"

Johann Z. (47)
„Ich brauche definitiv Hilfe!"

Als Johann Z. sich entschied, Lehrer zu werden, hatte er ein klares Ziel: Er wollte erfolgreich arbeiten und Bestätigung dafür bekommen. Viele Jahre hat der studierte Betriebswirt in einem kleinen Logistikunternehmen eine Aufgabe gehabt, die ihn wenig ausgefüllt hat. Er fühlte sich ständig unterfordert und wurde von Tag zu Tag unzufriedener.

Die Chance, sich mit Mitte 40 noch einmal in einem ganz neuen Berufsfeld beweisen zu können, hat ihn gereizt.

„Ich war und bin bereit, zu lernen, und sehe nie auf die Zeit. Ich möchte wirklich noch etwas leisten", sagt er.

Doch heute, sechs Monate nach seinem Einstieg in den Lehrerberuf, tritt er erneut auf der Stelle.

„Ich fühle mich ausgebremst und bin frustriert", gibt er zu. „Meine ehrgeizigen Ziele sind durch die aktuellen Voraussetzungen an dieser Schule überhaupt nicht umsetzbar."

Johann Z. arbeitet an einer Grundschule in Berlin. Der Anteil der Schülerschaft mit Migrationshintergrund ist hoch. Mehr als die Hälfte davon hat geringe bis keine Deutschkenntnisse. Johann Z. unterrichtet eine dritte und eine vierte Klasse in Deutsch, hat aber kaum Chancen, seinen engagiert vorbereiteten Unterricht umzusetzen.

„Die Theorie, die man mir in einem Seminar vermittelt hat, passt nicht zur Realität. Wie soll ich Gedichte üben, wenn die Schüler nicht einmal einfache Sätze beherrschen?", fragt der ratlose Seiteneinsteiger. Dazu kommt ein schwieriges Sozialverhalten. Viele Kinder sind verhaltensauffällig, ziehen andere mit. Johann Z. glaubt: „Hier wäre ein Sozialarbeiter nötiger als ein Lehrer."

Johann Z. bleibt also nichts Anderes übrig, als seinen Unterricht spontan zu gestalten. Einen Unterrichtsleitfaden kann er in der Regel nicht durchziehen.

„Ich möchte mich so gern pädagogisch entwickeln, aber mit den Möglichkeiten, die man mir hier bietet, geht das nicht. Das macht unzufrieden."

In seinem Kollegium sind alle bemüht, ihm zu helfen. Doch die meisten der erfahrenen Kolleginnen und Kollegen sind angesichts der Schwierigkeiten ebenso hilflos. Auch der Schulleiter zuckt nur mit den Schultern, wenn Johann Z. ihn auf Missstände hinweist. „Hier haben viele Lehrer resigniert und lassen sich krankschreiben", weiß Johann Z.

Einziger Lichtblick ist der stellvertretende Schulleiter, der ihm mit Methodenspielen hilft, auf die Heterogenität der Schülerschaft einzugehen. „Wir verbringen viele Nachmittage miteinander, in der Hoffnung, etwas bewirken zu können. Eigentlich sind dafür komplexe pädagogische Maßnahmen erforderlich. Aber ich bin bereit, mich allein in diese Aufgabe hineinzuknien, wenn es wenigstens vorangeht."

Johann ist enttäuscht. Weniger von sich als vielmehr von den Zuständen im Schulsystem. „Hier lässt man die Lehrer allein. Das habe ich nicht erwartet", sagt er kritisch.

Johann Z. ist mit viel Ehrgeiz in das neue Berufsfeld eingestiegen und war nicht darauf vorbereitet, dass zwischen Alltag und Anspruch eine riesengroße Lücke klafft. Er fühlt sich alleingelassen, seinen erfahrenen Kollegen geht es allerdings offenbar genauso. „Ich weiß jetzt, dass bei diesem schönen Beruf einiges im Argen liegt. Darauf hätte man mich vorbereiten müssen."

1.4 Reflexionsaufgabe

- Erkennen Sie Parallelen zu Ihrer Situation? Welche?
- Was würden Sie heute anders machen, wenn Sie noch einmal von vorn beginnen könnten?

2. Lehrer – ein Beziehungsberuf

Dem französischen Schriftsteller Albert Camus wurde 1957 der Nobelpreis für Literatur verliehen. Am Tage der Preisverleihung in Stockholm schrieb er an Germain Louis, seinen Lehrer in der letzten Volksschulklasse, diese Zeilen.

„Ohne Sie, ohne Ihre liebevolle Hand, die Sie dem armen kleinen Kind, das ich war, gereicht haben, ohne Ihre Unterweisung und Ihr Beispiel wäre nichts von alldem geschehen. Ich mache um diese Art Ehrung nicht viel Aufhebens. Aber diese ist zumindest eine Gelegenheit, Ihnen zu sagen, was Sie für mich waren und noch immer sind, und um Ihnen zu versichern, dass Ihre Mühen, die Arbeit und die Großherzigkeit, die Sie eingesetzt haben, immer lebendig sind bei einem Ihrer kleinen Zöglinge, der trotz seines Alters nicht aufgehört hat, Ihr dankbarer Schüler zu sein. Ich umarme Sie von ganzem Herzen." (Camus 1957, 282)

- Überlegen Sie: Was ist es, das diesen Lehrer so großartig auszeichnet?
- Denken Sie nun an Ihre eigene Schulzeit zurück. Welche Lehrerin, welchen Lehrer haben Sie in bester Erinnerung? Warum?
- Notieren Sie die Eigenschaften Ihres „besten" Lehrers.

Rückblende
Was haben Sie selbst als Schülerin, als Schüler als charakteristisches Verhalten Ihrer ehemaligen besten Lehrerin/Ihres besten Lehrers empfunden?

Mein Tipp: Schreiben Sie das auf und finden Sie einen Vertrauten, dem Sie Ihre Notizen erläutern.

Wird Ihnen bewusst, wie bedeutsam eine emotionale Beziehung zu den Schülerinnen und Schülern ist?

2.1 Kompetenzen eines „guten" Lehrers

Haben Sie Ihre Rückblende verfasst?

Bestimmt haben Sie dabei die Lehrerpersönlichkeit in den Mittelpunkt Ihrer Betrachtung gerückt. In der Tat ist die Persönlichkeit im Bereich der Berufskompetenzen der entscheidende Faktor für den „guten" Lehrer. In dem Beispiel von Camus ist es die Lehrerpersönlichkeit von Germain Louis, die den Jungen hat stark werden lassen.

Sie werden erfolgreich unterrichten, wenn Sie eine authentische Lehrerpersönlichkeit sind, die sich der eigenen Stärken und Schwächen bewusst ist. Es ist hilfreich, sich über die eigenen personalen und sozialen Kompetenzen im Klaren zu sein. Diese gesichert zu erkennen, braucht Zeit und Ausdauer.

Das Buch hilft Ihnen dabei, Ihre Kompetenzen zu auszubauen.

Seien Sie aufgeschlossen für neue Erfahrungen und Situationen. Das hilft Ihnen auf Ihrem Weg, ein guter Lehrer zu werden.

Der Lehrerberuf ist ein Beziehungsberuf. Grundvoraussetzung für „gute" Lehrer ist die uneingeschränkte Empathie (Liebe) zu Kindern und Jugendlichen. Nur daraus resultiert die Bereitschaft, eine emotionale Beziehung zu den Schülerinnen und Schüler aufzubauen und gern mit ihnen zu arbeiten und sie zu erziehen.

Von einer guten Lehrkraft ist eine Identifikation mit ihrer Aufgabe zu erwarten, dazu Aufgeschlossenheit, Neugier und Flexibilität für ständig wechselnde Situationen. Diese Kompetenzen sind an Ihre Persönlichkeit geknüpft. Manche sind bei Ihnen fest verankert, andere können Sie weiterentwickeln.

Versuchen Sie nun, sich selbst einzuschätzen.

Sie wissen oder fragen sich:
– Habe ich Freude im Umgang mit Kindern und Jugendlichen?
– Bin ich geduldig und einfühlsam?
– Kann ich mit Kolleginnen und Kollegen kooperieren, bin ich teamfähig?
– Bin ich belastbar und selbstbewusst?
– Kann ich eine Lerngruppe führen und die Klasse für den Unterrichtsstoff begeistern?
– Bin ich in meinen Handlungen sicher?
– Kann ich argumentieren und bin ich rhetorisch fit?

Den Fragenkatalog können Sie ergänzen. Bedenken Sie, dass es kein Rezept dafür gibt, ein guter Lehrer zu sein. Überzeugen können Sie nur als authentische, vorbildliche Persönlichkeit.

In diesem Buch erhalten Sie konkrete Hilfestellungen. Damit wird es Ihnen gelingen, Kompetenzen zu überprüfen und weiterzuentwickeln. Aber denken Sie daran: Niemand ist perfekt.

Deshalb ist die folgende Übersicht mit allen Berufskompetenzen die Idealvorstellung eines perfekten Superlehrers. Dem bin ich als Lehrer, Schulleiter und Dezernent in dieser umfassenden Ausprägung nicht begegnet.

So formuliert der populäre Buchautor Michael Winterhoff seine Erwartungen an einen Lehrer:

„Lehrer sollten eine gefestigte Persönlichkeit haben, um Kindern Halt und Orientierung zu bieten. Und sie sollten über ein umfassendes pädagogisches und entwicklungspsychologisches Wissen verfügen sowie die Bereitschaft haben, Kindern Werte und Lerninhalte zu vermitteln – und es auch als ihre Aufgabe ansehen, Schülern zu einer umfangreichen psychischen Entwicklung zu verhelfen, sodass sie später ihr Leben meistern können. Dabei müssen Lehrer es auch aushalten können, sich mal unbeliebt zu machen." (Spiegel online 2014)

2.2 Was sind Kompetenzen?

Der Erziehungswissenschaftler Franz E. Weinert definiert Kompetenzen „als die Individuen verfügbaren oder durch sie erlenbaren kognitiven Fähigkeiten und Fertigkeiten, um bestimmte Probleme zu lösen, sowie die damit verbundenen motivationalen, volitionalen und sozialen Bereitschaften und Fähigkeiten, um die Problemlösungen in variablen Situationen erfolgreich und verantwortungsvoll nutzen zu können." (Weinert 2001)

Allgemein wird unter Kompetenz also die Verbindung von Wissen und Können verstanden. Sie sind kompetent, wenn Sie auf der Grundlage Ihres Wissens und Ihrer Fähigkeiten handeln können.

In Ihrem kompetenzorientierten Unterricht verbinden Sie Wissen und Handeln. Diese Kompetenzen zu bewerten ist schwierig; grundsätzlich gelingt das im Unterricht nur über die Präsentation (Performanz) der Lernergebnisse.

Welche beruflichen Kompetenzen für Lehrkräfte gibt es und werden idealerweise von Ihnen erwartet? Prüfen Sie nachfolgende Übersicht: Können Sie für sich Merkmale ergänzen?

Fachkompetenz:
- Fachwissen
- Medienkompetenz
- Reflexionsfähigkeit
- Evaluationskompetenz
- didaktische Kompetenz
- unterrichten
- Methodenkompetenz
- Ziele entwickeln

Beziehungskompetenz:
- Verlässlichkeit
- Empathie
- Authentizität
- Konfliktfähigkeit
- Toleranz
- Kommunikationskompetenz
- rhetorische Fähigkeiten
- Argumentationsfähigkeit
- Fähigkeit, zu vermitteln
- zuhören können
- Klarheit der Sprache
- erzieherische Kompetenz
- Vorbild
- Führungsstärke
- Ausstrahlung
- motivieren können
- sichtbare Präsenz
- Organisationskompetenz
- planen
- strukturieren
- Umgang mit Zeit
- Übersicht

Selbstkompetenz
- Selbstvertrauen
- Belastbarkeit
- Engagement
- Entschlussfähigkeit

1. Markieren Sie vier Berufskompetenzen (z.B. Klarheit in der Sprache), die Sie als eigene Stärke empfinden.
2. Finden Sie einen Partner, tauschen sich darüber aus und erläutern Sie an Beispielen, wie Sie zu Ihrer Einschätzung gelangt sind.
3. Reflektieren Sie, welche Kompetenzen weiterentwickelt werden können und welche eng an Ihre Persönlichkeit geknüpft sind.

2.3 Rollenerwartungen

Lehrer haben heute einen doppelten Auftrag: Sie sind sowohl für Bildung als auch für Erziehung zuständig. Das ist eine Mammutaufgabe und erfordert von einer Lehrkraft professionelles Handeln. Gleichzeitig steht der Lehrerberuf wie kein anderer im Fokus der Öffentlichkeit.

Die gesellschaftlichen Erwartungen an Lehrkräfte sind von Idealvorstellungen geprägt. Oft resultieren sie aus Wünschen und dem eigenen Erleben von Schule. Die Erwartungen sind subjektiv, manches Mal realitätsfern. Nicht selten wünschen sich Schülerinnen und Schüler ganz andere Verhaltensweisen von Lehrkräften als z.B. die Eltern oder auch die Schulleitung.

In jedem Fall beziehen sich die Erwartungen an die Lehrkraft auf ihr Handeln, ihre Erscheinung und Persönlichkeit. Sie können beim besten Willen nicht allen Erwartungen gerecht werden. Insbesondere für Berufsanfänger ist der Umfang der neuen Aufgaben eine zeitraubende Herausforderung. Oft ist es schwierig, die Aufgaben zu strukturieren, zu gewichten und einzuordnen.

Das Magazin *Der Spiegel* hat in einer Schulserie 2014 seine Leserschaft gefragt, welche Eigenschaften ein guter Pädagoge haben sollte.

Hier sind vier Kernelemente aus der Dokumentation aufgeführt:

Welche Eigenschaften muss ein guter Pädagoge haben?
- Gute Lehrer sind vor allem verständnisvoll und geduldig mit ihren Schülern.
- Gute Lehrer kennen sich insbesondere in ihrem Fach sehr gut aus.
- Gute Lehrer setzen vor allem klare Grenzen und sind berechenbar.
- Gute Lehrer sind in erster Linie stressresistent und selbstbewusst.

Sind Sie einverstanden?

In meinen persönlichen Wahrnehmungen, bestätigt durch Ergebnisse verschiedener Umfragen, bestehen fünf Minimalansprüche, die Schüler an die Lehrer beziehungsweise umgekehrt Lehrer an die Schülerinnen und Schüler richten.

Aus Sicht der Schülerinnen und Schüler sollten Lehrer
- Respekt haben
- Leistungen gerecht und transparent bewerten
- motivieren können
- offen für Sorgen und Probleme sein
- Schüler loben

Aus Sicht der Lehrer sollten Schülerinnen und Schüler
- aufmerksam sein
- Respekt haben
- Disziplin haben
- Fragen stellen
- ehrlich gegenüber dem Lehrer sein

Hätten Sie diese Ergebnisse erwartet? Können Sie daraus eigene Ansprüche für sich ableiten? Markieren Sie, welche das sein könnten.

2.4 Belastungen und Ressourcen

Die Zeit des Berufseinstiegs wird als besonders belastend empfunden. Fehlende Routine und ein Bündel neuer Aufgaben sind für den „Neulehrer" in den Anfangsjahren besonders anstrengend. Der Umgang mit den Belastungen ist abhängig von Ihrer emotionalen Stabilität.

Vermeiden Sie, in Fällen von Misserfolgen im Unterricht sich allein dafür verantwortlich zu machen. Müdigkeit, Unkonzentriertheit und fehlendes „Handwerkszeug" können Sie als Faktoren durchaus heranziehen. Versuchen Sie jedoch bei allem Engagement nie, „alles im Griff" zu haben und sich für alles verantwortlich zu fühlen.

So ist z.B. der Umgang mit Störungen im Unterricht ein Lernprozess. Präventiv damit umzugehen ist eine Fähigkeit, die Sie oft erst im Alltag lernen.

Glauben Sie keinem Lehrer, der behauptet, sein Unterricht verliefe störungsfrei.

Störungsfreier Unterricht ist eine Fiktion. Störungen stellen eine besondere Belastung beim Unterrichten dar.

Folgende Erhebung aus Nordrhein-Westfalen informiert über die zehn stärksten Belastungsfaktoren.
1. Erschwernisse durch auffälliges Verhalten
2. Erschwernisse durch laute Schülerinnen und Schüler

3. Erschwernisse durch große Klasse
4. Zeitaufwand für Verwaltungstätigkeiten
5. Häufiger Zeitdruck in der Arbeit
6. Fehlende Zeit zur Erholung in den Pausen
7. Zeitaufwand für Unterrichtsnachbereitung/Korrektur
8. Gefühl, mit Arbeit nie fertig zu werden
9. Erschwernisse durch heterogenes Leistungsvermögen
10. Regelmäßige Arbeit am Wochenende

Bugis 2019

Erkennen Sie sich in Ihrer aktuellen Situation wieder?

> **Mein Tipp:** Gehen Sie pfleglich mit sich um! Prüfen Sie, wie Sie sich selbst wahrnehmen, Ihre Belastbarkeit, Ihre sogenannte Ich-Stärke, Ihre Courage.

Mit einer ausgewogenen emotionalen Stabilität schaffen Sie es besser, mit Belastungen umzugehen. Wie sind Ihre Persönlichkeitsmerkmale ausgeprägt? Verfügen Sie in ausreichendem Maß über Ressourcen, Ihre Herausforderungen zu bewältigen?

Die folgende Übersicht formuliert Ressourcen. Kreuzen Sie für sich Zutreffendes an.

	ja	nein
Ich bin mit meiner beruflichen Situation zufrieden.		
Ich kann trotz der Belastungen in der Freizeit abschalten.		
Ich nehme mir für Privates ausreichend Zeit.		
Ich bemühe mich bei Konflikten um Gelassenheit.		
Ich kann mit dem Lärm und der Unruhe gut umgehen.		
Ich kann meine Klasse für mein Fach begeistern.		
Ich kann die Schüler aktivieren.		
Ich kann die Unterrichtszeit effektiv nutzen.		
Ich kann Unterrichtsstörungen spürbar verringern.		
Ich habe Vertrauen in meine Fähigkeiten.		

Wie oft haben Sie „ja" angekreuzt, wie oft „nein"?
    Ich wünsche Ihnen, dass die Anzahl der „Neins" nach intensiver Lektüre dieses Buches geringer wird.

2.5 Gesund bleiben im Lehrerberuf

Das Selbstverständliche zuerst: Um gesund zu bleiben, treiben Sie Sport, fahren regelmäßig in den Urlaub, achten auf eine ausgewogene Ernährung und pflegen soziale Beziehungen – gern auch zu Nichtlehrern.

Die Gefahr, vom Schulalltag zermürbt zu werden, ist für Berufsanfänger besonders groß. Es gibt Schüler, die permanent stören, Eltern, die sich querstellen, oder Klassen, die ihren neuen Lehrer nicht ernst nehmen.

Als neue Lehrkraft zu arbeiten ist anstrengend, Kräfte raubend und erfordert neben dem Engagement viel Widerstandsfähigkeit.

Ihre Gesundheit ist die Voraussetzung für eine befriedigende Berufsausübung. Nur wenn es Ihnen selbst gut geht, können Sie eine gute Lehrkraft sein. Die Qualität Ihres Unterrichts ist wesentlich von Ihrem Wohlbefinden abhängig. Ein positives Lebensgrundgefühl macht Sie widerstandsfähig gegenüber den beruflichen und seelischen Belastungen.

Ist Ihr Leidensdruck sehr hoch, suchen Sie externe Hilfe, damit Sie Wege aus der Krise finden. In der Literaturliste finden Sie bei Bedarf Hinweise, die Ihnen helfen, sich besser vor Überlastung und Burn-out zu schützen. Lassen Sie es nicht zu, dass der neue Job Ihre Gesundheit ruiniert.

Anschaulich nenne ich Ihnen sieben einfache Mutmacher gegen Frustration und für mehr Resilienz:
- Trennen Sie eindeutig Berufs- und Privatleben. Verzichten Sie nicht auf Ihr Hobby und opfern Sie nicht Ihr Privatleben total der Schule. Genießen Sie den Freitagabend für Kino, Kartenspielen, Essen gehen, …
- Reflektieren Sie Ihre Stärken und festigen Sie Ihren „inneren Stand", vertrauen Sie auf Ihre Stärken und Fähigkeiten.
- Distanzieren Sie sich von unrealistischen Ansprüchen. Finden Sie kleine Etappenziele. (Beispiel: Ich kontrolliere nicht täglich alle Hausaufgaben, sondern nur noch freitags.)
- Finden Sie eine Kollegin, einen Kollegen, mit dem Sie offen über Ihren Schulalltag kommunizieren können.
- Nutzen Sie Möglichkeiten, Unterricht zu hospitieren und darüber zu sprechen.
- Seien Sie achtsam und sorgen Sie für Ihre Entspannung.
- Bewahren Sie ein ruhiges Temperament.

> **Mein Tipp:** Gehen Sie pfleglich mit sich um! Prüfen Sie, wie Sie sich selbst wahrnehmen, Ihre Belastbarkeit, Ihre sogenannte Ich-Stärke, Ihre Courage. Dazu finden Sie Anregungen in Kapitel 22.

Mit einer ausgewogenen emotionalen Stabilität schaffen Sie es besser, mit Belastungen umzugehen.

2.6 Reflexionsaufgabe

> - Welche Verhaltensweisen sind hilfreich, damit Sie zu Ihren Schülerinnen und Schülern eine Beziehung aufbauen kann?
> - Nehmen Sie Stellung zu diesem Zitat von Albert Einstein: „Vorbild sein! Zur Not ein schlechtes."

3. Autorität und Beziehung

Ohne Autorität kann eine Lehrkraft nicht erfolgreich sein; sie ist in der Schule unverzichtbar. Doch was ist unter Autorität in der Schule zu verstehen?

Da ist zum einen die formale Autorität, die sich durch Ihren Status als Lehrkraft ergibt. Durch Ihre hierarchische Stellung verfügen Sie über eine gewisse Macht, die Sie gegenüber Ihren Schülerinnen und Schülern ausüben können.

Zum anderen gibt es die „natürliche Autorität", die Sie sich durch Ihr Auftreten, Wissen und Können, durch Vorbild und persönliche Ausstrahlung erwerben. Diese natürliche oder positive Autorität ist weiterhin gekennzeichnet durch gegenseitigen Respekt, durch Glaubwürdigkeit und Authentizität, durch pädagogische Kompetenz und Sensibilität. Autorität lässt sich nicht verordnen; sie wird Ihnen zuerkannt und oft braucht es Zeit, sie zu erwerben. So werden Sie erfahren, dass Sie in der einen Klasse von allen respektiert werden, in einer anderen weniger.

Dank einer positiven Autorität gelingt es Ihnen, eine Beziehung zu den Schülerinnen und Schülern aufzubauen. Eine gute Beziehung ist die Grundlage für erfolgreiches Lernen.

3.1 Autorität erwerben

Untersuchungen belegen, dass Schüler, die ihre Lehrer als zuverlässig, gerecht und zugewandt empfinden, eine positive Einstellung zu ihrer Schule entwickeln. Diese Einstellung korrespondiert mit einer aktiveren Unterrichtsbeteiligung und besseren Lernerfolgen. Der neuseeländische Erziehungswissenschaftler John Hattie belegt durch statistische Auswertungen die überragende Rolle der Lehrerpersönlichkeit. Hattie beschreibt, dass die Fachkompetenz und die Ausbildung der Lehrkraft von nachgeordneter Bedeutung für den Lernerfolg sind. Ihre Persönlichkeit ist entscheidend. Sie „genießen" Autorität, sobald Sie von Ihren Schülerinnen und Schülern geachtet, respektiert, ernst genommen werden, freundlich sind; dann – erst dann – wird Ihnen zugestanden, zu führen, Anleitungen zu geben und Entscheidungen zu treffen. Schülerinnen und Schüler erkennen Ihre Autorität, wenn Sie ...

- authentisch sind und niemanden verletzen.
- sich für jeden Einzelnen interessieren.
- Orientierung geben und Vorbild sind.
- sichtbar strukturierten, anspruchsvollen Unterricht erteilen.
- klare Regeln und Arbeitsanweisungen erteilen.
- Humor haben.
- Abweichungen von der Stundenplanung zulassen.

Folgende großartige Beschreibung habe ich der *Berliner Morgenpost* entnommen. In dem Artikel sind Schülerinnen und Schüler gefragt worden, wie ihr Traumlehrer aussehen soll.

„**Garret Specht**: Ein guter Lehrer sollte eine gute Beziehung zu seinen Schülern haben. Außerdem muss er alle Schüler gleich behandeln. Der Lehrer sollte freundlich zu seinen Schülern sein und der Lernstoff sollte gelegentlich mit etwas Spaß verbunden werden. Ein guter Lehrer muss aber auch Ruhe in eine Klasse bringen können. Dafür ist es wichtig, dass der Lehrer selbstbewusst auftritt.

Außerdem sollte sich ein guter Lehrer Zeit nehmen, um eventuelle Probleme mit den Schülern besprechen zu können. Ab und an sollte ein guter Lehrer den Schülern auch mal etwas durchgehen lassen. Und er sollte sich auch die Zeit nehmen, seinen Schülern etwas zu erklären, wenn sie dies zuvor nicht verstanden haben." Jg. 10 (Berliner Morgenpost 2009).

Sie sehen: Es ist eine Herkulesaufgabe, ein guter Lehrer zu sein.

3.2 Beziehung fördern

Der Qualität der Lehrer-Schüler-Beziehung kommt eine überragende Bedeutung zu. Ihr Einfluss ist für das Lernen besonders wirksam, denn das Lernen basiert auf gelingenden Beziehungen. Ihre Beziehungskompetenz bestimmt das Unterrichtsklima und das Wohlbefinden Ihrer Schülerinnen und Schüler.

Sie fördern eine tragfähige Beziehung …
– durch Anerkennung, Respekt und Wertschätzung,
– durch Geduld und Freundlichkeit,
– durch Ihre permanente Bereitschaft, zu fördern und zu fordern,
– durch Gestaltung einer anregenden Lernumgebung,
– durch Zuhören,
– durch Klarheit und Berechenbarkeit,
– durch Nicht-Etikettieren von Schülern und
– durch Fürsorge und Leidenschaft für Ihren Beruf.

Ein Aspekt der Lehrer-Schüler-Beziehung ist die Beachtung von Nähe und Distanz. Einerseits betreuen Sie die Schülerinnen und Schüler und kommen möglicherweise – z. B. bedingt durch seine Lernschwierigkeiten – einem Schüler sehr nah. Ihre Distanz wird geringer, wenn Sie sich individuell und intensiv um einen Schüler kümmern.

Andererseits bedarf es einer professionellen Distanz und Neutralität. Diese Distanz ist im Primarbereich offensichtlich geringer als in den Sekundarschulen. In der Grundschule ist die emotionale Unterstützung stärker gefordert, in weiterführenden Schulen suchen die Schülerinnen und Schüler mehr Autonomie und distanziertere Beziehungen zu den Lehrkräften.

Bedenken Sie, dass eine Distanz immer erhalten bleiben muss, andererseits aber auch eine altersentsprechende Nähe dem gegenseitigen Vertrauen dient. Ein guter Lehrer ist kein „Schülerfreund", da zu der Lerngruppe ein hierarchisches Verhältnis besteht. Eine respektvolle Nähe wird auch von älteren Schülern begrüßt. Deshalb gilt es als eine große Dummheit, wenn Lehrkräfte sich von ihren Schülern duzen lassen und damit jegliche Distanz aufgeben.

3.3 Zwei Beispiele einer Beziehungsgestaltung
So kann es Ihnen gelingen, Störungen zu verringern und gleichzeitig eine gute Beziehung zu Ihren Schülern zu fördern.

1. Wertschätzend Ärger formulieren mit Ich-Botschaften
Beispiel: Immer gibt es im Unterricht Störungen, die Sie ärgern und Ihre Reaktion erfordern. Häufig reagieren Lehrkräfte spontan durch sogenannte „Du-Botschaften" und weisen einen Schüler zurecht. Lernpsychologen beschreiben, dass durch Du-Botschaften eine Beziehung beeinträchtigt werden kann. Sie empfehlen, um Ärger zu formulieren, Ich-Botschaften. Auf diese Weise stellen Sie die eigene Person ins Zentrum der Kommunikation.

Du-Botschaft	Ich-Botschaft
Du redest Schwachsinn, wie immer.	Ich verstehe nicht, was du meinst.
Du hast mal wieder nicht aufgepasst.	Ich möchte, dass du mitmachst.
Du störst mit deinem Zuspätkommen meinen Unterricht.	Ich erwarte, dass du ab morgen pünktlich bist, da dein Zuspätkommen uns alle stört.
Du kannst das nicht beurteilen.	Ich …??
Du sollst nicht immer reinrufen.	Ich …??
Du kannst dich nicht benehmen.	Ich …??

Bei den …?? notieren Sie bitte selbst!

2. Aktiv zuhören, Gefühle ernst nehmen und die Beziehung erhalten

Beispiel: Eine Schülerin aus Ihrer Klasse hat Probleme im Fach Deutsch. Sie sagt: „Deutsch kann ich einfach nicht – da kann ich machen, was ich will."

Welche Gefühle können bestehen? Resignation, Abneigung gegen das Fach, ...

Was können Sie erwidern?

Das wäre Ihre Top-Reaktion: „Ich verstehe, dass du keine Lust auf Deutsch hast. Ich möchte dir gern helfen. Ich mache dir mal einen Vorschlag, und du überlegst ..."

Beurteilen Sie jetzt die folgenden fiktiven Äußerungen von Lehrkräften und notieren Sie, welche Gefühle und Reaktionen dadurch bei der Schülerin hervorgerufen werden.

Überlegen Sie auch, ob sich die Schülerin noch einmal an den Lehrer wendet.

Noch einmal für Sie die Ausgangslage mit vier Varianten: „Deutsch kann ich einfach nicht – da kann ich machen, was ich will."

1. „Dein Bruder in der 9b ist ja auch so schlecht in Deutsch. Bestimmt habt ihr zu Hause kein richtiges Deutsch gelernt. Du musst dir eben mehr Mühe geben. Man kann alles lernen."
   Welche Gefühle und Reaktionen werden ausgelöst?
   Ihre Antwort:

2. „Du brauchst nur mehr zu arbeiten und müsstest deine Hausaufgaben sorgfältiger machen."
   Welche Gefühle und Reaktionen werden ausgelöst?
   Ihre Antwort:

3. „Du klingst mutlos. Hast du Angst, dass du das überhaupt nicht schaffen kannst? Komm, wir überlegen jetzt mal, wie du das ändern kannst!"
   Welche Gefühle und Reaktionen werden ausgelöst?
   Ihre Antwort:

4. „Ich kann dir sagen, woran das liegt: Du bist faul, meine Liebe – stinkend faul! Und versuch ja nicht, mir mit dummen Ausreden zu kommen!"
   Welche Gefühle und Reaktionen werden ausgelöst?
   Ihre Antwort:

Exkurs: Was bedeutet aktiv zuhören?
Beim Weiterlesen vergegenwärtigen Sie sich bitte die vier Beispiele von eben.

Aktives Zuhören ist die Voraussetzung für einen verständnisvollen Dialog. Allein durch Zuhören können Sie eine Vertrauensebene aufbauen, Missverständnisse vermeiden und Schülern hilfreich sein. Nach den Erkenntnissen von Carl Rogers, dem Begründer des „aktiven Zuhörens", wird ein Dialog wie folgt unterstützt:
- Lassen Sie Ihren Gesprächspartner ausreden und unterbrechen Sie ihn nicht.
- Urteilen Sie nicht vorschnell.
- Halten Sie Blickkontakt.
- Lassen Sie sich auf Ihren Gesprächspartner ein und achten Sie auf Ihre Körperhaltung.
- Bekunden Sie Ihr Interesse durch Nachfragen.
- Paraphrasieren Sie im Gespräch („Habe ich dich richtig verstanden, dass …? Meinst du, dass …?")
- Sorgen Sie für ein ungestörtes Gespräch. Schalten Sie Ihr Handy aus!

Damit es Ihnen gelingt, eine gute Beziehung zu Ihren Schülern zu entwickeln, ist aktives, verständnisvolles Zuhören ein wesentlicher Aspekt. Gehen Sie auf Ihre Schüler mit Empathie und ohne Vorurteile zu. Hören Sie ihnen aktiv zu! Machen Sie aber immer deutlich, was Ihnen missfällt.

3.4   Reflexionsaufgabe

- Wie kann es Ihnen gelingen, eine positive Autorität zu erwerben?
- Was bedeutet „aktives Zuhören?"

4. Didaktik und Methodik

Die Begriffe Didaktik und Methodik sind für den Unterricht elementar. Sie werden sich mit Ihnen bei der Unterrichtsplanung, der Durchführung und Nachbereitung des Unterrichts immer auseinandersetzen.

Was ist mit Didaktik, was ist mit Methodik gemeint?

Didaktik versteht sich als die Theorie und Praxis vom lernwirksamen Lehren und Lernen. Wenn Sie sich mit Didaktik beschäftigen, geht es um den Prozess des Lehrens und Lernens sowie der Analyse und Planung des Unterrichts.

Methodik setzt dann ein, wenn das didaktische Gerüst steht. Methoden gestalten den Unterricht; sie sollen die Schülerinnen und Schüler aktivieren und motivieren.

Merke: Die Didaktik fragt nach dem „Was", die Methodik nach dem „Wie".

4.1 Grundlagen

In diesen Ausführungen kann Ihnen lediglich ein kurzer Überblick zu Fragen der Didaktik und Methodik geboten werden. Zur Vertiefung empfehle ich, die entsprechenden Literaturhinweise zu beachten.

Bedeutende Unterrichtsforscher beschreiben die Aufgaben der **Didaktik** anschaulich durch die Formulierung von W-Fragen. (Jank &Meyer 2007) Die Qualität des Unterrichts ist abhängig von der Beantwortung und Überprüfung dieser neun W-Fragen:
1. Wer soll lernen?
2. Was soll gelernt werden?
3. Von wem soll gelernt werden?
4. Wann soll gelernt werden?
5. Mit wem soll gelernt werden?
6. Wo soll gelernt werden?
7. Wie soll gelernt werden?
8. Womit soll gelernt werden?
9. Wozu soll gelernt werden?

(Jank, Meyer 2005).

Im Laufe der Zeit hat die Erziehungswissenschaft verschiedene didaktische Modelle entwickelt, mit denen die Kernaufgabe Unterricht beschrieben wird. Allgemein wegweisend ist heute das Modell des „handlungsorientierten Unter-

richts", das eine starke Beteiligung der Schülerinnen und Schüler bei der Unterrichtsdurchführung vorsieht (siehe Kapitel 5.4).
Für sämtliche Modelle ist das **didaktische Dreieck** gut geeignet. Es macht die Dimensionen sichtbar, die den Lernprozess kennzeichnen, und reduziert die Komplexität von Didaktik und Methodik auf drei Kategorien:
1. die Schülerinnen und Schüler
2. den Unterrichtsinhalt, das Thema
3. die Lehrkraft, die den Lehr- und Lernprozess plant

Damit sind drei Gestaltungsfaktoren für das didaktische Handeln – ergänzt durch den Kontext/Rahmenbedingungen – komprimiert erfasst.

Quelle: eigene Darstellung nach Dorlöchter, 2006

Die **Methodik** setzt ein, sobald die Inhalte und die Zielvorstellungen für die Unterrichtseinheit bestimmt sind.

Jetzt wählen Sie die Methoden aus, die für den Lernprozess effektiv sind und sich sinnvoll umsetzen lassen. Es besteht somit eine Wechselwirkung zwischen Didaktik und Methodik; beide sind voneinander abhängig. Ihre ausgewählten Methoden bestimmen, wie Sie die Inhalte anbieten, bearbeiten, untersuchen und präsentieren.

Sie begründen die Auswahl der Methoden aufgrund Ihrer didaktischen Vorüberlegungen. Sie resultieren also aus Ihren Unterrichtszielen und Inhalten.

Noch einmal: Bei Methodik fragen Sie nach dem „Wie", bei Didaktik nach dem „Was".

In Kapitel 6 werden Ihnen diese theoretischen Grundlagen exemplarisch begegnen.

4.2 Wie Lernen funktioniert

Wir lernen lebenslang, ganz gleich, ob jung oder alt, gewollt oder nebenbei. Unser Lernen wird wesentlich beeinflusst von Neugier, von Emotionen und persönlichen Beziehungen. Sie können gar nicht verhindern, dass Sie permanent lernen.

Was passiert eigentlich beim Lernen im Gehirn?

Das Gehirn besteht aus einem Netzwerk von Nervenzellen, die miteinander verbunden sind. Beim Lernen werden im Gehirn neue Verbindungen geschaffen oder bereits vorhandene gefestigt. Deshalb fällt es leichter, wenn Lernen an bereits vorhandene Erfahrungen anknüpfen kann. Wirksames Lernen geschieht am besten an der Gelenkstelle zwischen Können und Nichtkönnen, zwischen Wissen und Nichtwissen. Die neuronalen Verbindungen werden umso kräftiger, je häufiger wir etwas tun. Nachhaltiges Lernen gelingt daher nur durch Wiederholung. Der neuseeländische Unterrichtsforscher John Hattie postuliert, dass 50 Prozent des Lernens „Überlernen" (Überlernen wird als Fortsetzung des Lernens verstanden, auch wenn das Lernziel bereits erreicht ist.) ist (Visible Learning, 2003).

In unseren Schulen gibt es eigentlich nur ein Unterrichtsfach, in dem andauernd wiederholt wird. Das passiert im Sportunterricht. Hier registrieren die Schülerinnen und Schüler unmittelbar den Effekt des Übens – z.B. Körbe beim Basketball – und sind dadurch oft hoch motiviert. Sie spüren durch die Trainingsphasen die Verbesserung ihrer Leistungsentwicklung.

Unser Gehirn bringt gute Leistungen zustande, wenn Bekanntes mit Neuem verknüpft wird und das Neue häufig durch Wiederholung angewendet wird. Intelligentes Üben und Wiederholungen führen zu nachhaltigem Lernen.

Welche Schlussfolgerungen ergeben sich daraus für lernwirksamen Unterricht? Die sind in Kapitel 5 beschrieben.

4.3 Lernrelevante Faktoren

Lernen ist ein komplexes Geschehen, das von lernrelevanten Faktoren beeinflusst wird. Lernen lässt sich nicht in Einzelteile zerlegen; die Faktoren ergänzen sich und bedingen sich wechselseitig.

Welche Faktoren begünstigen das Lernen wirksam?
1. Lernarrangement – Sie führen Schülerinnen und Schüler in eine intensive Auseinandersetzung mit dem Lerngegenstand.
2. Verstehen – Sie streben für jeden Einzelnen eine aktive Auseinandersetzung an und stellen Fragen.
3. Orientierung – Sie gestalten die Lernprozesse gezielt und geben den Schülerinnen und Schülern verlässliche Informationen zu ihrer Leistungsentwicklung.
4. Formative Bewertung – Sie schaffen wirksame Rituale zur Evaluation und Reflexion, zur Selbst- und Fremdeinschätzung.
5. Lernorte – Sie sorgen für Lerngelegenheiten innerhalb und außerhalb der Schule.
6. Interaktion – Sie fördern die Kommunikation und zeigen, dass jeder Einzelne Sie interessiert.

Welche Voraussetzungen sind erforderlich, damit diese sechs Faktoren wirksam werden?

Das ist im Prinzip ganz einfach! Sie werden wirksam, wenn Sie – im weitesten Sinne – als Vorbild wahrgenommen werden und durch Freundlichkeit, Verlässlichkeit, Gerechtigkeit und herausforderndem Unterricht eine Beziehung zu Ihrer Lerngruppe haben schaffen können.

4.4 Reflexionsaufgabe

- Was bedeutet nachhaltiges Lernen? Wie kann das gelingen?
- Beschreiben Sie, welche Bedeutung Didaktik für Sie hat.

5. Was ist guter Unterricht?

Unterricht ist das Kerngeschäft von Schule, um „guten" Unterricht dreht sich alles.

> **Hinweis:** Eigentlich gibt es den gar nicht, den guten Unterricht. Der gleiche Unterricht, den Sie in der 9b erfolgreich erteilen, kann in der Parallelklasse misslingen. So können z. B. durch auffälliges Schülerverhalten Ihre Vorhaben grandios scheitern oder die Lernvoraussetzungen passen nicht.

Folglich gibt es kein allgemeingültiges Rezept für guten Unterricht; treffender ist die Vokabel „wirksamer" Unterricht. Sobald Sie die Qualität von Unterricht einschätzen, ist es erforderlich, verschiedene Aspekte zu berücksichtigen (z.B. Lernziel, Rahmenbedingungen). Andererseits hat die Unterrichtsforschung Merkmale benannt, die die Qualität von Unterricht sichtbar machen.

Professor A. Helmke formuliert zehn fachübergreifende Merkmale, die den Kern guten – besser gesagt lernwirksamen – Unterrichts ausmachen.

Hier die „Top Ten":
1. **Effiziente Klassenführung und Zeitnutzung**
   (Regeln etablieren, Störungen präventiv vorbeugen, hoher Anteil der Lernzeit)
2. **Lernförderliches Unterrichtsklima**
   (wechselseitiger Respekt, Herzlichkeit, Humor, entspannte Atmosphäre)
3. **Vielfältige Motivierung**
   (lernrelevante Motive thematisieren, Neugier und Leistung anregen)
4. **Strukturiertheit und Klarheit**
   (Lernen wird durch strukturierte Informationen strukturiert, klare Sprache)
5. **Wirkungs- und Kompetenzorientierung**
   (Erwerb fachlicher und nichtfachlicher Kompetenzen, empirische Orientierung)
6. **Schüler- und Schülerinnenorientierung**
   (Lehrer sind Ansprechpartner, Schüler werden ernst genommen, Feedback)
7. **Förderung aktiven, selbstständigen Lernens**
   (Angebote fördern Selbstständigkeit, viele Lerngelegenheiten)

8. **Angemessene Variation von Methoden und Sozialformen**
(Unterrichtsmethoden und Sozialformen werden variiert)
9. **Konsolidierung, Sicherung, intelligentes Üben**
(unterschiedliche Transfermöglichkeiten, Beherrschung von Grundfertigkeiten)
10. **Passung**
(Umgang mit heterogenen Lernvoraussetzungen, Inhalte werden variiert)

Diese Merkmale können in dieser Komplexität weder von Berufsanfängern noch von erfahrenen Lehrkräften ständig berücksichtigt und umgesetzt werden. Aber sie bieten Ihnen eine hervorragende Möglichkeit, über eigenen und fremden Unterricht zu reflektieren. Bedenken Sie bitte, dass Unterricht auch gelingen kann, wenn er sich nur auf einzelne Merkmale fokussiert, – wenn er zielführend, aktivierend und leistungsfördernd ist.

> **Hinweis:** Die wirksamen Merkmale des Unterrichts werden im Kapitel 20 erneut aufgegriffen und durch wirksame Instrumente ergänzt.

5.1 Unterricht beobachten

> *Hinweis: Unterricht zu beobachten, zu reflektieren und sich darüber auszutauschen setzt professionelle Kompetenzen voraus. Die Intensität der Auseinandersetzung über Unterricht wird Ihnen besser gelingen, wenn Sie über Monate empirische und fachdidaktische Erfahrungen gesammelt haben. Oft braucht es Zeit, bis man das Unterrichtsgeschehen protokollieren, analysieren und systematisch auswerten kann.*
>
> *Dennoch habe ich die folgenden Ausführungen im vorderen Teil des Ratgebers platziert, auch wenn „Schule" für Sie erst ganz neu ist. Selbst wenn Sie in vielen Aufgabenfeldern noch unsicher sind, möchte ich Sie auffordern, frühzeitig im Unterricht zu hospitieren und Unterricht zu beobachten und zu dokumentieren. Lernen gelingt überwiegend durch Imitieren!*
>
> *Lassen Sie sich nicht von den Schwierigkeiten irritieren, die Sie möglicherweise im Umgang mit einem Unterrichtsbeobachtungsbogen haben.*

Nutzen Sie jede Möglichkeit, bei Kolleginnen und Kollegen im Unterricht zu hospitieren. Sie werden dadurch spürbar profitieren.

Unterrichtsbeobachtungen eröffnen Ihnen die Möglichkeit, sich mit Ihrem eigenen und dem von anderen erteilten Unterricht auseinanderzusetzen. Ihre Wahrnehmung auf Unterricht „von außen", aus einer anderen Perspektive, hilft Ihnen, den eigenen Horizont zu erweitern. Sie lernen durch die Beobachtungen und werden sich Anregungen für Ihr eigenes Handeln abschauen. Sie können unter anderem das Schülerverhalten erfassen, die Strukturierung des Unterrichts studieren oder die Einhaltung von Regeln und Ritualen beobachten.

Gibt es in Ihrem neuen Kollegium Lehrerinnen und Lehrer, die Ihnen Gelegenheit zur Hospitation geben? Dann verabreden Sie sich dazu und nutzen Sie deren Erfahrung. Vergessen Sie im Vorfeld bitte nicht zu fragen, wie Sie sich als Gast verhalten sollen.

Zwei Strategien zur Unterrichtsbeobachtung können Sie umsetzen.

Für Ihre ersten Hospitationen empfehle ich Ihnen, den Unterricht offen, also ohne besondere Fragestellungen, zu beobachten. Sie nehmen am Unterricht unvoreingenommen teil und sammeln viele Eindrücke. Auch ohne besondere Fragestellungen werden Sie die Lernatmosphäre wahrnehmen, das Schülerverhalten registrieren oder die Ausstattung des Klassenraums einschätzen. Eigene Notizen sind dennoch immer hilfreich.

Die zielgerichtete Strategie der Unterrichtsbeobachtung ist fragengeleitet. Hier beobachten Sie einen festgelegten Aspekt. Dadurch wird der Unterricht nicht in seiner Komplexität erfasst, sondern die Beobachtung auf bestimmte Punkte gelenkt. Einige Beobachtungsfelder sind hier skizziert:

Lernverhalten der Schülerinnen und Schüler (Beispiele)
- Wie beteiligen sich die Schülerinnen und Schüler am Unterricht?
- Wie führen sie ihre Arbeitsaufträge durch?
- Beginnen sie sofort mit ihrer Arbeit?
- Wie gehen sie mit Lernschwierigkeiten um?
- Was machen die, die frühzeitig fertig sind?

Lehrerverhalten (Beispiele)
- Wie wird die Klasse begrüßt?
- Wie macht die Lehrkraft zu Beginn auf sich aufmerksam?
- Wie reagiert sie bei Unruhe?
- Erkennen Sie Rituale beim Lehrerverhalten?
- Wann und wie werden Schülerinnen und Schüler aktiviert?

Einblick in die Lehr-Lern-Situation, Version EVIT (Externe Evaluation im Team)

			trifft nicht zu	trifft eher nicht zu	trifft eher zu	trifft zu
Zeitnutzung	1.	Die Unterrichtszeit wird effektiv genutzt (Pünktlichkeit, kein Leerlauf, Material liegt bereit, gleitende Übergänge).				
	2.	Die Lehrkraft hat den Überblick über Schüleraktivitäten.				
	3.	Der Unterricht ist störungsfrei.				
Lernförderliches Klima	4.	Der Umgangston zwischen Lehrkraft und Schüler/innen ist wertschätzend und respektvoll.				
	5.	Die Lernatmosphäre ist entspannt und angstfrei (es wird auch mal gelacht).				
	6.	Die Lehrkraft geht mit Schülerfehlern *tolerant* um (positive Fehlerkultur, keine Beschämung).				
	7.	Die Lehrkraft geht mit Schülerfehlern und "unpassenden" Beiträgen *konstruktiv* um (Fehler als Lernchance, das Verständnis förderliche Hinweise).				
	8.	Das Unterrichtstempo ist angemessen (z.B. ausreichende Wartezeit nach Fragen, Geduld bei Langsamkeit, keine Hektik).				
Motivierung	9.	Es gibt Verknüpfungen mit Inhalten anderer Fächer.				
	10.	Es gibt Verknüpfungen mit Erfahrungen aus der Lebenswelt.				
	11.	Die Aufgaben sind abwechslungsreich (nicht monoton, repetitiv).				
	12.	Medien und Material sprechen mehrere Sinne an.				
	13.	Die Lehrkraft gibt differenzierte Rückmeldungen.				
Klarheit	14.	Die Lernziele der Unterrichtsstunde werden thematisiert (oder sind den Schülerinnen und Schülern offensichtlich bekannt).				
	15.	Der Verlauf des Unterrichts ist kohärent (schlüssig, sachlogisch, sinnvolle Verknüpfung, roter Faden).				
	16.	Die Lehrkraft drückt sich prägnant und präzise aus.				
Variabilität	17.	Die realisierten methodischen Vorgehensweisen sind den Zielsetzungen der Unterrichtsphase entsprechend funktional.				
	18.	Unterrichtsgestaltung und Lernangebote berücksichtigen *geschlechtsspezifische* Aspekte.				
	19.	Unterrichtsgestaltung und Lernangebote berücksichtigen die unterschiedlichen Voraussetzungen von Schüler/innen verschiedener *Sprachherkunft*.				
	20.	Der Unterricht berücksichtigt die besonderen Lernvoraussetzungen leistungs*schwächerer* Schüler/innen (spezielle Angebote, Differenzierung, besondere Förderung).				
	21.	Der Unterricht berücksichtigt die besonderen Lernvoraussetzungen leistungs*stärkerer* Schüler/innen (spezielle Angebote, Differenzierung, besondere Förderung).				
Aktivierung	22.	Der Unterricht enthält Angebote für *selbstreguliertes* Lernen (Arbeitstechniken, Denk-, Lern- oder Gedächtnisstrategien).				
	23.	Der Unterricht eröffnet *Spielräume* (ist nicht engführend, kurzschrittig, auf nur eine richtige Antwort oder Lösung fokussiert).				
	24.	Es gibt anspruchsvolle Aufgaben zur *Anwendung* des Gelernten auf weiterführende Fragestellungen.				
	25.	Die Schülerinnen und Schüler *gestalten* den Unterricht aktiv mit (z.B. stellen von sich aus Fragen, machen Vorschläge, äußern Interesse, kritisieren).				
	26.	Die Schülerinnen und Schüler lassen erkennen, dass sie *methodische Kompetenzen* erworben haben (z.B. Präsentieren, Gestaltung von Arbeitsabläufen, Textbearbeitung, Recherchen, Nachschlagen).				
	27.	Sprachlicher Input wird *nicht-sprachlich* angereichert (z.B. Verknüpfung mit grafischen Repräsentationen wie mind map, physischen Modellen, Bildern, körperlicher Bewegung).				
	28.	Der Prozentanteil der in das Unterrichtsgeschehen einbezogenen Schüler beträgt in etwa	bis 25%	bis 50%	bis 75%	> 75%
	29.	Der Schüleranteil an der gesamten Sprechzeit beträgt in etwa	bis 25%	bis 50%	bis 75%	> 75%

Realisierte Sozialformen		Plenumsunterricht		Gruppenarbeit		Partnerarbeit		Einzelarbeit	
Verwendung Neuer Medien		Internet, Email		Textverarbeitung		AV-Medien		Andere:	
Beobachtete Sitzordnung		Frontal		Kreis, U-Form		Gruppen		wechselnd	

Quelle: Helmke 2007

Sofern Sie Ihre Beobachtungen dokumentieren und Gelegenheit zu einem Austausch besteht, kann sich Ihr Lernertrag verdoppeln.

Dazu gibt es Beobachtungsraster und Unterrichtsbeobachtungsbögen.

5.2 Der Unterrichtsbeobachtungsbogen

Scheuen Sie sich nicht, ein Raster oder Unterrichtsbeobachtungsbogen zu verwenden, auch wenn Ihnen manche Indikatoren noch fremd sind. Dann verzichten Sie auf Eintragungen oder setzen ein Fragezeichen, um Unklarheiten später zu überprüfen.

Übrigens erfahren Sie einen nachhaltigen Lerneffekt, da Sie immer wieder mit den Merkmalen lernwirksamen Unterrichts konfrontiert werden.

Für Ihre Kurzbeobachtungen ist sicherlich der EVIT-Unterrichtsbeobachtungsbogen von Prof. A. Helmke hilfreich. Noch einmal mein Tipp: Widmen Sie sich nur wenigen Aspekten wie z.B. „Methode" oder „Struktur".

5.3 Reflexionsaufgabe

- Welche Chancen ergeben sich für Sie, im Unterricht zu hospitieren?
- Warum kann man eigentlich von „gutem" Unterricht nicht sprechen?

6. Unterricht planen

Unterrichten ist die Königsdisziplin; für Lehrer und Schüler ist Unterrichten „das Zentrum der Wissens- und Kompetenzentwicklung".
Erfolgreiches Unterrichten ist eine anspruchsvolle Tätigkeit. Es verlangt von Ihnen fachliche, didaktische und methodische Kompetenzen. Sie entwickeln Autorität und die Fähigkeit, Verhaltensweisen und auch Fragen der Schülerinnen und Schüler vorherzusehen. Ihre Schüler – jedenfalls die meisten – erwarten, dass sie durch Sie und von Ihnen etwas lernen und das Gelernte auch anwenden können.

Für Berufsanfänger ist die Unterrichtsplanung nicht nur anspruchsvoll, sondern auch zeitaufwendig. Vermutlich benötigen Sie ein bis zwei Jahre, bis Sie den Unterricht zügig planen, durchführen und im Nachklang realistisch reflektieren können.

Was es allerdings immer braucht, ist, dass Sie Ihren Unterricht vorbereiten, die Lernziele festlegen und eine Stundenplanung verfassen.

6.1 Bausteine einer Unterrichtsvorbereitung

Eine durchdachte Unterrichtsvorbereitung ist die erforderliche Basis für Ihren Unterricht. Sie bietet aber keine Garantie, dass Ihnen der Unterricht auch gelingt.

Es gibt kein Patentrezept für den Unterrichtserfolg. Ihnen fehlen verlässliche Vorhersagen zum Schülerverhalten, zur Motivation und vermutlich können Sie die Lernausgangslage nur bedingt einschätzen. Seien Sie daher nicht überrascht, wenn Ihre Planungen von der realen Wirklichkeit abweichen.

Für die konkrete Planung des Unterrichts gibt es verschiedene Modelle und Strategien.

Bevor Sie mit der konkreten Planung beginnen, empfehle ich Ihnen folgende Herangehensweise. Machen Sie sich bitte in Ruhe zu diesen Fragestellungen Gedanken und halten Sie diese in Stichworten fest:

1. **Was will ich mit dem Unterricht erreichen?**
   Überlegen Sie im Groben, welches Ziel und welchen Inhalt Sie bestimmen wollen. Denken Sie darüber nach, welche Fertigkeiten und welches Wissen Sie vermitteln wollen.

2. **Welche Umstände muss ich beachten?**
   Sammeln Sie alles, was für Ihre Planung und Umsetzung relevant sein kann. Gibt es Organisatorisches zu klären? Ist die Raumausstattung passend? Haben Sie Erfahrungen mit der Lerngruppe?
3. **Wie will ich meine Ziele erreichen?**
   Überlegen Sie, mit welchen Methoden die Sachverhalte am besten zu vermitteln sind. Wie wollen Sie die Heterogenität in der Lerngruppe berücksichtigen und die Selbstständigkeit fördern?
4. **Wie reagiere ich auf Unvorhergesehenes?**
   Überlegen Sie, wie Sie mit unmotivierten Schülern umgehen oder auf Störungen reagieren. Reflektieren Sie Ihre Impulse und Anweisungen.
5. „Spielen" Sie Ihre Unterrichtsstunde gedanklich von A bis Z durch.

Für die schriftliche Vorbereitung des Unterrichts begegnen Ihnen eine Vielzahl von Mustern und Planungsvorschlägen. Das im Folgenden vorgestellte Raster soll Ihre Arbeit erleichtern und strukturieren. Prüfen und probieren Sie, welche Herangehensweise für Sie passend ist.

Sie finden
(1) Bausteine einer Unterrichtsplanung, dann
(2) ein Planungsbeispiel und
(3) meine Bitte, eine eigene fiktive Verlaufsplanung zu erarbeiten.

(1) Bausteine für einen ausführlichen Unterrichtsentwurf

Bausteine für einen Unterrichtsentwurf

Allgemeine Angaben	Hier notieren Sie Datum, Uhrzeit, Fach, Klasse, Thema der Stunde, ...
Didaktische Schwerpunkte	
Lernausgangslage	Hier beschreiben Sie die Lernvoraussetzungen der Klasse und wie sich die Lerngruppe zusammensetzt. Notieren Sie Ihre Kenntnisse zum Leistungsstand, zum Vorwissen und zum Arbeits- und Sozialverhalten. Vermerken Sie kurz Ihre Eindrücke von den räumlichen Bedingungen für Ihren Unterricht.
Sachanalyse	Welche fachlichen Grundlagen und Zusammenhänge hat der Lerngegenstand? Welche fachlichen Schwierigkeiten sind mit dem Inhalt verknüpft? Welche Inhalte müssen vorausgehen, welche folgen? Gibt es Fachtermini?

Didaktische Überlegungen	Welchen Bezug hat der Unterrichtsinhalt zu den curricularen Vorgaben und zum schuleigenen Lehrplan? Welche Konsequenzen ergeben sich dadurch für die Planung?
– Relevanz für die Schüler	Welchen Lebensweltbezug hat der Inhalt für die Schüler? Welche Bedeutung hat der Inhalt für die Schüler? Wofür ist der Inhalt repräsentativ?
– Ziel der Stunde	Formulieren Sie konkret das vorrangige Ziel der Unterrichtsstunde. Welche Kompetenzen sollen im Lernprozess erworben werden? Wie können Sie den Lernzuwachs erkennen und sichern?
Methodische Überlegungen	Begründen Sie Ihre methodischen Entscheidungen und beschreiben Sie evtl. Alternativen.
– Unterrichtseinstieg	Warum wählen Sie diesen Einstieg? Wie bahnen Sie die Problemstellung an? Wie präsentieren Sie der Lerngruppe den Unterrichtsverlauf und Ihre Leitungserwartungen? Knüpfen Sie an Vorerfahrungen an, z. B. durch Wiederholungen?
– Erarbeitungsphase	Wie ist die Erarbeitungsphase geplant? Welche Methoden setzen Sie für die Lernprozesse ein? Wie viel Differenzierung und individuelle Förderung ist vorgesehen? Wie fördern Sie selbstständiges Lernen?
– Ergebnissicherung	Wie sichern und überprüfen Sie die Lernergebnisse? Wie gestalten Sie die Reflexion über die Lernprozesse? Gibt es zur Konsolidierung des Gelernten Hausaufgaben?
Sozialformen	Welche Sozialformen (Einzelarbeit, Partner- oder Gruppenarbeit, Plenum) finden statt? Warum? Wie ritualisieren Sie den Wechsel?
Geplanter Verlauf	Hinweis: Das folgende Format ist eines von vielen. Sie werden in Ihrer Schule, in der Literatur und im Internet Alternativen finden.

Zeit	Phase	Lehrperson	Schülerinnen und Schüler	Sozialform	Medien
... ...					

Anlagen und Arbeitsblätter

(2) Planungsbeispiel

Günther Hoppe   Planungsbeispiel für eine Unterrichtsstunde Oberschule XY im Fach Mathematik in der 5. Klasse
Datum, Zeit
Thema der Unterrichtseinheit: Diagramme darstellen und auswerten
Thema des Unterrichts: Ein Säulendiagramm darstellen
Ziel des Unterrichts: Die Schülerinnen und Schüler sind in der Lage, ein Säulendiagramm zu zeichnen und zu erklären

Zeit	Phase	Lehrperson	Schülerinnen und Schüler	Sozialform	Medien
8.00–8.10	Einstieg Motivation	L. begrüßt SuS; L. stellt Thema und geplanten Verlauf der Unterrichtsstunde vor		Plenum	Flipchart
8.10–8.20	Hinführung	L. präsentiert ein einfaches Säulendiagramm; die SuS lesen Infos ab	Gespräch; Schülerkette	Plenum	Flipchart
8.20–8.30	Erarbeitung	L. beobachtet und hilft diskret Einzelnen; verhindert Störungen	Die SuS erstellen selbst ein Säulendiagramm*	Einzelarbeit	Arbeitsblatt; Bleistift Geodreieck
8.30–8.35	1. Sicherung	L. beobachtet Arbeits- und Sozialverhalten	Jede/r SuS erklärt seinem Nachbarn Arbeitsschritte und Info	Partnerarbeit	Arbeitsblatt
8.35–8.40	2. Sicherung	L. fordert 2–3 SuS auf, ihr Ergebnis vor der Klasse zu präsentieren		Plenum	
8.40–8.45	Reflexion	Ist das Ziel der Stunde erreicht? Evtl. Hausaufgaben	Unterrichtsgespräch	Plenum	Tafel

→ Dieses Säulendiagramm kann bei der Hinführung präsentiert werden. Inhalt z. B. „Verkaufte belegte Brötchen in der Cafeteria von Mo – Do"

Impulsfrage: Was kannst du aus dem Säulendiagramm ablesen?

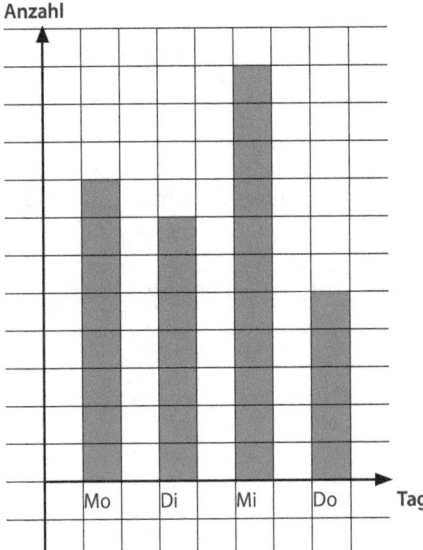

Quelle: eigene Darstellung

→ Phase Erarbeitung Säulendiagramm*

Mögliche Inhalte können Sie abfragen und für ein Diagramm verwenden:
- Beförderung zur Schule heute Morgen: Zu Fuß/mit Fahrrad/Bus/Auto
- Anzahl der Geschwister: keine, ein, zwei, drei, mehr als drei
- Zählung von Fahrzeugen vor der Schule: Pkw, Lkw, Motorräder, Fahrräder

Für die Erarbeitungsphase verwenden Sie am besten ein kariertes DIN-A4-Blatt.

(3) **Fiktives Planungsbeispiel von Ihnen**

Mustermann　　Planungsbeispiel für eine Unterrichtsstunde, Schule XY
　　　　　　　im Fach
　　　　　　　Datum, Zeit
　　　　　　　Thema des Unterrichts:
　　　　　　　Ziel des Unterrichts: Die Schülerinnen und Schüler sind in der Lage, ...

Zeit	Phase	Lehrperson	Schülerinnen und Schüler	Sozialform	Medien

Sie finden eine Vielzahl von Formularen für die Unterrichtsplanung im Internet und in der Fachliteratur. Prüfen Sie, mit welcher Vorlage Sie am besten umgehen können.

6.2　Lernziele formulieren

Ihr Unterrichten verfolgt die Absicht, dass Ihre Schülerinnen und Schüler am Ende einer Unterrichtsstunde mehr können oder wissen als zu Beginn.

Für diese angestrebte Veränderung wird der Begriff Lernziel verwendet. Die Veränderung kann sich dadurch ergeben, dass der Schüler ...
– etwas weiß, was er vorher nicht wusste.
– etwas kann, was er vorher nicht konnte.
– eine Einstellung zu einem Problem hat, die er zuvor nicht hatte.

„Ein Lernziel beschreibt den Zuwachs an Wissen, Fähigkeiten und Fertigkeiten, den der Lernende am Ende des Lernprozesses erworben haben soll." (Hartmut Lenhard, 2003)

> **Hinweis:** Damit Lernziele adressatenorientiert wirksam werden können, ist es wichtig, die Lernausgangslage der Schülerinnen und Schüler zu kennen (siehe Kapitel 10). Noch einmal: Lernen passiert an Gelenkstelle zwischen Können und Nichtkönnen, zwischen Wissen und Nichtwissen.

Bevor Sie nun ein Lernziel formulieren, beantworten Sie für sich diese Fragen:
- Zu welchen Erkenntnissen, Einsichten, Fähigkeiten, Erfahrungen oder Arbeitstechniken möchte ich die Klasse führen?
- Welche Teilbereiche sind zu differenzieren?
- Welches Wissen oder Können soll geübt oder konsolidiert werden?
- Welche Möglichkeiten habe ich, das Gelernte zu überprüfen?
- Welche Medien und Materialien stehen mir zur Verfügung?
- Welche räumlichen Bedingungen sind vorhanden?

Die internen Lehrpläne Ihrer Schule und die curricularen Vorgaben aus den Schulbehörden richten sich heute weniger nach den Stoffinhalten als vielmehr nach Kompetenzen aus. Durch die Beschreibung von Lernzielen in Form von Kompetenzen werden Inhalte mit Fähigkeiten und Fertigkeiten verbunden.

Zur Erinnerung: Was sind Kompetenzen? Kompetenz ist der handelnde Umgang mit Wissen – oder als plakative Formel: Wissen + Handeln = Kompetenz.

Lernziele sind ein tragendes Instrument für die Planung Ihres Unterrichts. Kompetenzorientierte Lernziele geben nicht nur an, was die Schülerinnen und Schüler lernen sollen. Sie sind gleichzeitig die Grundlage für Ihre Lehr- und Lernaktivitäten.

Im Folgenden finden Sie Hilfen und Beispiele für die Lernzielformulierung.
- Beschreiben Sie als Ziel das angestrebte Ergebnis Ihres Unterrichts. Dies gelingt durch einen Satzanfang wie „Die Schülerinnen und Schüler können …" oder „Die Schülerinnen und Schüler sind in der Lage, …"
- Verwenden Sie zur Formulierung eindeutige Verben, die das Lernergebnis bestimmen und die Sie für Prüfungsaufgaben verwenden können.
- Verwenden Sie Verben, die das Anspruchsniveau abbilden. Beispielsweise hat das Verb „Benenne …" einen geringeren Anspruch als das Verb „Erläutere …"
Typische Verben zur Formulierung von Lernzielen finden Sie nachfolgend.

- Es ist nicht erforderlich, dass Sie zu jedem kleinen Lernschritt ein Lernziel formulieren.

  Lernziele mit Kompetenzorientierung bestehen aus einem Verb, das die Leistungserwartung angibt, dem Thema (Objekt), das sich auf die Handlung bezieht, und idealerweise einem Adverb, das die Qualität der Handlung beschreibt.

Beispiele:
1. Die Schülerinnen und Schüler sind in der Lage,
   selbstständig *(Adverb)* eine Klassenordnung *(Thema/Objekt)* zu entwickeln *(Verb)*.

2. Die Schülerinnen und Schüler können
   mithilfe des Taschenrechners Brüche dividieren.

3. Die Schülerinnen und Schüler sind in der Lage,
   strukturiert ein Klimadiagramm zu analysieren.

4. Die Schülerinnen und Schüler können
   beim Hindernislauf einbeinig über die Hindernisse und Gräben hüpfen.

5. Die Schülerinnen und Schüler sollen
   den Text von Brecht analysieren.

6. Die Schülerinnen und Schüler sind in der Lage,
   (Ihre Notiz) _____

Die Lernziele, die Sie mit der Unterrichtsplanung formulieren, können verschiedenen Niveaustufen zugeordnet werden. Allgemein bewährt hat sich das Klassifikationsschema nach Benjamin Bloom. Dieses Schema, üblicherweise als Taxonomie bezeichnet, unterteilt die Lernziele in sechs Stufen mit steigender Komplexität. So ermöglicht diese Unterteilung eine Bestimmung des Niveaus der entsprechenden Veranstaltung. Mit diesen Taxonomiestufen ist das Anforderungsprofil Ihres Unterrichts definiert.

Die Taxonomie nach Bloom setzt sich aus sechs Stufen zusammen.
   Folgende Tabelle erläutert die einzelnen Stufen und ordnet ihnen eine Auswahl von Verben zu, die die Lernzielbeschreibungen erleichtern. Jede Stufe baut auf der vorangehenden Stufe auf und beinhaltet sie.

Taxonomiestufe	Beschreibung	Verben	Beispiel: Die SuS …
1. Wissen – Faktenwissen – Kennen	Die SuS geben wieder, was sie vorher gelernt haben.	wiedergeben, aufzählen, aufschreiben, benennen, zeigen	kennen die binomischen Formeln.
2. Verständns – verstehen – begründen	Die SuS können einen Sachverhalt erklären oder begründen.	beschreiben, deuten, einordnen, präzisieren, einordnen	begründen, warum Rauchen schädlich ist
3. Anwendung – umsetzen in neuer Situation	begründen, warum man Gelerntes bei Vergleichbarem angewendet werden kann	formulieren, modifizieren, berechnen, unterscheiden, beweisen	ordnen die Hauptstädte den Staaten zu
4. Analyse – Ideen – Zerlegen in Einzelteile	erkennen Zusammenhänge, Strukturen erkennen	analysieren, nachweisen, zuordnen, ableiten, übersetzen	erkennen die Symptome eines grippalen Infekts
5. Synthese – vernetzen – optimieren	optimieren ein Konzept, zeigen konstruktive Leistungen	abfassen, ausarbeiten, entwickeln, erläutern, gestalten	konzipieren eine Planung für eine Schulfeier
6. Beurteilung – bewerten – evaluieren	beurteilen eine Lösung, begründen Qualität	messen, werten, differenzieren, widerlegen, urteilen	vergleichen die Ergebnisse aus dem Kunstunterricht

6.3 Modelle und Beispiele

Sie finden in der Literatur und im Internet eine Vielzahl von Modellen zur Unterrichtsplanung. Diese unterscheiden sich zumeist mehr in der Form der Darstellung als in ihrer Substanz.

Berliner Modell

Das Berliner Modell ist von dem Erziehungswissenschaftler Paul Heimann entwickelt worden. Es soll helfen, den eigenen Unterricht zu reflektieren und bei der Planung die bedeutenden Faktoren für den Unterricht wahrzunehmen. Heimann beschreibt, dass diese Faktoren die Richtschnur für die Unterrichtsplanung und Analyse sein sollten. Zu seinen Konstanten zählen Bedingungsfaktoren, die hier in zwei Feldern am Rand dokumentiert sind, und vier Entscheidungsfaktoren in der Mitte des Modells.

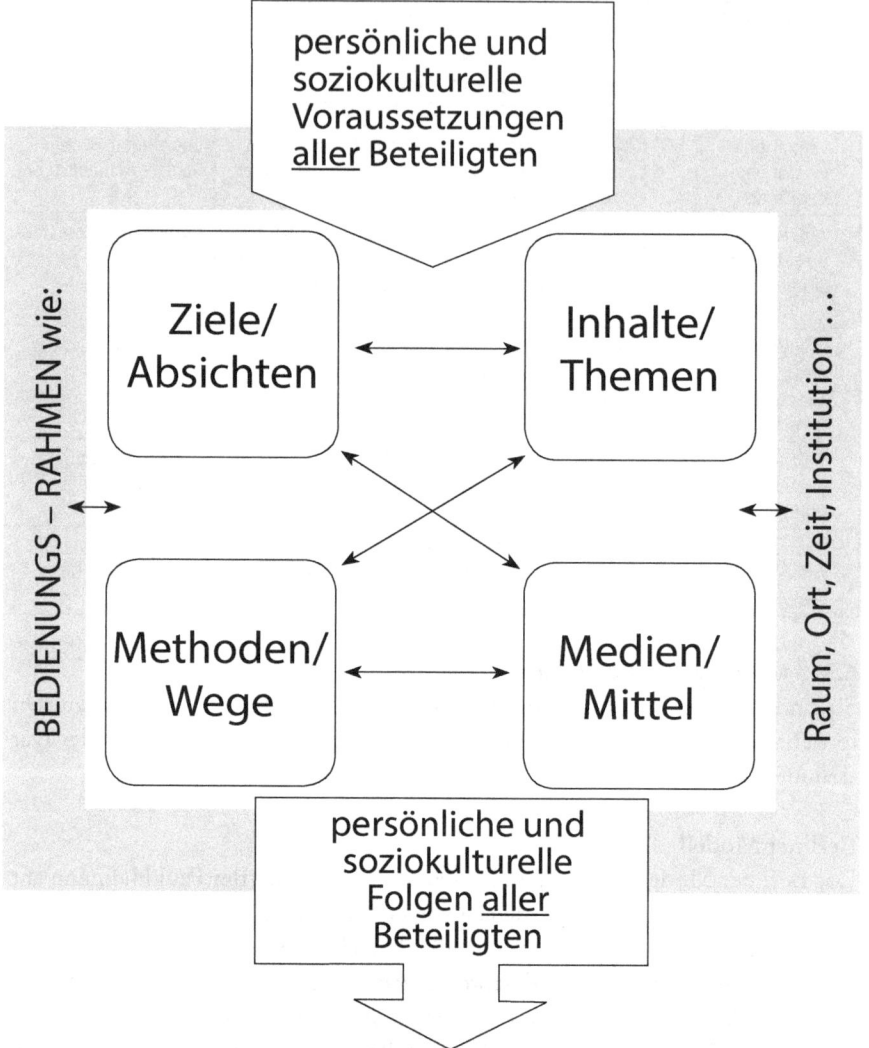

Heimann, P. (Unterricht, Analyse, Planung) 1997 Braunschweig

Mit dem „Berliner Modell" verbinde ich nur positive Erfahrungen.

Modell Erik Müller

Erik Müller präsentiert ein Planungsmodell, das die Abhängigkeit der vier tragenden Elemente der Unterrichtsplanung voneinander visualisiert. Er postuliert, dass bei der Unterrichtsplanung Ziele, Methoden, Medien und Inhalte voneinander abhängen. Die Inhalte haben allerdings bei Müller nur eine dienende Funktion, da der Kompetenzerwerb der Schülerinnen und Schüler im Zentrum steht.

Ebenen der Unterrichtsplanung (Modell)

Ziele ──────────── Inhalte

Methoden ──────────── Medien

- Ziele, Inhalte, Methoden und Medien des Unterrichts hängen voneinander ab
- Inhalte haben gegenüber den Zielen eine dienende Funktion
- Ziel des Unterrichts: Kompetenzerwerb der Schülerinnen und Schüler

– Kompetenzorientierte Politikunterricht – Erik Müller –

Quelle: eigene Darstellung/Achour u. a. (2020) (Hg.): Methodentraining für den Poltikunterricht.

6.4 Reflexionsaufgabe

- Begründen Sie, warum Kompetenzen in der schulischen Bildung die dominierende Rolle spielen.
- Wie gelingt es Ihnen, bei der Lernzielformulierung Niveaustufen zu bestimmen?
- Beschreiben Sie Verfahren, um die Lernausgangslage Ihrer Lerngruppe zu erfassen?

7. Unterricht durchführen und gestalten

Kernaufgabe eines guten Unterrichts ist die Förderung von fachlichen und überfachlichen Kompetenzen. Unterricht effizient zu gestalten und den Schülerinnen und Schülern erfolgreiches Lernen zu ermöglichen ist Inhalt der folgenden Ausführungen.

Dabei wird der Unterricht grundsätzlich durch vier Unterrichtsphasen strukturiert. Diese Phasen sorgen bei Ihnen wie bei den Schülerinnen und Schülern für Planungssicherheit und Orientierung.

7.1 Phasen der Unterrichtsgestaltung
1. Einstieg
2. Hinführung
3. Erarbeitung
4. Ergebnissicherung

Einstieg und Stundeneröffnung
Beginnen Sie nach der Begrüßung nicht sofort mit dem Thema. Denken Sie daran, die Klasse mental auf den Unterricht einzustellen, eine Lernbereitschaft zu schaffen und Interesse zu wecken. Sorgen Sie möglichst für Rituale. In Grundschulen hat sich der Morgenkreis als Ritual bewährt, im Englischunterricht oft ein gemeinsames Lied. Durch den Warming-up-Effekt wird die Fokussierung auf Neues ermöglicht. Eine humorvolle Lernatmosphäre kann die Motivation verbessern.

Hinführung
Die Präsentation und Erläuterung des „Fahrplans" der Stunde ist ein wesentliches Element guten Unterrichts. Es ist nicht nur Ihren Schülerinnen und Schülern gegenüber ein Aspekt der Wertschätzung, sondern gleichermaßen bedeutsam für die Motivation. Der „Fahrplan" zeigt das Thema, den Stundenverlauf mit Zeitangaben und die gewählten Sozialformen (Einzelarbeit – Partner- oder Gruppenarbeit – Plenum). Bis Klasse 8 empfehle ich, die Planung schriftlich (Tafel oder Plakat) darzustellen und während des Stundenverlaufs darauf zu verweisen.

Verbinden Sie auch die Hinführung mit der Leistungserwartung. Beispiel: „Am Ende der Stunde möchte ich, dass jeder von euch in der Lage ist, den Umfang eines Kreises zu berechnen."

Vorwissen

Damit Unterricht gelingt, ist es sinnvoll, das Vorwissen zu aktivieren. Wiederholung, Brainstorming, Mindmap, Satzanfänge fortsetzen, Tests oder Hypothesen zu einer Frage bilden sind einige Beispiele. Bedeutsam ist, dass das bereits Gelernte reaktiviert wird. Beispiel: „Ihr habt zwei Minuten Zeit, euch mit eurem Sitznachbarn darüber auszutauschen, was wir in der letzten Stunde gemacht haben. Danach nehme ich einen von euch dran, der das kurz berichtet."

Erarbeitung

Für die Phase des Erarbeitens gibt es kein Rezept. Es kann sein, dass Sie mit einem Lehrervortrag beginnen, einen Versuch demonstrieren oder ein einleitendes Unterrichtsgespräch führen. Ihre Entscheidung passen Sie der Klasse, dem Fach und Ihren Intentionen an.

Immer gehört ein eindeutiger Arbeitsauftrag dazu (siehe Kapitel 18).

Lernen ist ein individueller Prozess. Wesentlicher Teil der Erarbeitungsphase sind grundsätzlich die Förderung selbstständigen Lernens und der konstruktive Umgang mit der Heterogenität der Lerngruppe (siehe Kapitel 10).

Festigen, Zusammenfassen

Nach der Erarbeitung folgt die Präsentation und Sicherung der Lernergebnisse. Zehn Minuten vor Stundenschluss darf nichts Neues mehr erarbeitet werden!

Lassen Sie die Ergebnisse des Unterrichts zusammenfassen, von ein bis zwei Gruppen präsentieren und stellen Sie Fragen zur Konsolidierung. Möglicherweise ist ein Merksatz sinnvoll. Achten Sie darauf, dass die Lernergebnisse von allen Schülern festgehalten werden. Bedenken Sie, dass zum Sichern des Wissens und der Kompetenzen weiteres Üben und Anwenden erforderlich sind.

Stundenschluss

Reflektieren Sie zusammen mit Ihrer Klasse am Ende der Stunde, mit welchem Erfolg die Unterrichtsziele erreicht worden sind. Was ist gelungen, was ist misslungen? Wie geht es in der nächsten Stunde weiter? Schließen Sie den Unterricht mit einer positiven Aussage.

7.2 Bewährte Methoden

Die Erarbeitungsphase steht im Mittelpunkt der Unterrichtsstunde. Hier erarbeiten die Schülerinnen und Schüler neues Wissen und entwickeln Kompetenzen. Sie verwenden in überschaubarer Anzahl Methoden in Ihrem Unterricht, um vielfältigen Aufgabenstellungen gerecht zu werden, um differenzieren zu können und der Monotonie des Unterrichts zu begegnen. Setzen Sie nur eine begrenzte Zahl von Methoden ein – nur so können Sie sicherstellen, dass diese auch ritualisiert sind und den Unterrichtsfluss fördern.

Prüfen Sie immer, ob die Methode für Ihre Lernziele, das Fach und das Thema hilfreich sind.

Aus einer Vielzahl von Methoden stelle ich Ihnen hier in gekürzter Form sieben bewährte vor.
1. Vier Ecken
2. Placemat
3. Mindmap
4. Brainstorming
5. Lerntempoduett
6. Kugellager
7. Gruppenpuzzle

1. Vier Ecken
Ziel: Kennenlernen in großen Gruppen

Diese Methode ist zum Einstieg in ein Thema oder zum Kennenlernen in einer Gruppe geeignet. Es ist eine sehr einfache Methode zum Kennenlernen, aber auch, um Ideen und Gedanken zu entwickeln. Die Methode veranlasst die Schülerinnen und Schüler, miteinander ins Gespräch zu kommen.

Zur Vorbereitung geben Sie den Ecken Farben, Namen oder Bedeutungen.

So geht es:
1. Sie haben in jeder Ecke des Raumes ein farbiges Blatt geheftet.
2. Die Schüler befinden sich an ihren Plätzen im Raum.
3. Sie sagen z.B., jede Ecke steht für eine Sportart (grün für Leichtathletik, gelb für Fußball, rot für Wassersport, blau für Sonstiges).
4. Jetzt fordern Sie die Schüler auf, sich für eine Ecke zu entscheiden.
5. Jeder Schüler sucht sich jetzt in seiner Ecke einen Partner und erläutert, warum er/sie in dieser Ecke steht.
6. Sie terminieren diese Phase auf maximal vier Minuten und präsentieren eine neue Aussage.
   Alternative „Reizwörter" zum Kennenlernen:
   – Vier Städte, die ich gern besuchen möchte
   – Geburtstage im Frühling, Sommer, Herbst, Winter
   – Anzahl meiner Geschwister: 0, 1, 2, 3 oder mehr

Lassen Sie die Schülerinnen und Schüler das Verfahren zwei- bis dreimal durchführen.

Sie können die Methode auch verwenden, um ein Meinungsbild abzufragen:
1. Mit dem Essen in der Mensa bin ich: zufrieden, eher zufrieden, eher unzufrieden, unzufrieden
2. Mit den Projekttagen an unserer Schule bin ich: zufrieden, eher zufrieden, eher unzufrieden, unzufrieden

Zwei Beispiele für den Einstieg in ein neues Thema:
1. Ich finde die richtige Schreibweise von Wörtern: wichtig, eher wichtig, …
2. Verantwortlich für Jugendgewalt sind … (vier Alternativen)

2. Placemat

Placemat (Platzdeckchen) ist eine Methode des kooperativen Lernens, bei der kooperative Abläufe strukturiert werden können. Die Methode hat den großen Vorteil, dass hier sowohl Ergebnisse des individuellen als auch des gemeinsamen Lernens geliefert werden.

Placemat eignet sich sowohl für den Einstieg in ein Thema als auch zur Erarbeitung neuen Wissens.

So geht es:
An Gruppentischen sitzen maximal vier Schülerinnen und Schüler, die in der Mitte einen großen Bogen Papier (DIN-A0) vor sich haben. In der Mitte bleibt ein Feld für die Gruppenergebnisse frei.

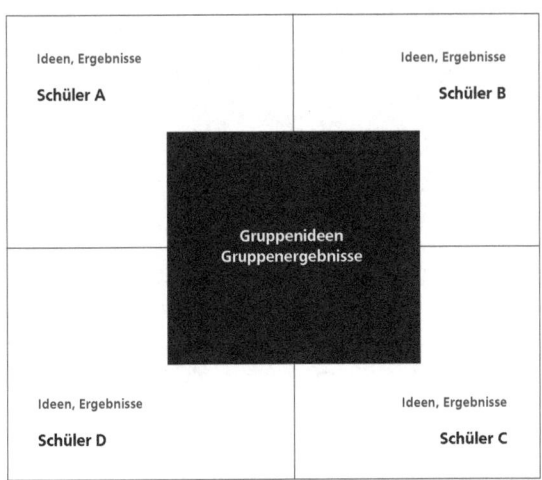

Quelle: Müller (2012): Differenzierung in heterogenen Lerngruppen

Dann wird die Aufgabe gestellt. Denken Sie daran, die Aufgabe schriftlich und eindeutig zu erteilen. Nur so können Sie störende Nachfragen während der Erarbeitungsphase vermeiden.

Einzelarbeit
Die Einzelarbeit ist terminiert. In der von Ihnen vorgegebenen Zeit arbeiten die Schüler allein. Gespräche mit dem Nachbarn sind untersagt.

Kooperation
In der zweiten Phase werden die Ergebnisse miteinander verglichen. Dazu kann der Bogen im Uhrzeigersinn gedreht werden. Zumeist stellen aber die Gruppenmitglieder ihre Ergebnisse mündlich vor. Die Schülerinnen und Schüler tauschen sich anschließend über ihre Notizen aus, entwickeln ein gemeinsames Resultat und notieren es in der Mitte des Blattes.

Plenum
Die Präsentation der Ergebnisse erfolgt am besten nach dem Zufallsprinzip. Lassen Sie grundsätzlich nicht die Schüler entscheiden, wer präsentiert. Besser, Sie losen aus oder bestimmen die Schüler. Vergessen Sie nicht, auch die sonstigen Ergebnisse zu würdigen (Aushang, Mitnehmen, ...).

Beispiele für die Methode

Geschichte	Schreibe auf, was du über die Entdeckung Amerikas weißt.
Deutsch	Notiere die zentralen Aussagen des Textes.
Lehrerausbildung	Was ist für Sie guter Unterricht?

3. Die Mindmap

Quelle: Müller (2014a): Methodenbuch Differenzierung

Eine Mindmap ist eine Methode, mit der der Einstieg in ein neues Thema gut möglich ist. Sie kann sowohl in Einzelarbeit als auch in Partner- oder Gruppenarbeit erstellt werden. Lernziel ist es, Ideen zu sammeln, etwas zu ordnen, vorzubereiten und zu behalten. 14

Fragestellungen für eine Mindmap, die zu einer neuen Unterrichtseinheit führen können:
- Notiert alles, was euch zum Thema „Planung einer Geburtstagsfeier" einfällt.
- Ordne die Begriffe nach Wortgruppen.
- Was weißt du über …?
- Wie verbringst du deinen Tag? (siehe unten)

So geht es:
1. Verwenden Sie die Tafel oder ein unliniertes Blatt und legen Sie es quer.
2. Notieren Sie in der Mitte des Blattes das Thema, hier „Mein Tag".
3. Ein erster Oberbegriff wird in Blockbuchstaben auf einen (farbigen) Ast geschrieben, hier das Wort „Nachmittag".

4. Fügen Sie weitere Oberbegriffe zu. Verwenden Sie nur kurze, treffende Schlüsselwörter und konsequent nur ein Wort pro Ast.
5. Fügen Sie nun weitere Nebenäste hinzu und eröffnen Sie damit eine zweite Gedankenebene.
6. Ergänzen Sie die Mindmap mit einer dritten oder vierten Gedankenebene (Äste). Verwenden Sie auch, falls möglich, Symbole oder Bilder.

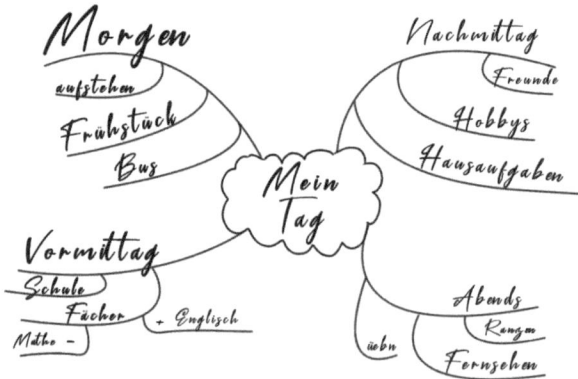

Quelle: eigene Darstellung

Die Mindmap soll dann in der Klasse vorgestellt und erörtert werden. Gut geeignet dafür ist die Präsentation durch zwei Schüler (Tandem-Präsentation).

4. Brainstorming

Das Ziel von Brainstorming ist, möglichst viele Ideen und Gedanken zu sammeln. Auch bei dieser Methode ist der Wechsel von individuellem und kooperativem Lernen auffällig. Jeder Einzelne ist zuerst genötigt, eigene Ideen zu sagen oder aufzuschreiben. Dies geschieht zügig, spontan und ohne Wertung. Anschließend werden die Ideen ausgetauscht. Dadurch setzt ein neuer Prozess des Lernens ein. Jetzt werden die Ideen geordnet, ausgewählt und bewertet.

Sie finden unterschiedliche Brainstorming-Techniken. Aber für alle gelten folgende Regeln:
Ablauf eines halb-schriftlichen Brainstorming-Prozesses
1. **Einzelarbeit:** Sammeln von Ideen: Jeder Einzelne schreibt seine Ideen auf, die ihm in einer vorgegebenen Zeit einfallen. In dieser Phase darf nicht gesprochen werden.
2. **Gruppenarbeit:** Schriftlicher Austausch: Nach Abschluss der Sammelphase stellt jeder in seiner Gruppe seine Ideen vor. Eine Wertung soll hier noch nicht erfolgen.
3. **Einzelarbeit:** Sammeln weiterer Ideen – angeregt durch die Ideen der Anderen.
4. **Austausch:** Zusammenführen der Ideen: Hier werden die Ideen gesammelt und strukturiert.

Beispiele möglicher Fragestellungen
- „Wie soll unser neuer Schulhof gestaltet werden?"
- „Welche Grundsätze sollen für die Bewertung eines Referats gelten?"
- „Was interessiert mich an Hamburg?"

5. Lerntempoduett

Ziel: Wirksames Lernen durch Berücksichtigung unterschiedlicher Lern- und Arbeitsgeschwindigkeiten

Arbeiten im individuellen Tempo

Die Schülerinnen und Schüler unterscheiden sich in hohem Maße durch unterschiedliche Lernzeiten. Diese Unterschiede nehmen mit zunehmendem Alter zu. Das Lerntempoduett berücksichtigt diese verschiedenen Lerngeschwindigkeiten.

Die Schülerinnen und Schüler bekommen Aufgaben und können diese in ihrem Tempo bearbeiten. Wer eine Aufgabe bearbeitet hat, kann mit dem Schüler sein Ergebnis vergleichen, der in demselben Tempo gearbeitet hat. Anschließend kann die zweite Aufgabe bearbeitet werden.

Die Methode eignet sich sowohl zum Üben und Wiederholen als auch zur Aneignung neuer Lerninhalte.

Im Folgenden wird der Ablauf mit arbeitsgleichen Aufgabenstellungen beschrieben. Sie brauchen für die Klasse ein Arbeitsblatt, bei dem die Arbeitsaufträge nummeriert aufgelistet sind. Erläutern Sie vor Beginn den Ablauf und vereinbaren Sie eine „Haltestelle", bei der sich die Schüler zum Austausch treffen.

So geht es:
1. Die individuelle Erarbeitungsphase
   Die Schülerinnen und Schüler arbeiten zuerst allein. Wer mit der ersten Aufgabe fertig ist, zeigt auf und ist für den Austausch bereit. Schaffen Sie einen Treffpunkt („Haltestelle") im Klassenraum.
2. Vergleich mit einer Mitschülerin, einem Mitschüler
   Die Partner, die mit der Aufgabe fertig sind, können jetzt ihre Ergebnisse vergleichen, korrigieren oder ergänzen.
3. In einem zweiten oder dritten Schritt kann das Verfahren fortgeführt werden. Vermeiden Sie Leerlauf und Langeweile. Sie können folglich grundsätzlich nicht auf den Letzten warten.
4. Im Plenum werden die Pflichtaufgaben abgeglichen und die Ergebnisse gesichert.

Sofern die Methode nicht ritualisiert ist, reflektieren Sie mit der Klasse über die Methode und den Lernerfolg. Machen Sie deutlich, dass der Lernprozess Vorrang hat, nicht die Geschwindigkeit.

Beispiele:
- Die Schülerinnen und Schüler üben das Rechnen mit Bruchzahlen.
- Die Schülerinnen und Schüler bearbeiten einen Text und beantworten Fragen.
- Die Schülerinnen und Schüler füllen im Englisch-Unterricht einen Lückentext aus.

Meine Tipps:
- Legen Sie den Ort fest, an dem der Austausch erfolgen soll.
- Formulieren Sie die Arbeitsaufträge schriftlich mit einfachen, kurzen Aufträgen.
- Sorgen Sie für leises Arbeiten.
- Stellen Sie – zugeordnet zu den Aufträgen – hilfreiches Material bereit.
- Schließen Sie die Stunde im Plenum ab.
- Bedenken Sie, dass neue Methoden oft trainiert werden müssen, bevor sie gut gelingen.

6. Kugellager

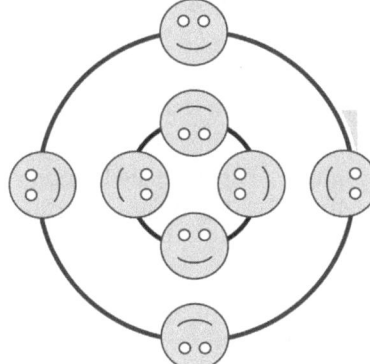

Quelle: Müller (2012):
Differenzierung in heterogenen Lerngruppen

Ziele der der Methode Kugellager:
Aktiv zuhören, Vorwissen bzw. Vorerfahrungen aktivieren, Inhalte mündlich wiedergeben

Das Kugellager ist eine Methode, bei der sich jeweils zwei Personen über den gleichen Inhalt austauschen. Die Schüler sind genötigt, einen Inhalt zu verbalisieren, ohne sich in der ganzen Klasse zu präsentieren. Schüchterne und unsichere Schüler tun sich vor der ganzen Klasse oft schwer. Introvertierten Schülern wird geholfen, sich zu öffnen.

Mithilfe des Kugellagers festigen die Schüler ihren Lerninhalt, üben das freie Reden und hören andere Sichtweisen.

Die Methode Kugellager ist für Sie hilfreich, weil sie durch die Aktivierung jedes Einzelnen die Motivation in der Klasse fördert. Ihnen als Lehrkraft kann es nicht gelingen, jedem Einzelnen eine Bestätigung seiner Anstrengung zu geben. Im Plenum erfahren ja nur einzelne Schüler eine Wertschätzung Ihrer Arbeit. Folglich braucht es einen Partner in der Klasse, dem man das Ergebnis aus der Einzelarbeit präsentiert.

Beachten Sie bitte dazu das Kapitel 11 (Kooperatives Lernen).

So gehen Sie vor:
1. Einzelarbeit
   Nennen Sie den Arbeitsauftrag. Beispiel: Die Schüler lesen einen Text und beantworten dazu schriftlich drei Fragen.
2. Bilden Sie mit der Klasse einen Innen- und einen Außenkreis mit der gleichen Anzahl von Personen.

3. Partnerarbeit
   Jetzt berichten die Schüler aus dem Innenkreis denjenigen aus dem Außenkreis und danach umgekehrt.
4. Zum Üben bewegt sich jetzt der Außenkreis um x Plätze nach rechts, danach den Innenkreis um y Plätze nach links. So tauscht sich jeder in einer neuen Sequenz mit einem neuen Partner aus.
5. Im Anschluss wechseln Sie in eine Plenumsphase. Tragen Sie die Ergebnisse zusammen oder lassen Sie Schüler berichten. Für die Weiterarbeit und Festigung sollten die Ergebnisse visualisiert werden.

> **Mein Tipp:** Nutzen Sie für den Ablauf diskrete akustische Zeichen wie Klangschale oder Büroklingel.

Anwendungsbeispiele:
- Textpassage in einer Fremdsprache leise vortragen
- Gehörte oder gelesene Geschichte nacherzählen
- Vokabeln abfragen
- Diskussion über ein Problem

7. Gruppenpuzzle
Ziel: Wissensvermittlung

Die Schülerinnen und Schüler einer Gruppe (drei bis vier Personen) werden zu Experten und vermitteln ihr Wissen anderen Schülern, die andere Aufgaben bekommen haben. Die Schüler sind also bei dieser Methode abwechselnd Lernende und Lehrende, weil ein Wechsel zwischen Wissensaneignung und Wissensvermittlung besteht. Mit dem Gruppenpuzzle wird das Ziel verfolgt, dass die Schülerinnen und Schüler durch den Prozess des Unterrichtens zu einer umfassenden Kenntnis eines Lerngegenstands gelangen. Gleichzeitig werden vielfältige Kompetenzen entwickelt.

Das Gruppenpuzzle ist eine Methode des kooperativen Lernens. Sie verlangt in der Vorbereitung als auch in der Durchführung viele Kompetenzen und eine sehr sorgfältige Vorbereitung.

Vorbereitung: Finden Sie ein großes Gesamtthema, das sich in drei bis vier gleichwertige Unterthemen aufteilen lässt und das selbstständig bearbeitet werden kann. Nummerieren Sie die Materialien.

Das ist der Ablauf:
1. Phase: Individuelle Erarbeitung.
   Die Schüler erarbeiten ihre Teilgebiete individuell, überlegen und dokumentieren, was die zentralen Informationen sind, die sie den anderen vermitteln wollen.
2. Phase: Kooperative Erarbeitung.
   Die Schüler, die dieselben Materialien bekommen haben, bilden Expertengruppen. Dort vergleichen sie ihre Ergebnisse, korrigieren und ergänzen und bestimmen, was sie in der nächsten Phase vermitteln möchten.
3. Phase: Vermittlung
   Die Schüler gehen in ihre Gruppen (Stammgruppen) zurück, um den anderen ihr Wissen zu vermitteln. Zunächst stellt Experte A sein Expertenwissen vor, erläutert dies und beantwortet Fragen. Die anderen notieren sich das Wesentliche. Die Experten B, C und D folgen entsprechend.
4. Phase: Präsentation und Integration
   Nun stellen einzelne Schüler oder Gruppen ihre Ergebnisse vor. Anschließend müssen die verschiedenen Inhalte gebündelt und ausgewertet werden.

Tipps:
- Für die Methode benötigen Sie immer eine Doppelstunde.
- Sofern die Methode nicht bekannt ist, visualisieren Sie den Ablauf und suchen Sie einfache Themen.
- Wichtig ist, dass jeder Experte genaue Notizen anfertigt.
- Machen Sie verbindliche Zeitvorgaben für die einzelnen Phasen.
- Bleiben Sie im Hintergrund!

Mögliche Oberthemen:
– Vier Berufe im Mittelalter
– Vier Haustiere
– Rom – Paris – London – Wien

Alle diese Methoden und viele weitere sind ausführlich beschrieben in Frank Müller (2012): Differenzierung in heterogenen Lerngruppen. Schwalbach/Ts.

7.3 Lehrerverhalten

Auf den Lehrer kommt es an. Ihr Verhalten, Ihr Benehmen und Ihre Persönlichkeit sind bestimmend für den Lernerfolg der Schülerinnen und Schüler.

Sie gestalten den Unterricht und beeinflussen durch Ihre Interaktion, sodass die Klasse ruhig und konzentriert arbeiten kann und Lernen gelingt.

Die folgenden Ausführungen sind auf das Lehrerverhalten beim kooperativen Lernen fokussiert. Sie können grundsätzlich auf andere Unterrichtsstrukturen übertragen werden.

Die Grundsätze des kooperativen Lernens sind in Kapitel 11 dargestellt.

So verhalten Sie sich wirksam:

7.3.1 Lehrerverhalten vor der Einzelarbeit

Arbeitsaufträge erteilen

Unterschätzen Sie nie die Bedeutung der Arbeitsaufträge für die nachfolgenden Arbeitsphasen. Oft sind unklare oder nur mündlich erteilte Aufträge die Ursache für Unterrichtsstörungen und Leerlauf. Informieren Sie die Schüler eindeutig über die Teilbereiche Ihrer Aufgabenstellung.
- Skizzieren Sie die Verlaufsplanung für die Stunde („Fahrplan").
- Formulieren Sie den Arbeitsauftrag schriftlich und mündlich.
- Bestimmen Sie, wie die Ergebnisse dokumentiert werden sollen.
- Machen Sie den Sinn Ihrer Aufgabe deutlich.
- Legen Sie die Dauer der Einzelarbeit fest und stellen Sie eine ruhige Arbeitsatmosphäre sicher.
- Klären Sie die Hilfsmittel, die sinnvoll sind.
- Teilen Sie der Klasse mit, was mit den Ergebnissen des Unterrichts geschieht.
- Werden die Ergebnisse bewertet, wird damit weitergearbeitet?
- Was machen diejenigen, die früher fertig sind?
- Erläutern Sie die erste Phase des Unterrichts noch einmal präzise.

Sind die Aufgaben verstanden?

Immer gibt es Schüler, die den Arbeitsauftrag nicht verstehen, unsicher sind oder zu bequem, sich zu melden. Daher ist es Ihre Aufgabe zu prüfen, ob Ihre Aufträge verstanden worden sind. Die Klasse zu fragen, „Habt ihr alles verstanden?", ist dafür unzureichend.

Vielleicht sind diese Vorgehensweisen für Sie nützlich:
- „Tauscht euch mit eurem Nachbarn darüber aus, was in der folgenden Stunde gemacht werden soll. Dann werde ich jemanden aufrufen, das zu wiederholen".

– Fordern Sie einzelne Schüler zu Details des Arbeitsauftrags auf: „Laurenz, sag noch mal, was du üben sollst!" „Anja, was wirst du tun, wenn du fertig bist?" „Svenja, welche Hilfsmittel könnt ihr benutzen?"

Sofern Sie Aufgaben aus dem Schulbuch verwenden, lassen Sie diese zuerst leise durchlesen, dann vorlesen und gegebenenfalls wiederholen.

Tipps:
- Achten Sie auf Ruhe. Hilfreich sind Ruhezeichen, die Sie mit der Klasse vereinbart haben.
- Arbeitsaufträge präsentieren Sie grundsätzlich schriftlich in knappem Wortlaut.
- Fördern Sie Routinen! Erteilen Sie die Arbeitsaufträge nach demselben Muster.
- Legen Sie die Zeit für die Einzelarbeit fest und notieren Sie sie an der Tafel.
- Achten Sie darauf, dass nicht zu viel Zeit mit Vorbereitungen vergeudet wird. Begrüßung und tatsächlicher Arbeitsbeginn sollte nicht länger als 10 Minuten dauern.

7.3.2 Lehrerverhalten während der Einzelarbeit

Die Einzelarbeit ist eine Sozialform, die fast in jeder Unterrichtsstunde eingesetzt wird. Beim kooperativen Lernen ist sie tragendes Element. Die Einzelarbeit gibt jedem Schüler die Möglichkeit, individuell entsprechend der eigenen Lernausgangslage Lösungswege zu suchen und zu bearbeiten. Die nötige Grundsicherheit wird durch den gesteckten Zeitrahmen gewährleistet.

Tipps:
- Sorgen Sie für absolute Ruhe. Nur so können sich die Schülerinnen und Schüler gut auf ihre Aufgabe konzentrieren. Nach meinen Beobachtungen ist oft der Lehrer der Störenfried: „Wo ist das Klassenbuch?" „Max, kannst du mal das Fenster schließen?" sind Bemerkungen, die jeden in seinem Gedankenfluss beeinträchtigen.
- Unterlassen Sie Zwiegespräche. Ansonsten fangen auch Schüler an, miteinander zu reden. In Ihrem Verhalten sind Sie Vorbild!
- Lassen Sie die Schüler immer schriftlich arbeiten. Nur so werden Ihre Gedanken verfestigt.
- Teilen Sie die Zeitvorgaben schriftlich mit. Läuten Sie das Ende einer Arbeitsphase eine Minute vor Schluss diskret mit Ihrer Büroklingel ein.

- Lassen Sie sich grundsätzlich nicht auf eine Verlängerung der Arbeitsphase ein. Es gibt immer Schüler, denen die Zeit nicht reicht. Sie können dem „Mittelfeld" zuliebe nicht auf den Letzten warten.
- Wenn die Klasse nicht leise wird, kann es sein, dass der Arbeitsauftrag nicht verstanden wurde oder zu schwierig ist. Dann unterbrechen Sie für alle und klären die Störung.
- Nutzen Sie Ihre Zeit, bei einigen Schülerinnen und Schülern das Arbeits- und Sozialverhalten zu beobachten.

7.3.3 Lehrerverhalten während der Kooperationsphase

Viele Lehrer wollen im Unterricht alles „im Griff" haben. Das trifft beim kooperativen Lernen nur in Teilbereichen zu. Hier geben Sie einen Teil der Verantwortung für das Gelingen an die Schüler ab. Das fördert deren Selbstständigkeit und verbessert die Schüleraktivierung.

Nachdem Sie die Einzelarbeit beendet haben, beginnt die Kooperationsphase und Sie erläutern das weitere Vorgehen.
- Bestimmen Sie, welche Schüler zu zweit, zu dritt oder zu viert miteinander eine Gruppe bilden. Die Gruppen auszulosen, ist eine gute Methode.
- Sorgen Sie für eine Arbeitsatmosphäre mit geringer Lautstärke.
- Erinnern Sie daran, dass Sie festlegen, wer die Ergebnisse präsentiert. „Zwei Minuten vor Ende der Gruppenarbeit sage ich, wer (welche Gruppe) heute die Ergebnisse vorstellen wird." Anfangs machen Sie sich durch dieses Verfahren unbeliebt. Andererseits ist jeder genötigt mitzuarbeiten, da er für die Präsentation ausgewählt werden kann. Das Vorgehen kann auch durch Auslosen geschehen.

Wenn Schüler in Gruppen zusammenarbeiten, kann es sein, dass bei Einzelnen die Arbeit stockt. Sie haben zwei Möglichkeiten, darauf zu reagieren. Entweder, Sie ziehen sich ganz zurück und überlassen es der Gruppe, Lösungen zu finden. Manfred Spitzer: „Schüler lernen immer." Oder Sie wenden sich diskret an die Gruppe und unterstützen gezielt. Keinesfalls sollten Sie in den gesamten Arbeitsprozess eingreifen, da dadurch oft gruppeninterne Kommunikationsprozesse abbrechen. Vermeiden Sie Interventionen, die an das Plenum adressiert sind.

Tipps:

- Verweigern Sie Hilfe, wenn Sie den Eindruck haben, dass die Gruppe auch selbstständig erfolgreich sein kann.
- Sichern Sie das Verständnis der Arbeitsaufträge.
- Verhalten Sie sich im Klassenraum zurückhaltend.
- Beobachten Sie im Vorübergehen den Lernprozess und das Arbeits- und Sozialverhalten Ihrer Schülerinnen und Schüler.
- Achten Sie darauf, dass die Schüler leise miteinander reden.
- Agieren Sie präventiv bei aufkommender Unruhe. Oft genügen nonverbale Signale.

7.3.4 Lehrerverhalten während der Plenumsphase

Nach der Einzelarbeit und der Gruppenarbeit folgt beim kooperativen Lernen die Plenumsphase. Hier werden die Lerngebnisse präsentiert. Die Phase der Präsentation ist grundsätzlich noch keine hinreichende Sicherung des Gelernten. Häufig ist die Präsentation der Ausgangspunkt für vertieftes Lernen und intelligentes Üben.

Lassen Sie bei einer Präsentation nur zwei bis drei Gruppen präsentieren. Oft hören Schüler bei mehr als zwei Wiederholungen nicht mehr zu. Wählen Sie die Gruppen durch Los aus.

Einzelpräsentationen sind oft für Schüler ungewohnt. Dann bieten sich Tandem-Präsentationen an, bei denen zwei Schüler gemeinsam ein Ergebnis vorstellen. Diejenigen Gruppenergebnisse, die nicht vorgestellt werden, bedürfen ebenfalls Ihrer Wertschätzung. Geben Sie jeder Gruppe ein Feedback oder sammeln Sie die Resultate ein. In einem Unterrichtsgespräch nach der Präsentationsphase können Ergänzungen benannt oder Fragen geklärt werden.

7.3.5 Zusammenfassung

Runden Sie die Stunde ab. Die Zusammenfassung wird von Ihnen oder von Schülern geleistet. Für den Unterrichtserfolg und die Motivation ist dieser Lernschritt bedeutsam. Dafür brauchen Sie Zeit, minimal fünf Minuten.

Reflektieren Sie mit Ihrer Klasse: „Was habt ihr heute gelernt?" „Was ist gut gelungen?" „Was können wir beim nächsten Mal verbessern?" „Wie kann es weitergehen?"

Schließen Sie die Stunde „sozialverträglich" ab. Lob ist dabei wichtiger als Tadel.

In der nächsten Unterrichtsstunde kann die Sicherung der Ergebnisse erfolgen. Dies gelingt z.B. durch Hefteinträge, durch Wiederholen in mündlicher oder schriftlicher Form, durch Transferaufgaben oder durch einen Lückentext.

7.4 Präventiver Umgang mit Unterrichtsstörungen

Hinweis: Im folgenden Abschnitt steht die Prävention im Vordergrund der Betrachtung. Sie werden aber auch Situationen erleben, in denen die Prävention unwirksam ist und direkte Reaktionen und Maßnahmen nötig sind. Dazu finden Sie Informationen in Kapitel 15 (Regeln und Rituale).

Dabei sind Unterrichtsstörungen so alt wie die Schule.

„Die Jugend (...) hat schlechte Manieren, verachtet die Autorität, hat keinen Respekt vor den älteren Leuten und schwatzt, wo sie arbeiten sollte. Die jungen Leute (...) tyrannisieren ihre Lehrer."

Aus diesem über 2.400 Jahre alten Zitat von Sokrates (469–399 v. Chr.) erkennen Sie, dass Lehrer und Lehrerinnen auch früher mit belastenden Unterrichtsstörungen zu kämpfen hatten. Beobachtungen deuten allerdings darauf hin, dass Lehrkräfte heute vermehrt mit Unterrichtsstörungen und disziplinären Konflikten konfrontiert sind. Laut einer Studie über Unterrichtsstörungen (Wendt 2009) gehen bis zu einem Drittel der Unterrichtszeit durch Störungen und Verwaltungstätigkeiten verloren. Lehrerzentrierter Unterricht ist demnach besonders störanfällig. Verbale Störungen machen dabei einen besonders großen Bereich aus. Dazu gehören Dazwischenreden, Schwätzen und die Reaktionen auf Mitschüler/-innen. Häufig wird der Unterricht durch nonverbale Störungen wie Stühlekippeln oder Raufen beeinträchtigt.

Störungen beim Unterrichten werden Sie in unterschiedlicher Ausprägung immer erleben, ganz gleich, ob Sie Berufsanfänger oder erfahrener Lehrer sind. Ich zitiere Gert Lohmann (2003): „Störungsfreier Unterricht ist eine didaktische Fiktion." Das gehört zum Unterricht dazu. Zahlreiche Untersuchungen dokumentieren das Ausmaß von Konflikten und Störungen im Unterricht. Sie beeinflussen die Atmosphäre im Unterricht, beeinträchtigen den Lehr- und Lernprozess oder setzen ihn ganz außer Kraft.

In den folgenden Ausführungen geht es weniger um das Anrennen gegen unvermeidbares Fehlverhalten als vielmehr um die Störungen, die Sie durch Ihr Verhalten minimieren können. Welche Strategien können Sie umsetzen, um Unterrichtsstörungen präventiv vorzubeugen?

7.4.1 Formen der Unterrichtsstörung

Unterrichtsstörungen werden aufgrund subjektiver Wahrnehmung unterschiedlich erlebt. Angenommen, in der letzten Reihe schwätzen zwei Schüler miteinander; ist das schon eine Störung oder noch nicht? Lohnt es sich da, zu intervenieren, oder genügt der direkte Blickkontakt?

Negativen Einfluss auf erfolgreiches Unterrichten haben Nebentätigkeiten, Aggressionen gegen Mitschüler, Herumlaufen im Raum, Arbeitsverweigerung, verbale Kommentare, Ignorieren der Regeln oder Provokationen. Diese Reihe ließe sich leicht fortsetzen. Am häufigsten begegnen Ihnen verbales Störverhalten, mangelnder Lerneifer und motorische Unruhe.

Einige Formen von Unterrichtsstörungen können der Persönlichkeit des einzelnen Schülers zugeordnet werden. Dann ist die Störung möglicherweise Ausdruck von Lebens- oder Beziehungsproblemen. Ich empfehle Ihnen in diesen Fällen, externe Unterstützung zu suchen, damit der Unterricht erteilt werden kann.

Ebenso können Störungen eine Reaktion auf die Inhalte und Methoden des Unterrichts sein sowie auf das Unterrichtsgeschehen oder das Verhalten der Lehrkraft.

Sämtliche Störungen belasten Sie genau wie die gesamte Klasse. Der Unterrichtserfolg ist beeinträchtigt.

7.4.2 Arbeitsbelastungen in der Schule

Die Belastungen für Lehrer haben in den letzten Jahren zugenommen. Große Klassen, Zuzug von ausländischen Jugendlichen ohne Deutschkenntnisse, Inklusion sind einige Aspekte dieser Veränderungen. Welche spürbaren Belastungen erleben Sie in der Schule?

Prüfen Sie bitte in meiner Übersicht, welche Faktoren für Sie belastend wirken. Finden Sie dann eine Kollegin, eine Kollegin, um über Ihre Eintragungen zu reflektieren und mögliche Veränderungen einzuleiten.

Verschiedene Umfragen zu den Arbeitsbelastungen bei Lehrkräften führen zu diesem Ranking.

1.	Erschwernisse durch auffälliges Verhalten
2.	Erschwernisse durch laute Schülerinnen und Schüler
3.	Erschwernisse durch große Klassen
4.	Zeitaufwand für Verwaltungstätigkeiten
5.	Häufiger Zeitdruck in der Arbeit

6.	Fehlende Zeit für Erholung in den Pausen
7.	Zeitaufwand für Unterrichtsnachbereitung/Korrektur
8.	Gefühl, mit der Arbeit nie fertig zu werden
9.	Erschwernisse durch heterogenes Leistungsvermögen
10.	Regelmäßige Arbeit am Wochenende

Mein Tipp: Achten Sie auf Ihre Gesundheit. Fassen Sie Störungen nicht als persönliches Versagen auf; aber nehmen Sie Störungen auch nicht als unabwendbar hin.

Sorgen Sie für einen gesunden Ausgleich in Ihrer Arbeitswoche. Mindestens ein ganzer Tag am Wochenende gehört allein Ihnen und nicht Ihrem Beruf.

Nur wenn Sie gesund und zufrieden sind, können Sie guten Unterricht machen.

7.4.3 Unterrichtsstörungen und Prävention

Es ist unstrittig, dass eine effektive Klassenführung die Störungsrate geringhält. Empirische Untersuchungen belegen, wie wichtig es ist, in der Klasse Regeln und Rituale zu implementieren. Dieser bedeutende Aspekt der Störungsprävention wird in Kapitel 15 detailliert dargestellt.

An dieser Stelle geht es um die Gestaltung des Unterrichts und das Lehrerverhalten, damit Unterrichtsstörungen möglichst präventiv vermieden werden. Es geht also weniger um die Reaktion auf Unterrichtsstörungen, sondern vielmehr um vorbeugende Maßnahmen.

Einer der bedeutenden Forscher, der die Bedeutung präventiver Maßnahmen im Umgang mit Unterrichtsstörungen erkannte, ist der amerikanische Pädagoge Jakob Kounin. Seine Studienergebnisse zeigen vier Bereiche des Lehrerverhaltens, die für die Disziplin relevant sind.

1. Prävention durch breite Aktivierung

Dieser Aspekt hat direkt mit dem Unterrichten zu tun. Es kommt also darauf an, dass Schülerinnen und Schüler in den Unterrichtsprozess miteinbezogen sind und er dauernd ihre Aufmerksamkeit erforderlich macht. Dazu gehören interessante Inhalte, anregende Methoden, Medien und lernförderliche Leistungskontrollen. Meine eigenen Erfahrungen bestätigen, dass der kooperative Unterricht am besten geeignet, jeden Einzelnen zu aktivieren und in den Unterrichtsprozess einzubeziehen.

2. Prävention durch Unterrichtsfluss

Kounin versteht darunter die Vermeidung von Verzögerungen und Unterbrechungen. Sorgen Sie für die Einhaltung eines flüssigen Unterrichtsgeschehens. Sorgen Sie für glatte Übergänge der Unterrichtsphasen und vermeiden Sie konsequent Wartezeiten. Wenn Schülerinnen und Schüler nichts zu tun haben, werden sie unruhig und stören. Warten Sie bei kooperativen Phasen nicht darauf, bis der Letzte fertig ist. Sie können im Interesse der Mehrheit nicht immer Rücksicht auf den langsamsten Schüler nehmen. Denken Sie auch daran, dass Sie selbst der Verursacher einer Störung sein können. Kann es nicht sein, dass Sie dadurch, dass Sie eine Störung bekämpfen, selbst den eigenen Unterricht stören?

Vermitteln Sie den Schülern den Eindruck, dass Sie sämtliche Abläufe in der Klasse wahrnehmen. Auch wenn nur ein Einzelner zu Wort kommt, haben Sie die gesamte Gruppe im Fokus. Kounin spricht hier von der Gruppenmobilisierung. Dieses gelingt besser, wenn jeder Schüler damit rechnen muss, aufgerufen zu werden. Das Rechenschaftsprinzip, also das „unfreiwillige" Präsentieren der Leistung, wird von Schülern wenig geschätzt; anderserseits erhöht es die Motivation und verhindert Langeweile.

3. Prävention durch klare Regeln

Hier geht es um die Erwartungen an das Schülerverhalten. Lesen Sie dazu die Ausführungen in Kapitel 15.

4. Präsenz- und Stoppsignale

Diese Signale sind bedeutsam, da sie das dauernde Ermahnen und Zurechtweisen verhindern können. Sorgen Sie für Routinen! Gehen Sie auf zwei störende Schüler zu, sagen Ihnen leise Ihre Wahrnehmung: „Ich finde eure Nebenbeigespräche nicht okay. Das stört die ganze Klasse."

Vielleicht genügen auch nonverbale Signale, wenn Sie Schüler mit ernstem Blick kontaktieren oder die Finger an den Mund legen. Zu den Signalen gehören auch Klangschale, Büroklingel oder Lärmampel. Mit der diskreten Nutzung erleichtern Sie z.B. den Übergang bei den Unterrichtsphasen oder kündigen eine kurze Ansage an. Immer sind ritualisierte Signale, Gesten oder Symbole für Sie entlastend.

Unstrittig ist dennoch: Auch der effektive Unterricht mit routinierter Prävention eines „guten" Lehrers wird nicht sämtliche Störungen verhindern. Es gibt immer Schüler, denen eine Unterhaltung mit einem Freund wichtiger ist als Ihr noch so anregender Unterricht. Außerdem kennen Sie bestimmt Schüler, die zu spät kommen, andere beleidigen oder ihre Hausaufgaben nicht machen. Beachten Sie dazu bitte das Kapitel 15.4 zum Umgang mit Konflikten.

Bleiben Sie gelassen!

7.4.4 Zwei Beispiele für Unterrichtsstörungen
Bitte überlegen Sie, wie Sie damit umgehen:
1. Sie haben Ihren Unterricht in der 3. Klasse begonnen. Da kommt ein Schüler verspätet in die Klasse und bringt einen verletzten Spatz mit, den er auf dem Schulweg gefunden hat. Alle Schüler springen auf und umringen den Schüler mit dem verletzten Tier.
   Wie gehen Sie mit der Störung um?
2. Sie möchten Ihren Unterricht beginnen und der Klasse Thema und Ziel des Unterrichts präsentieren. Allerdings reden einige Schüler ungehemmt weiter und sabotieren Ihre Absicht.
   Wie reagieren Sie?

Bei beiden Unterrichtsstörungen handelt es sich um alltägliche Situationen. Eigentlich passiert immer etwas Überraschendes und es gibt keine Rezepte für wirksame Reaktionen.

Haben Sie darüber nachgedacht, wie Sie klug reagieren?

Bei der ersten Situation wäre es falsch, wenn Sie sagen: „Bring den Vogel wieder raus und setz ihn in die Hecke!" oder „Wir müssen jetzt weitermachen. Passt endlich auf!"

Sie werden in diesem Fall 10 Minuten mit der Klasse über den verletzten Vogel sprechen müssen. Was machen wir am besten mit dem Tier? Wie können wir ihm helfen?

Jetzt können Sie mit Ihrem geplanten Unterricht beginnen. Allerdings fehlen Ihnen 10 bis 15 Minuten. Hier sind erfahrene Lehrkräfte Ihnen gegenüber im Vorteil. Flexibel und sinnvoll zu reagieren gelingt zumeist erst mit einer längeren Berufserfahrung.

Ihren Unterricht zu planen bedeutet ja nicht, ihn festzulegen.

Die zweite Situation verlangt eine Reaktion, die gerade bei Berufseinsteigern nicht ungewöhnlich ist. Immer gibt es Schüler, die beim „Neuen" ausprobieren, wie weit sie gehen können. Ihr Verhalten ist natürlich abhängig von der Altersstufe und der Schulform, in der Sie unterrichten. Falsch wäre es auf jeden Fall, die Lautstärke mit eigenem Schreien zu überlagern. Oft genügt es, sich deutlich vor der Klasse zu präsentieren, einen Moment zu warten und ein Ruhesignal einzusetzen. Dazu lesen Sie mehr in Kapitel 15. Demonstrieren Sie Gelassenheit und bleiben Sie weiterhin freundlich. Überaus auffällige Unruhestifter sprechen Sie nach Unterrichtsschluss an: „Ich habe festgestellt, dass du ..." „Lars, bleib doch noch mal kurz hier, ...")

7.5 Zehn Tipps

Es gibt keine Rezepte. Alle Klasse sind verschieden und es gibt keine Wundermittel, die immer und sofort wirken. Verstehen Sie daher die Tipps als Anregungen, reflektieren Sie über die Ursachen der Unterrichtsstörungen und über Ihre Interventionen. Hier sind die Top Ten:

1. Konsequenz

Überlegen Sie vor Ihrer ersten Stunde in einer neuen Klasse, welche Regeln und Rituale für Sie wichtig sind. Informieren Sie Ihre Klasse darüber und erläutern Sie Ihre Vorstellungen. Es muss der Klasse klar sein, welche Folgen z. B. fehlende Hausaufgaben haben, wie Toilettengänge während der Unterrichtszeit geregelt sind und wie Sie die Arbeitsmappen bewerten. Machen Sie keine Ansagen, bei denen Sie nicht verlässlich und konsequent sein können.

2. Struktur

Sie sind Vorbild. Sorgen Sie dafür, dass die Schülerinnen und Schüler den roten Faden in der Unterrichtsstunde erkennen. Visualisieren Sie den Stundenverlauf und formulieren Sie die Leistungserwartung zu Anfang der Stunde. Konzipieren Sie gut strukturierte Arbeitsblätter mit einer eindeutigen Aufgabenstellung. Formulieren Sie die Arbeitsaufträge schriftlich und beginnen Sie diese grundsätzlich mit einem Operator (siehe Kapitel 18).

Nutzen Sie Vorlagen zur Leistungsfeststellung und zum Arbeitsverhalten und sorgen Sie für Transparenz.

3. Methode wechseln

Für die Schülerinnen und Schüler gibt es nichts Schlimmeres als Langeweile. Ein sinnvoller Methodenwechsel (mit einer begrenzten Zahl von lernwirksamen Methoden) sorgt für ein gutes Arbeitsklima. Immer sollten die Schüler ihren Lernfortschritt erfassen können und ihre Selbstständigkeit trainieren. Reflektieren Sie regelmäßig Ihre Lehrerrolle. Nehmen Sie in dieser Stunde mit dieser speziellen Methode mehr die Rolle des Beobachters oder des Instrukteurs ein?

4. Feedback geben

Feedback gehört nach den Ergebnissen der Hattie-Studie zu den lernwirksamsten Faktoren. Feedback geben und Feedback erhalten kennzeichnet gutes Unterrichten und fördert die Leistungsbereitschaft der Schülerinnen und Schüler. Ein bedeutender Teil des Feedbacks sind Lernaufgaben, die sowohl dem Schüler als auch dem Lehrer Informationen über die aktuelle Leistungsentwicklung des Schülers geben. Nutzen Sie die bewährten Instrumente von Evaluationsplattformen wie z. B. IQESonline.

5. Lernförderliche Leistungsbewertung

Es bedarf vielfältiger Aspekte, um eine Leistung gerecht zu bewerten. Was gehört z.B. zur mündlichen Zensur im Fach Deutsch? Welchen Anteil haben mündliche Leistungen bei der Gesamtzensur? Wie bewerten Sie die mündliche Leistung eines schüchternen Jungen, der sich nichts zu sagen traut, andererseits aber aufmerksam am Unterricht teilnimmt? Ein wirksames Instrument ist hier die Selbsteinschätzung. Zudem sind häufige Kurztests hilfreich. Kündigen Sie vorher an, ob Sie diese bewerten oder nicht. Es geht letztlich um Rechenschaftsnachweise des Gelernten. Sie können Schülerinnen und Schülern die Ängste vor Überprüfungen nehmen, wenn Sie im Schulalltag regelmäßig Lernsituationen ohne Bewertung oder Leistungssituationen mit Bewertung durchführen.

6. Kein Stress

Sobald Schülerinnen und Schüler feststellen, dass Sie durch Störungen gestresst sind, kann sich ihr Fehlverhalten verstärken. Viele Klassen nutzen Schwächen Anderer aus. Denken Sie immer daran, bei Ärger ruhig zu bleiben. Am besten, Sie signalisieren Gelassenheit und Souveränität. Gleichen Sie das Stresserleben in der Schule durch angenehme Zeiten und Erlebnisse aus!

7. Kommunikation

Es erleichtert Ihre Arbeit, wenn Sie einen Kollegen, eine Kollegin finden, um über Ihre ersten Erfahrungen im Umgang mit den Klassen sprechen zu können. Sicherlich bekommen Sie praktische Tipps oder haben vielleicht sogar die Möglichkeit zur Hospitation. Den Blick auf Unterricht aus der letzten Reihe nehmen Sie ganz anders wahr als von vorn. Nutzen Sie diese Chancen auch für Nachfragen im Anschluss. Denken Sie daran: Gute Gespräche beginnen mit Fragen.

8. Nicht schreien

Schreien ist ein Zeichen von Schwäche. Bestimmt werden Sie Situationen erleben, in denen Ihnen der Kragen platzt, weil es in der Klasse zu laut wird. Versuchen Sie dann nicht, diese Lautstärke zu toppen. Nutzen Sie die Möglichkeiten, die Sie zu Anfang mit der Klasse vereinbart haben. Dazu gehören Stoppsignale. Manchmal genügt es schon, sich in Positur vor die Klasse zu stellen und den Finger auf den Mund zu legen. Sollten Sie in einer unruhigen oder undisziplinierten Klasse unterrichten, planen Sie weniger mündliche und mehr schriftliche Phasen ein. Vergessen Sie nie, zu Beginn des Unterrichts den geplanten Stundenverlauf zu präsentieren.

Einzelne Unruhestifter sollten Sie nach Stundenschluss ansprechen und verwarnen. Versuchen Sie, die Einsicht des Schülers zu erreichen.

9. Keine Kollektivstrafen

Kollektivstrafen („Die ganze Klasse schreibt bis morgen ...") sind ein Bumerang für die Lehrkraft. Sie können nur mit den Schülern arbeiten, nie gegen sie. Gehen Sie sorgsam mit Sanktionen um und vermeiden Sie immer, Strafen bei emotionaler Belastung auszusprechen. Vermutlich sind Sie dann der Verlierer, da Sie einerseits Schüler gegen sich aufbringen, andererseits aber auch konsequent sein müssten.

Selbstverständlich müssen Sanktionen erfolgen, wenn Grenzen überschritten sind. Manches lässt sich mit internen Klassenregeln bereits durchführen (siehe Kapitel 15).

10. Reflexion

Wenn Sie strukturierten Unterricht erteilen, ist die Reflexion über den Stundenverlauf ein wesentliches Erfolgsmerkmal. Haben wir das Wesentliche erreicht? Was ist uns gut gelungen? Was weniger gut? Wie war das Arbeitsverhalten? Wie geht es weiter?

Alles, was Sie im Nachklang einer Stunde machen, muss zu Ihrem gewöhnlichen Repertoire gehören. Vielleicht stellen Sie für sich Fragen am Ende der Woche.

Was ist in dieser Woche gut gelaufen? Wo gab es Schwierigkeiten? Was würde ich heute anders machen? Bin ich mit dem Verhalten der 9a zufrieden?

Sofern Sie einen Partner haben, der Ihnen aufmerksam zuhört und Zeit für Sie hat, umso besser.

7.6 Lehrersprache

Lehrer reden zu viel! Untersuchungen belegen, dass im Unterricht vor allem die Lehrkraft redet und viele Schüler schweigen. Ohne Zweifel ist Sprache unser wichtigstes Werkzeug, aber es beeinträchtigt den Unterrichtserfolg, wenn der Lehrer mehr redet als alle Schüler zusammen.

Warum ist das so? Es gibt Lehrer, die durch Reden alles „im Griff" haben wollen, sie lenken und kontrollieren permanent. Anderen tut es vielleicht gut, vor der Klasse zu stehen und Gespräche zu führen. Möglicherweise sind manche Lehrer, wenn sie selbst zu viel reden, nur unsicher oder haben Angst vor der Stille.

Im Unterricht nimmt der mündliche Austausch zwischen Lehrer und Schüler einen Großteil der Zeit in Anspruch. Die Sprache ist das Medium, um sich mit anderen zu verständigen, um etwas zu verstehen und zu präsentieren. Die Lehrkraft trägt die Verantwortung für strukturierte, verständliche Gespräche, die Lernprozesse auslösen sollen. In ihrem Sprachverhalten sind Lehrkräfte Vorbild.

Sie sind Vorbild, wenn es um die inhaltlichen Aspekte geht. Aber auch bezüglich Sprachstil, Redetempo und nonverbalen Signalen sind Sie maßgebend. Ihre Sprache, wie Sie mit Ihren Schülern sprechen und wahrgenommen werden, bestimmt den Erfolg Ihres Unterrichtens. Deshalb sollten Sie nur dann sprechen, wenn die Aufmerksamkeit der ganzen Klasse gewährleistet ist.

> **Hinweis:** Beachten Sie in diesem Zusammenhang die Ausführungen in Kapitel 14. Hier sind die Bereiche Kommunikation, Gesprächsführung und Feedback für Sie dokumentiert.

Wie schätzen Sie Ihre Sprache ein?
Nutzen Sie nachfolgend den Lehrerfragebogen zur Unterrichtsstunde zur Selbsteinschätzung. Sie finden den Bogen zum Abgleich auch als Kollegenfragebogen und Schülerfragebogen für die Sekundarstufe unter www.unterrichtsdiagnostik.de

	Lehrersprache	stimme nicht zu	stimme eher nicht zu	stimme eher zu	stimme zu
1	Artikulation, Intonation, Modulation und Lautstärke waren angemessen.....	①	②	③	④
2	Rhetorik, Sprechgeschwindigkeit und Sprechpausen waren angemessen.....	①	②	③	④
3	Ich habe hochdeutsch (Standardsprache) gesprochen, zu starken Dialekt oder Regiolekt vermieden....	①	②	③	④
4	Unsicherheits- und Vagheitsausdrücke (wie "sag ich mal", "sozusagen", "quasi", "und so weiter") habe ich vermieden....	①	②	③	④
5	Meine Sprechweise war grammatikalisch korrekt....	①	②	③	④
6	Der Unterrichtsfluss wurde nicht durch Abschweifungen oder irrelevante Kommentare unterbrochen....	①	②	③	④
7	Meine Sprechweise war frei von Manierismen und Marotten (wie "ne", "ok", "gell", "halt", "nicht wahr", "ähmmmm",...)	①	②	③	④
8	Mein Sprechanteil an der gesamten Sprechzeit der Stunde war angemessen....	①	②	③	④
9	Floskeln, Allgemeinplätze, Phrasen, Plattitüden und Klischees habe ich vermieden....	①	②	③	④
10	Meine Körpersprache (Gestik, Mimik, Raumposition, Körperhaltung) war angemessen....	①	②	③	④

Quelle: www.unterrichtsdiagnostik.de, Letzter Zugriff: 21.10.2020

Tipps und Zusammenfassung:

- Artikulieren Sie klar, sprechen Sie aber nicht zu schnell.
- Verwenden Sie kurze, einfache Sätze.
- Fassen Sie sich kurz und geben Sie präzise Anweisungen.
- Visualisieren Sie die Arbeitsanweisungen.
- Wiederholen Sie wichtige Ansagen wie z. B. Arbeitsaufträge.
- Sprechen Sie mit gemäßigter Lautstärke, aber mit kräftiger Stimme.
- Wechseln Sie beim Sprechen nicht Ihren Standort.
- Suchen Sie Blickkontakt zu Ihren Schülerinnen und Schülern.
- Achten Sie auf Ihre Körpersprache und setzen Sie Mimik und Gestik bewusst ein.
- Nutzen Sie Signale! Statt verbal zu loben: Daumen hoch!
- Bleiben Sie auch bei Störungen gelassen und wertschätzend.
- Labern Sie nicht!

7.7 Reflexionsaufgabe

Nehmen Sie bitte Stellung zu diesen beiden Aussagen:

- „Prävention ist besser als Intervention."
- „Man kann einen Menschen nichts lehren; man kann ihm nur helfen, es in sich selbst zu finden." Galileo Galilei (1564–1642)

8. Unterricht nachbereiten

Unterrichten ist Ihre Königsaufgabe. Nachdem Sie den Unterricht geplant und durchgeführt haben, fehlt noch die Nachbereitung. Sie ist insbesondere für Berufsanfänger elementar, da Sie nur über Reflexion und Nachbereitung Ihre Unterrichtsqualität sichern und verbessern können. Nehmen Sie sich Zeit und gehen Sie die Stunde nicht nur gedanklich durch, sondern notieren Sie auch bedeutsame Aspekte. Dazu biete ich Ihnen zwei Methoden an.

8.1 Fragen zur Stunde

Beantworten Sie bitte für sich folgende Fragen:

- Wie schätze ich die Mitarbeit der Klasse ein? → Symbole oder ++ + / - -- ??
- Bin ich mit Störungen präventiv umgegangen?
- Habe ich einzelne Schüler gelobt?
- Bin ich mit den Schülern wertschätzend umgegangen?
- Ist die zeitliche Planung gelungen?
- Haben die Schüler die Aufgaben verstanden?
- Sind die Methoden hilfreich gewesen?
- Habe ich die Heterogenität der Lerngruppe berücksichtigt?
- Sind die Lernziele erreicht worden?
- Haben die Schüler etwas dazu gelernt? Woher weiß ich das?
- Was ist mir besonders gut gelungen?
- Welche Fehler will ich nicht wiederholen?
- Was kann ich verbessern, falls ich die gleiche Stunde noch einmal gebe?
- Welche Rückmeldungen habe ich von den Schülern erhalten

8.2 Das ADA-System

ADA ist eine Abkürzung für „Ausdrucken – Durchführen – Aktualisieren". Dieses System hilft Ihnen, zeitnah Ihren Unterricht auszuwerten und Notizen schriftlich in Ihrer Verlaufsplanung für den Unterricht zu dokumentieren. Dadurch halten Sie Abweichungen fest, die Sie dann bei nachfolgenden Planungen berücksichtigen können.

So gehen Sie vor:

A Ausdrucken
Sie fertigen auf einer DIN-A4-Seite eine Verlaufsplanung für Ihre Unterrichtsstunde an und drucken sie aus. Achten Sie in der Vorlage auf ausreichenden Platz für Ihre Notizen.

D Durchführen
Unterricht verläuft selten so, wie Sie es geplant haben. Es gibt immer Abweichungen, bei denen Sie vielleicht improvisieren müssen. Diese Abweichungen notieren Sie handschriftlich und zeitnah in Ihrer Verlaufsplanung. Vielleicht können Sie während des Unterrichts etwas notieren.

A Aktualisieren
In der Phase der Nachbereitung sind Sie mit Ihrer Vorlage wieder ganz nah im Stundenverlauf. Nehmen Sie sich jetzt die Zeit zur Rückbesinnung. Welche Abweichungen von der Verlaufsplanung hat es gegeben? Welche Ursachen kann es dafür geben? Welche Schlussfolgerungen ziehe ich daraus? Wie geht es morgen weiter?

Beispiel:

Datum	Titel	Inhalte
13.09. Montag	Inhaltsangabe: Einführung	Wer hilft beim Kuchenverkauf übermorgen mit? *10 min Diskussion! → Leon, Best, Sabine* Marianne, Michael: Hausaufgaben vorzeigen!
	Fehlen: Heini Herbst(e)	„Ab heute machen wir Inhaltsangabe" (an TA schreiben) *→ Sesse: auf Folie* DVD Harry Potter zeigen: - Wer kennt das? (! keine Zsfs. von S zulassen!!) - Was steht wohl auf dem Rücken der Hülle? *Stunde zu ende, nächstes Mal: 1 Wdh. und* Problematisierung AA eine Heftzel

Quelle: eigene Darstellung nach „Der Lehrerfreund", Umfrage zu Korrekturstrategien, 2014

Datum	Phase	Verlauf
24.10.	Erarbeitung Conny stört	Dividieren von Bruchzahlen Arbeitsblatt verteilen **dauert zu lange** Aufgaben 1 – 3 in Einzelarbeit **SuS werden unruhig, Aufgaben sind zu schwer** **Zeitrahmen passt nicht**

Hinweis: Im weiteren Sinne gehören auch Feedback, Selbsteinschätzung und Evaluation zur Nachbereitung des Unterrichts. Regeln und Instrumente dafür finden Sie in Kapitel 20.

8.3 Checkliste zum Bereich „Konsolidierung"

Vorab zu den Ausführungen in Kapitel 21 und 22 hier eine kleine Checkliste zur Selbsteinschätzung Ihres Unterrichts zum Bereich Konsolidierung.

	++	+	-	--
In meinem Unterricht gibt es zahlreiche Übungsaufgaben.			-	
In den Hausaufgaben wird der Lernstoff wiederholt.				
Ich verwende zur Sicherung Merksätze.				
Ich verwende Aufgaben, die Transferleistungen erfordern.				
Ich setze regelmäßig Kurztests ein.				
Meine Schüler lernen, Arbeitsergebnisse zu präsentieren.				
Ich kontrolliere regelmäßig die Hefte.				

8.4 Reflexionsaufgabe

- Warum ist es für Ihre Unterrichtsnachbereitung bedeutsam, dass Schüler ihre Arbeitsergebnisse in der Klasse präsentieren?
- Welches Verfahren wenden Sie an, um Hausaufgaben zu kontrollieren?

9. Aller Anfang ist schwer

Ihr Erfolg in der neuen Schule hängt wesentlich von der Startphase ab. Sie sollten sich daher akribisch auf Ihre ersten Unterrichtsstunden vorbereiten und sich frühzeitig mit den Gepflogenheiten und Abläufen Ihrer Schule vertraut machen.

Von Aristoteles (382–322 v. Chr.) ist das folgende Zitat überliefert:

„Der Anfang ist die Hälfte des Ganzen."

Übertragen auf Ihre Situation in der Schule enthält der Satz des Philosophen meines Erachtens zwei Botschaften:
1. Botschaft: Ein gelingender Einstieg in den neuen Beruf hat elementare Bedeutung.
2. Botschaft: Es ist ein Aufruf für einen mutigen Beginn.

9.1 Der erste Tag in der neuen Schule

Ihrem ersten Arbeitstag gehen sicherlich Überlegungen voraus, in denen Sie sich ausmalen, was alles auf Sie zukommen kann und ob Sie die neuen Herausforderungen gut bewältigen können. Diese Unsicherheit teilen Sie mit allen Referendaren, Quer- und Seiteneinsteigern. Selbst erfahrene Lehrkräfte, die neu an eine Schule kommen, kennen diese Situation. In einer fremden Schule neu anzufangen ist ungewohnt und aufregend.

Sofern es für Sie möglich ist, machen Sie sich vorab ein Bild von Ihrer neuen Schule. Bestimmt präsentiert sich die Schule im Netz auf einer Homepage. Hier können Sie erste Informationen zum pädagogischen Selbstverständnis der Schule, zu Unterrichtsmaterialien und zum Lehrerkollegium erhalten. Vielleicht gibt es Nachrichten über die Schule in der örtlichen Presse.

In jeder Schule haben sich im Laufe von Jahrzehnten Strukturen und Gewohnheiten entwickelt, die für Neue anfangs schwer zu erfassen sind. Besonders im Lehrerzimmer gibt es ungeschriebene Regeln, die es Ihnen schwermachen, sich sofort zurechtzufinden. Schön für Sie, wenn Ihnen ein Mentor zu Seite steht, der Sie durch das Labyrinth führt.

Nun beginnt Ihr erster Schultag als Lehrerin oder Lehrer.

Sie sind eine Viertelstunde früher als vereinbart angekommen und treffen jetzt das erste Mal auf Ihre neuen Kolleginnen und Kollegen. Normalerweise übernimmt es die Schulleitung, Sie im Lehrerzimmer vorzustellen. Passiert das zu Anfang nicht, stellen Sie sich selbst bei den Anwesenden mit Vor- und Nachname vor. Dass Sie sich aktiv zeigen, vermittelt einen guten Eindruck.

Eine bessere Gelegenheit, sich dem Kollegium bekannt zu machen, ist eine Dienstbesprechung oder Konferenz. Hier haben Sie die Möglichkeit, etwas zu Ihrer Person zu sagen, Ihre Fächerkombination zu nennen und Ihren bisherigen beruflichen Werdegang zu skizzieren. Gehen Sie auf das Kollegium zu und äußern Sie die Bitte, sich bei Fragen an Sie wenden zu können. Signalisieren Sie Ihr Interesse und Ihren Wunsch, Teil des Kollegiums zu werden.

Vergessen Sie nicht, sich auch im Sekretariat und beim Hausmeister vorzustellen.

Klären Sie die übliche Anrede innerhalb des Kollegiums. Es gibt Schulen, in denen sich alle duzen. Bei anderen ist das von den einzelnen Personen abhängig.

Unbekanntes Terrain betreten Sie, wenn Sie im Lehrerzimmer wahllos einen Platz belegen. Erkundigen Sie sich vorher, welche Plätze frei sind und ob es im Lehrerzimmer feste Sitzplätze gibt.

In den allermeisten Lehrerzimmern steht den Lehrkräften nur wenig Platz zur Verfügung. Klassenarbeiten, Bücher und Prospekte werden in großer Menge ausgebreitet. Durchaus möglich, dass die Materialien auch bestimmten Lehrkräften zuzuordnen sind. Vermeiden Sie Konflikte! Jedem im Kollegium steht aber ein eigenes Fach zur Verfügung.

Die Raumnot setzt sich üblicherweise in der „Teeküche", besonders auch im Kühlschrank fort.

Häufig gibt es in der Teeküche mit der Kaffeemaschine in den Pausen Gedränge. Nicht wenige Lehrkräfte nutzen die Kaffeepause zum Austausch oder zum „Dampfablassen". Sie benutzen dann keine neutrale, sondern eine eigene Kaffeetasse. Fragen Sie auch hier nach den Gepflogenheiten, z.B. nach einer gemeinsamen Kasse für Tee und Kaffee. Vielleicht setzt derjenige neuen Kaffee auf, der die letzte Tasse genommen hat? Oder Sie bringen als Newcomer ein paar Kekse oder Gummibärchen mit.

Für Eltern und Schüler ist üblicherweise in den Pausen das Lehrerzimmer tabu. Sie werden nach wenigen Unterrichtstagen feststellen, dass Sie zum Abschalten die kurzen Pausen dringend benötigen. Außerdem gibt es Gespräche, die Dritte nicht hören sollen. Entweder findet ein Austausch über einzelne Schüler statt oder man erörtert Unterrichtsthemen und Lernergebnisse. Sicherlich gibt es auch Gespräche über Privates, die innerhalb des Lehrerkollegiums bleiben sollen.

Bringen Sie also nie Schülerinnen und Schüler mit ins Lehrerzimmer! Gleiches gilt normalerweise auch für Eltern.

Achten Sie auch darauf, immer pünktlich zu sein. Sie können von Schülerinnen und Schülern keine Pünktlichkeit erwarten, wenn Sie sich selbst verspäten. Ich rate Ihnen, morgens nicht erst kurz vor Unterrichtsbeginn das Gebäude zu betreten. Die Viertelstunde vor dem Gong ist gut geeignet, noch einmal den Stundenverlauf zu inhalieren, mit Kollegen ohne Hektik zu sprechen oder den Klassenraum vorzubereiten. Außerdem hat zu dieser Viertelstunde die Schulleitung am ehesten Zeit für Ihre Anliegen.

Zum Schluss:
Achten Sie auf eine angemessene Kleidung. Sie werden von den Schülerinnen und Schülern genau wie von Ihrem neuen Kollegium peinlichst beobachtet. Außerdem ist gepflegte Kleidung ein Zeichen von Wertschätzung Ihren Mitmenschen gegenüber. Sie selbst fühlen sich darin auch wohler.

Fragen Sie, wie man sich morgens in Ihrer Schule begrüßt. In kleinen Schulen gibt man sich vielleicht die Hand, in großen sind andere Gepflogenheiten üblich. Auf jeden Fall sollte Ihr morgendliches Entree durch Freundlichkeit gekennzeichnet sein.

9.2 Checkliste: Neu in der Schule

Ich rate Ihnen, die folgende Checkliste auszudrucken und die für Sie relevanten Aspekte zu markieren und möglichst in der ersten Arbeitswoche zu klären.

Teil 1: Schulgebäude
- Gibt es eine Übersicht über die allgemeinen Räume und die Fachräume?
- Markieren Sie für sich die Räume, in denen Sie Unterricht erteilen.
- Wo ist der Sammlungsraum? Wie ist der ausgestattet?
- Welche Schlüssel besitze ich und gibt es bei Verlust eine Versicherung des Schulträgers?
- Wo befinden sich die Klassenbücher?
- Gibt es überall im Gebäude WLAN?
- Gibt es für den Kopierer einen Code? Ist die Anzahl der Kopien begrenzt?

Teil 2: Schule
- Wo finde ich das Leitbild und das Schulprogramm?
- Welche pädagogischen Schwerpunkte hat die Schule vereinbart?
- Wie ist der soziale Status der Familien im Einzugsgebiet der Schule?
- Welche Unterrichtszeiten sind festgelegt?

- Welche Regelungen sind in der Schulordnung getroffen?
- Welche aktuellen Veranstaltungen sind in der Schule geplant?
- Gibt es für das laufende Schuljahr einen Terminkalender?

Teil 3: Organisation
- Wie ist die Aufsicht in den Pausen geregelt?
- Wo finde ich den Vertretungsplan? Wer ist dafür zuständig?
- Gibt es feste Zeiten für Elterngespräche?
- Wie wird mit unentschuldigten Fehlzeiten umgegangen?
- Wie werden Entschuldigungen gesammelt?
- Wie wird mit Verspätungen und Versäumnissen umgegangen?

Teil 4: Unterricht
- In welchen Klassen werde ich unterrichten?
- Wo finde ich meinen Stundenplan?
- Gibt es Klassenlisten?
- Gibt es eine Regelung für Hausaufgaben?
- Wo finde ich die Grundsätze zur Leistungsbeurteilung?
- ...

9.3 Der erste Tag in meiner neuen Klasse

Den ersten Tag in einer neuen Schule und in einer neuen Klasse sollten Sie so gut wie möglich vorbereiten.

Oft ist der erste Eindruck entscheidend. Es ist normal, wenn Sie zum Start angespannt, vielleicht sogar aufgeregt sind. Achten Sie auf Ihr Wohlbefinden. Das gelingt am besten, wenn Sie authentisch sind und sich nicht verstellen. Schüler merken sehr schnell, wenn Ihr Verhalten aufgesetzt ist. Agieren Sie beherzt, engagiert und souverän. Das ist allerdings leichter gesagt als getan.

Sobald aber Ihre Schülerinnen und Schüler spüren, dass Sie selbstbewusst, freundlich und kompetent sind und sich für jeden Einzelnen interessieren, haben Sie (bei den meisten) gewonnen.

Bei Ihrem ersten Auftritt haben Sie die Unterrichtsmaterialien sortiert zur Hand, platzieren sich zur Begrüßung ruhig, freundlich und zentral vor der Klasse und stellen sich vor. Haben Sie Geduld, wenn die Klasse nicht sofort aufmerksam ist. Vielleicht können Sie einzelne undisziplinierte Schüler durch direkten Blickkontakt oder durch ein akustisches Signal abholen.

Bleiben Sie ruhig und freundlich!

Zur Begrüßung schreiben Sie Ihren Namen an die Tafel und sagen vielleicht noch ein paar Sätze zu Ihrer Person. Vermeiden Sie, an dieser Stelle über Ihre

Wünsche und Vorstellungen zum Unterricht zu sprechen. Viele hören da eh nicht zu. Besser ist es, mit einer strukturierten, aktivierenden Stunde zu beginnen.

Bevor Sie aber zügig zur Sache kommen und in den Unterricht einsteigen, ist bei einer neuen Zusammensetzung ein Kennenlernen erforderlich.

9.4 Kennenlernen

Prüfen Sie, ob in der folgenden Auswahl für Sie Passendes dabei ist.
- Die Schülerinnen und Schüler beschriften die Vorlage eines **Steckbriefs** und präsentieren ihn an der Pinnwand (ist auch als erste Hausaufgabe geeignet).

Erstelle einen Steckbrief zu einer Person deines Textes.

STECKBRIEF

Name: _____

Quelle: Müller (2014b): Ideenpool Differenzierung.

- Die Schülerinnen und Schüler bilden ohne Ihre Unterstützung einen **Kreis** und stellen sich in alphabetischer Reihenfolge auf. Da sind Sie als Lehrkraft selbstverständlich zuletzt auch dabei. Jeder nennt dann seinen Namen und – als unverbindlicher Vorschlag – sein Hobby. Nebenbei beobachten Sie, welche Schüler das Verfahren gestalten.
- **Ecken als Treff** – Dieses Verfahren zum Kennenlernen in großen Gruppen ist in Kapitel 7.2 genauer beschrieben.
- Sofern das Gebäude auch für die Schüler neu ist, empfehle ich eine einfache **Schulrallye**, die nicht länger als eine Viertelstunde dauern sollte. Bereiten Sie das Aufgabenblatt dafür so kleinschrittig vor, dass keine Rückfragen erforderlich sind.

Nach dem Kennenlernen darf die restliche Zeit der Unterrichtsstunde keinesfalls mit organisatorischen Dingen vertan werden. Sie fördern Langeweile und Störungen, wenn Sie zu Anfang z.B. mit Regeln, Tafeldienst oder fehlenden Hausaufgaben kommen. Nur eine einzige Ansage von Ihnen ist gleich zu Anfang wichtig: Handys bleiben ausgeschaltet!

Nutzen Sie die verbleibende Zeit für eine anregende, einfache Unterrichtssequenz:

Als mögliche Inhalte eignen sich für eine Partnerarbeit oder Einzelarbeit Puzzle oder Knobelaufgaben, z.B.
- Umrisse von Staaten zuordnen (Partnerarbeit) Arbeitsblatt
- Staaten den Hauptstädten zuordnen
- Arbeitsblatt mit einer Auswahl von Knobelaufgaben – auch lustige
- Falsche und richtige Aussagen erkennen (Arbeitsblatt für Partnerarbeit)
- englische Vokabeln den Übersetzungen zuordnen
- berühmte Persönlichkeiten ihren Berufen zuordnen

Immer sollte der kurzen Erarbeitungsphase der Abgleich der Ergebnisse folgen. Oft genügt dafür ein Lösungsblatt. Vergessen Sie nicht, der gesamten Klasse ein positives Feedback zu geben und eventuell besondere Leistungen herauszustellen.

Wie geht es in den folgenden Stunden weiter?
Zuerst kommt das Unterrichten. Gestalten Sie Ihren Unterricht klar und sichtbar strukturiert. Erläutern Sie die Inhalte und Ziele für die ersten Wochen. Beginnen Sie jede Stunde nach Ihrem Begrüßungsritual mit dem „Fahrplan", bei größeren Klassen auch mit den Leistungserwartungen. Wählen Sie möglichst Einstiege in den Unterricht, die die Interessen und die Vorkenntnisse der Schülerinnen und Schüler berücksichtigen und zügig zum aktiven Handeln führen.

Besonders wirksam sind Einstiege, bei denen Selbstständigkeit der Klasse angestrebt ist und die direkt zu den zentralen Inhalten führen. Schüler, die Sie am Anfang nicht für eine Sache motivieren können, interessieren sich dann auch nicht mehr für den weiteren Unterricht.

Beantworten Sie für sich folgende Fragen. Sicherlich helfen sie, den passenden Unterrichtseinstieg zu finden:
- Welche Vorkenntnisse und Kompetenzen bringt die Lerngruppe für das neue Thema mit?
- Wie weit ist in der Klasse selbstständiges Arbeiten implementiert?
- Welche Informationen über das neue Thema will ich vermitteln?
- Welche methodischen Kompetenzen werden beherrscht?
- Wie gelingt es, die Schülerinnen und Schüler frühzeitig zu aktivieren?

Stellen Sie zu Anfang keine umfangreichen Hausaufgaben und am besten solche, die Sie leicht korrigieren können.

Geben Sie „nebenbei" in den ersten Stunden kurze Informationen, die für das Unterrichten in der ersten Zeit wichtig sind. Klären Sie z. B., welche Arbeitsmaterialien angeschafft werden sollen, welche Hefte oder Blöcke nötig sind, wie Sie mit Verspätungen und Versäumnissen umgehen.

Zusammen mit der Klasse entwickeln Sie nach zwei bis drei Unterrichtswochen Klassenregeln und Routinen. Beide Aspekte sind in Kapitel 15 ausführlich beschrieben.

9.5 Die 10 Todsünden eines Neulehrers – und wie man sie vermeidet

Niemand ist perfekt! Das gilt nicht nur für Sie als „Neulehrer", als Quer- oder Seiteneinsteiger. Das gilt für sämtliche Lehrkräfte, zumal Sie ja nicht allein für den Lernerfolg in der Klasse verantwortlich sind. Zum Lernerfolg wird in der Hattie-Studie ausgeführt, dass die Leistungsunterschiede der Schülerinnen und Schüler nur für circa 30 Prozent durch Merkmale des Unterrichts und der Lehrkräfte erklärt werden können. Mehr Bedeutung für den Lernerfolg der Schülerinnen und Schüler haben vor allem Intelligenz, Begabung, Motivation, Konzentrationsfähigkeit und Begleitung durch die Familie.

Dennoch bleibt festzuhalten: 30 Prozent verantworten die Lehrerinnen und Lehrer mit ihrer Unterrichtsgestaltung und ihrer Persönlichkeit. Das ist eine Menge. Sie beeinflussen entscheidend den Erfolg, aber auch den Misserfolg der Schullaufbahn Ihrer Schülerinnen und Schüler.

Sie werden in den ersten Monaten im neuen Beruf viele kleine und vielleicht auch größere Fehler machen. An manchen Tagen werden Sie sich überfordert fühlen. Das ist dem Neustart geschuldet. Bestimmt fehlt Ihnen die Routine und Sie empfinden „tausend neue Pflichten" als Belastung. Vertrauen Sie darauf, dass erst durch Erfahrungen und Reflexion Ihr Schulalltag entlastet wird. Das Unterrichten wird dann für Sie von mehr Gelassenheit und Freude gekennzeichnet sein.

Bedenken Sie, dass Ihre Schülerinnen und Schüler sofort registrieren, wenn Sie unsicher oder überlastet sind. Einige werden dann vermutlich testen, wie weit sie mit ihrem Verhalten Aufmerksamkeit und Unruhe erzielen können.

Achten Sie immer darauf, freundlich, verlässlich und konsequent zu bleiben. Im Übrigen bleiben Sie gelassen, denn Anfängerfehler gehören beim Neustart dazu.

Die folgenden sollten Sie besser vermeiden.

1. **Krach mit Lautstärke bekämpfen**
   Vermeiden Sie konsequent, wenn es laut wird, selbst noch lauter zu werden. Schreien ist immer ein Zeichen von Schwäche und wird auch von den Schülern so empfunden. Schaffen Sie ein strukturiertes Lernumfeld mit Routinen und Regeln.

2. **Schüler mit falschem Namen anreden**
   Lernen Sie ganz schnell die Namen Ihrer Schüler. Behelfen Sie sich zu Anfang mit einem Sitzplan. Schülernamen nicht zu kennen oder sie zu verwechseln gilt als Zeichen geringer Wertschätzung.

3. **Kein Methodenwechsel**
   Eine ganze Klasse zur aktiven Mitarbeit zu motivieren ist sehr schwierig. Vermeiden Sie Langeweile und setzen Sie ausgewählte Methoden ein. Nur so können Sie Unterrichtsstörungen verringern.

4. **Langes Reden**
   Die meisten Lehrer reden im Unterricht zu viel. Lange Vorträge mindern die Aufmerksamkeit und erzeugen Unruhe. Verzichten Sie auf lange Reden!

5. **Zu viel „Stoff"**
   Verfolgen Sie in jeder Stunde nur ein Lernziel und überfrachten Sie die Stunde nicht. Denken Sie daran, dass Sie am Ende immer noch Zeit für die Konsolidierung des Gelernten und für die Reflexion brauchen.

6. **Missachtung der Lernvoraussetzungen**
Lernen passiert an der Gelenkstelle zwischen Wissen und Nichtwissen, zwischen Können und Nichtkönnen. Versuchen Sie, die Lernausgangslage der Schülerinnen und Schüler zu erfassen. Welche Kompetenzen, Interessen und Eigenarten haben Ihre Schülerinnen und Schüler? Oft geben Kurztests, die nicht bewertet werden, darüber Auskunft.

7. **Unverständliche Arbeitsaufträge**
Wenn Sie Arbeitsaufträge erteilen und Schüler kommen zu Ihnen, weil sie nicht genau wissen, was zu tun ist, dann war Ihr Arbeitsauftrag unklar. Bis Klasse 8 empfehle ich, Arbeitsaufträge schriftlich zu stellen, sie vorzulesen und wiederholen zu lassen. Die Schüler, die mit ihrer Arbeit beginnen wollen, fühlen sich durch Nachfragen Einzelner gestört. Formulieren Sie die Arbeitsaufträge in knappen Sätzen und beginnen den Auftrag grundsätzlich mit einem Operator (Beispiel: Nenne ... Beschreibe ... Erläutere ...). Vergleichen Sie dazu die Ausführungen in Kapitel 18.

8. **Stören bei der Einzelarbeit**
Damit jeder einzelne Schüler sich konzentriert mit einem Unterrichtsgegenstand auseinandersetzen kann, ist eine Phase der Einzelarbeit erforderlich. Einzelarbeit ist ein tragendes Element beim kooperativen Lernen. Achten Sie konsequent darauf, dass bei der Einzelarbeit kein Wort gesprochen wird. Geben Sie schriftlich die vorgegebene Arbeitszeit an und signalisieren Sie (mit einer Büroklingel) eine Minute vorher das Ende dieser Arbeitsphase.
Übrigens ist manchmal auch die Lehrkraft der Störenfried durch überflüssige Bemerkungen.

9. **Keine Wertschätzung**
Schülerinnen und Schüler brauchen Wertschätzung zum Lernen. Sie brauchen die Anerkennung ihrer Lehrkräfte und wollen „gesehen" werden. Ein konstruktives Feedback und das Anerkennen des Bemühens sind positive Verstärker. Ein globales Lob („Das habt ihr gut gemacht") ist übrigens unwirksam, ein gezieltes Lob („Die Lösung der Aufgabe 3b ist dir prima gelungen, Alex.") ist motivierend. Sorgen Sie auch dafür, dass Schüler Lern- und Prüfungssituationen voneinander unterscheiden können.
Zeigen Sie der Klasse, dass Sie hier gern unterrichten. Seien Sie gerecht und glaubwürdig; schenken Sie Vertrauen und Respekt. Damit erwerben Sie eine natürliche Autorität.

10. **Die eigenen Bedürfnisse ignorieren**
    Sie können nur guten Unterricht erteilen, wenn es Ihnen selbst gut geht. Achten Sie deshalb auf Ruhepausen und überfordern Sie sich selbst nicht. Gerade im Lehrerberuf ist die Gefahr groß, sich selbst zu verausgaben. Gönnen Sie sich schöne Erlebnisse und pflegen Sie soziale Kontakte. Bewahren Sie trotz aller Belastungen am Anfang Ihre Lebensfreude.

9.6 Reflexionsaufgabe

- Für welchen typischen Anfängerfehler sind Sie vermutlich besonders gefährdet? Warum? Welche Strategie verfolgen Sie, diesen Fehler zukünftig möglichst zu vermeiden?
- Sie präsentieren Ihrer Klasse zum Beginn Ihren geplanten Unterrichtsverlauf. Warum?
- Welche Möglichkeiten sind Ihnen vertraut, die Lernausgangslage Ihrer neuen Klasse/Lerngruppe einzuschätzen?

10. Heterogenität – die größte Herausforderung im Unterricht

Heterogenität bezeichnet die Verschiedenheit und die unterschiedlichen Voraussetzungen der einzelnen Kinder und Jugendlichen. Heterogenität wird Ihnen im Unterricht ständig begegnen und für Ihr Unterrichten eine zentrale Rolle spielen.

Die Heterogenität umfasst die schulischen Leistungen der Schüler, ihre Begabungen, das Alter, ihr Geschlecht und nicht zuletzt den sozioökonomischen und den Migrationshintergrund. Das Lernvermögen basiert folglich auf mehreren Aspekten. Homogene Lerngruppen gibt es nicht; sie sind eine Utopie.

Betrachten Sie deshalb Heterogenität nicht als Problem für das Unterrichten, sondern als alltägliche Herausforderung. Ihre anspruchsvolle Aufgabe ist es, möglichst jede/-n Einzelne/-n in ihrer/seiner Persönlichkeits- und Kompetenzentwicklung zu unterstützen und zu fördern.

10.1 Dimensionen der Heterogenität

Die Schülerinnen und Schüler einer Klasse unterscheiden sich in einer Vielzahl von Merkmalen. Sie haben individuelle Biografien, eigene familiäre Lebensumstände und persönliche Eigenarten. Die empirische Unterrichtsforschung erkennt besondere Merkmale, die im schulischen Alltag besonders relevant sind.

- **Wissensbasis:** Die Schüler einer Klasse verfügen in den Wissensbereichen über unterschiedliche Kenntnisse und Fähigkeiten. Aktuelle Untersuchungen belegen, dass dies mit ihrer kulturellen Sozialisation zusammenhängt.
- **Intelligenz:** Unterschiedliche Intelligenz führt zu unterschiedlicher Aufnahme von Informationen und daraus folgernd zu differenzierter Gedächtnisleistung. Intelligente Menschen können Informationen besser im Langzeitgedächtnis abspeichern. Die Fähigkeit, sich auf einen Sachverhalt zu konzentrieren, ist Teil dieser Dimension.
- **Motivation:** Die Lernfreude und Motivation der Schülerinnen und Schüler ist unterschiedlich ausgeprägt. Geringe oder nicht vorhandene Motivation verhindert die Aufnahme von Sachinhalten und blockiert nachhaltiges Lernen.
- **Meta-Kognition:** Hiermit ist die Strategie des Lernens gemeint. Die Fähigkeit von Schülern, Aufgaben methodisch effektiv zu bearbeiten, zu lösen und auf vergleichbare Sachverhalte zu übertragen, variiert.

- **Herkunft:** Die Schülerinnen und Schüler unterscheiden sich hinsichtlich ihrer Elternhäuser. Die Schüler aus bildungsnahen Elternhäusern sind gegenüber denen aus bildungsfernen Elternhäusern benachteiligt. Da unsere Schüler aus verschiedenen Kulturen und Traditionen kommen, sind sie auch in dieser Dimension unterschiedlich. Ein entscheidender Faktor ist in diesem Zusammenhang die Beherrschung der deutschen Sprache. In zahlreichen Studien schneiden Schüler mit Migrationshintergrund schlecht ab, weil ihr Sprach- und Leseverständnis unzureichend ist.

Die Liste der Merkmale für Heterogenität lässt sich leicht ergänzen. Beispiele dafür sind Alter, Geschlecht, Religion, Lerntempo, Legasthenie, Dyskalkulie, Hochbegabung, Übergewicht oder Entwicklungsverzögerungen. Bedenken Sie auch, dass sich viele Merkmale überschneiden und gebündelt auftreten können.

10.2 Umgang mit Heterogenität

Nach Franz Weinert (1997) gibt es vier Möglichkeiten, mit Heterogenität umzugehen:
1. Sie ignorieren die Lern- und Leistungsunterschiede.
2. Sie passen die Schülerinnen und Schüler an Ihren Unterricht an (äußere Differenzierung, Sitzenbleiben, Schulformwechsel).
3. Sie passen den Unterricht an die erreichbaren Lernfortschritte der Klasse an.
4. Sie wenden Lernstrategien an, um Schüler in ihren individuellen Fähigkeiten zu fördern. Sie unterrichten differenziert, vielleicht sogar lernzieldifferenziert, und gestalten individuelle Lernsituationen.

Allein die vierte Möglichkeit ermöglicht Ihnen wirksamen Unterricht. Nur so berücksichtigen Sie die Lernmöglichkeiten und Lernbedürfnisse der Schülerinnen und Schüler. Unterricht, der die Schüler unterfordert, ist ebenso wenig sinnvoll wie ein Unterricht, der die Klasse überfordert. In einer heterogenen Lerngruppe kann aber Ihre Vorgehensweise nicht für alle gleich sein, da – wie vorstehend beschrieben – jeder Schüler eigene Lernvoraussetzungen hat. Je heterogener die Lerngruppe ist, umso schwieriger ist es, jeden individuell zu fördern.

Für den produktiven Umgang mit Heterogenität gibt es kein allgemeingültiges Rezept, wohl aber konstruktive Leitideen.

Differenzierung

Ohne den Einsatz differenzierender Maßnahmen ist ein positiver Lernfortschritt im Unterricht nicht vorstellbar. Ziel von Differenzierung ist es, den Schüler individuell zu fordern und zu fördern. Das Verfahren der Differenzierung ist durch zwei Strategien gekennzeichnet: die äußere und die innere Differenzierung.

Bei der **äußeren Differenzierung** wird der Klassenverband aufgelöst. Die Lerngruppe wird – zumeist nach Leistungserwartung – in Kurse aufgeteilt. Die Heterogenität wird dadurch reduziert.

Bei der **inneren oder Binnendifferenzierung** werden methodische, didaktische und organisatorische Maßnahmen ergriffen, um innerhalb des Klassenverbands den Lernvoraussetzungen möglichst gerecht zu werden. Die Differenzierung bezieht sich hier also auf Schülergruppen, die für einen bestimmten Zeitraum nach besonderen Gesichtspunkten zusammengestellt werden. Eine Voraussetzung für das Gelingen ist die sichere Einschätzung der Schülergruppen in deren Leistungsfähigkeit.

Die Binnendifferenzierung erfolgt zumeist nach Niveaustufen oder Lerntempo.

Weitere Möglichkeiten, Binnendifferenzierung zu gestalten, ist die Differenzierung nach ...
- Lerninhalten und Themen,
- Methoden und Aufgabentypen,
- Lernzielen oder
- Medien und Materialien.

Erfolgreiche Binnendifferenzierung ist sehr anspruchsvoll und verlangt von Ihnen, verschiedene Prozesse parallel zu überblicken. Das Lernarrangement ist wesentlich komplexer als beim traditionellen, aber weniger wirksamen Frontalunterricht. Ihre pädagogische Kompetenz ist erforderlich, um innere Differenzierung erfolgreich zu gestalten.

Individuelles Lernen setzt lernbegleitend diagnostische Verfahren voraus, mit denen die Lehrkraft die Lernausgangslage jedes Einzelnen einschätzen kann. Individualisiertes Lernen ist sehr aufwendig zu planen, durchzuführen und nachzubereiten. In der Praxis werden häufig Lernphasen geschaffen, bei denen Schülerinnen und Schüler an ihren individuellen Lernschwerpunkten arbeiten können.

Der **offene Unterricht** ist eine Unterrichtsform, in der der einzelne Schüler seine Lernzeit, seinen Lernort oder auch die Lerninhalte bestimmen kann. Außerdem kann der Schüler selbst entscheiden, ob er allein oder mit anderen zusammenarbeiten will. Voraussetzung für das Gelingen ist ein gewisses Maß an intrinsischer Motivation. In der Erziehungswissenschaft besteht inzwischen ein Konsens darüber, dass offener Unterricht ohne ein Maß an Steuerung und Instruktion nicht auskommt.

In der Hattie-Studie wird den offenen Lernformen nur eine relativ geringe Wirksamkeit bescheinigt.

Wirksamer für erfolgreiches Unterrichten ist das **kooperative Lernen**. In kooperativen Lernphasen lernen die Schülerinnen und Schüler individuell und gemeinsam. Sie sind genötigt, selbstständig und gemeinsam Aufgaben zu lösen. Einzelarbeit und Gruppenarbeit wechseln einander ab und erhöhen neben der fachlichen gleichzeitig die methodischen und sozialen Kompetenzen. Beachten Sie das Kapitel 11!

10.3 Methoden für Differenzierung

Die in der Praxis dominierende Form der Differenzierung ist die Differenzierung nach Leistungsanforderungen. Einige geläufige Methoden sind hier aufgeführt – von ganz einfach bis speziell:
1. Sie stellen eine individuelle Frage an einen einzelnen Schüler.
2. Sie geben Einzelnen oder einer Gruppe Hilfestellungen.
3. Sie formulieren individuelle Lernziele.
4. Sie individualisieren durch Lernen am PC („Ihr beide, ihr könnt bestimmt, …").
5. Sie lassen Lernkarteien anlegen.
6. Sie nutzen individuelle Kompetenzraster.
7. Sie bereiten Übungen für Fortgeschrittene vor und halten Zusatzangebote bereit.
8. Sie geben „nebenbei" Einzelunterricht.
9. Sie gestalten unterschiedliche Arbeitsblätter.
10. Sie verteilen unterschiedliche Lesetexte oder Lückentexte.
11. Sie geben unterschiedliche Hausaufgaben.
12. Sie geben Aufgaben mit verschiedenen Lösungsmöglichkeiten.

Kooperative Methoden der Binnendifferenzierung sind in Kapitel 11 zusammengestellt.

10.4 Instrumente und Werkzeuge

Beachten Sie dazu auch die Methodensammlung in Kapitel 11.4.

Einige der nachfolgend aufgeführten Methoden (z.B. Kugellager) finden Sie in Kapitel 7 wieder, andere finden Sie bei der Internetrecherche. (Beispiel: Ideennetz-Methode (Clustering)). Unter dem Begriff „Methoden-Werkzeuge nach J. Leisen" oder „Steckbrief Methoden-Werkzeuge" (mit übersichtlicher Kurzbeschreibung) werden Sie im Netz fündig.

Ein Großteil der Methoden dient der Umsetzung von Differenzierung und berücksichtigt damit die Heterogenität.

Welche Methoden glauben Sie, für Ihren Unterricht nutzen zu können? Finden Sie fünf bis sechs, die zu Ihnen, zu Ihren Schülern und zum Lerngegenstand passen.

Hier möchte ich Ihnen zwei Instrumente zur Differenzierung präsentieren, die Sie gut und einfach einsetzen können.

Kompetenzraster
Kompetenzraster stellen Kompetenzen in einer Übersicht dar. Die Anordnung in einer Matrix erlaubt Ihnen wie dem Schüler, in einem Überblick die Fähigkeiten und den Level dieser Fähigkeiten zu erfassen. Ihnen als verantwortlicher Lehrkraft geben die Informationen aus einem Kompetenzraster die Möglichkeit, die Lernergebnisse gesichert einzuordnen und den Unterricht schülerorientiert zu gestalten.

Auch Schüler und Eltern erhalten übersichtliche Informationen zur Leistungsentwicklung. Die „Ich-kann"-Formulierung macht deutlich, wie der Schüler sich selbst einschätzt. Die Kompetenzbeschreibungen erklären, welche Kompetenzen erworben worden sind und welche weiterentwickelt werden sollen. Erklärtes Ziel ist auch, dass der Schüler zunehmend sein eigenes Lernen verantwortet und ermutigt wird, sein Lernen zu reflektieren. Der Schüler sieht, was er bereits kann und was er zukünftig lernen wird. Letztlich wird er zum selbstständigen Lernen animiert.

Der Aufbau eines Kompetenzrasters bietet eine einfache Lesbarkeit: In der Vertikalen sind die Kriterien aufgeführt, die das Fachliche bestimmen, in der Horizontalen drei bis sechs Niveaustufen. Die Einschätzungen können Sie durch Klebepunkte sichtbar markieren.

Struktur eines Kompetenzrasters

	Niveaustufe 1	Niveaustufe 2	Niveaustufe 3

Beispiel für Mathematik Sekundarstufe I (Ausschnitt)

	Level 1	Level 2	Level 3	Level 4
Zahlen: Ich kann rationale Zahlen einsetzen.	Ich kann mit natürlichen Zahlen umgehen.	Ich kann mit Dezimalzahlen umgehen.	Ich kann mit Brüchen umgehen.	Ich kann mit Prozentzahlen umgehen.
Terme und Gleichungen: Ich kann mit Termen und Gleichungen umgehen.	...			

Checkliste

Checklisten dienen sowohl der Fremd- als auch der Selbsteinschätzung. Sie sind gut geeignet, um die Lernvoraussetzungen festzustellen und auf Überprüfungen vorzubereiten. Im Gegensatz zu Kompetenzrastern sind Checklisten ausdifferenziert in Form von Lernzielen.

In Checklisten oder Selbstdiagnosebögen können die Schüler angeben, wie weit sie eine Kompetenz beherrschen. Hilfreich ist es zudem, wenn Sie Aufgaben zur Überprüfung verwenden und Lösungszettel.

Beispiele zur Selbsteinschätzung finden Sie in Kapitel 21.

10.5 Kompetenzen im Umgang mit Heterogenität

Sicherlich gehört es zu den Grundvoraussetzungen, dass Lehrer Heterogenität nicht als Problem, sondern als Normalfall betrachten. Ihre Einstellung zur Heterogenität ist eng mit Ihrer Persönlichkeit verknüpft.

Zutreffend ist, dass Heterogenität als größte Herausforderung in den Schulen wahrgenommen wird und von allen Lehrkräften professionelles Handeln verlangt.

Welche Lehrerkompetenzen sind für Ihr Handeln notwendig? Vergleichen Sie dazu die Ausführungen in Kapitel 2.2.
1. Für jede Form des Unterrichtens gilt, dass Lehrkräfte über eine umfassende Sachkompetenz verfügen müssen.
2. Besonders bei der Anwendung differenzierter Lehr- und Lernmethoden brauchen Sie Kenntnisse über die Lernvoraussetzungen der Schülerinnen und Schüler. Welche Vorkenntnisse, welches Lerntempo oder Lernschwächen bestehen in der Lerngruppe und welche Lernergebnisse kann ich erwarten? Lehrkräfte, die diese Fähigkeit entwickelt haben, verfügen über di-

agnostische Kompetenz und verwenden Instrumente und Methoden (siehe Kapitel 7 und 17).
3. Die didaktische Kompetenz versteht sich als das methodisch-didaktische Wissen, mit denen Lehrkräfte die Erfolgsaussichten zu ihrem Unterricht einschätzen können. Welche Methoden passen zu den Inhalten?
4. Die Kompetenz, eine Klasse oder Lerngruppe zu führen, ist in Kapitel 13 ausführlich beschrieben. Die Kompetenz beschreibt die Fähigkeit, eine Lerngruppe zielgerichtet zu aktivieren und Störungen zu minimieren.

Im Grunde sind diese vier Kompetenzbereiche allgemeingültige zentrale Fähigkeiten des Lehrerhandelns. Zu Ihrer Entlastung als Berufsanfänger noch diese Feststellung: Die Sachkompetenz ist Teil Ihrer Ausbildung und kann zügig erworben werden. Die drei anderen Kompetenzen entwickeln sich im Prozess und setzen Erfahrungslernen voraus. Sammeln Sie Erfahrungen! Nutzen Sie die Möglichkeiten zum Hospitieren und nehmen Sie sich Zeit zum Reflektieren. Suchen Sie den Austausch mit erfahrenen Lehrkräften, damit Ihre Startphase nicht holprig wird.

Tipp: Ich beobachte, dass der Umgang mit Heterogenität heute die größte Herausforderung beim Unterrichten ist. Für jede Lehrkraft ist es eine große Herausforderung, den unterschiedlichen Voraussetzungen gerecht zu werden. Dringend empfehle ich Ihnen, in kleinen, überschaubaren Schritten mit differenzierten Unterrichtsphasen zu beginnen. Verwenden Sie dabei nur einfache Methoden mit geringen Sprechanteilen von Ihnen.

Scheuen Sie sich auch nicht, frontale Phasen im Unterricht einzusetzen.

10.6 Ausblick

Professionelle Lehrkräfte variieren die Methoden ihres Unterrichts. Nicht jede Methode passt zu jedem Inhalt, zu Ihrer Lerngruppe und zu Ihrem Know-how. Bedenken Sie, dass zur Wissensvermittlung manchmal auch ein gut strukturierter Frontalunterricht wirksam sein kann. Ein übersichtliches Methodenrepertoire fördert Ihre Lernerfolge.

Nutzen Sie auch die Möglichkeiten, Ihren eigenen Unterricht einzuschätzen. Hinweise dazu finden Sie im Kapitel 22.

10.7 Reflexionsaufgabe

- Welche Ansatzpunkte sehen Sie, um erfolgreich in heterogenen Lerngruppen zu arbeiten?
- „Es notwendig, in allen gesellschaftlichen Zusammenhängen mit Heterogenität umgehen zu lernen." Warum?

11. Kooperatives Lernen – die wirksame Struktur für den Unterricht

Kooperatives Lernen ist eine wirksame Lernform, bei der sich Schülerinnen und Schüler eigenverantwortlich und aktiv mit einem Lerngegenstand auseinandersetzen. Sie arbeiten zuerst allein, dann in kleinen Gruppen gemeinsam und schließlich im Plenum.

Die Methode des kooperativen Lernens ist durch den Dreischritt „Denkphase – Austauschphase – Präsentationsphase" gekennzeichnet. Dadurch berücksichtigen Sie sowohl individualisiertes als auch gemeinsames Lernen.

Grundsätzlich folgt der Einzelarbeit („Denken") die Partner- oder Gruppenarbeit („Austauschen") und erst danach das Präsentieren („Vorstellen").

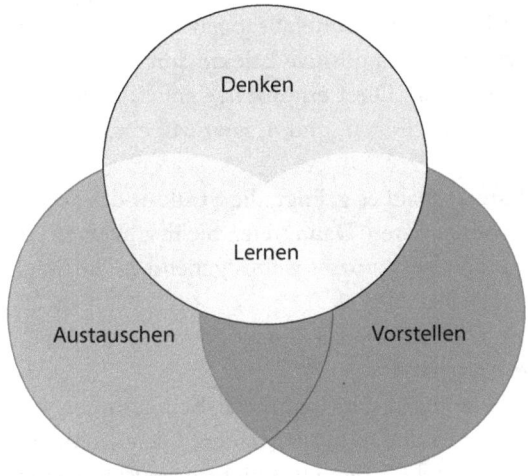

Quelle: eigene Darstellung

→ Denkphase: Jeder Schüler bearbeitet zuerst in der Einzelarbeit die gestellte Aufgabe. Dies verlangt von ihm eine aktive und eigenverantwortliche Auseinandersetzung mit dem Lerngegenstand.
→ Austauschphase: Alle Gruppenmitglieder arbeiten zusammen und sind gemeinsam für das gesteckte Ziel verantwortlich. Diese „positive Abhängigkeit" ist durch gegenseitiges Unterstützen und Helfen gekennzeichnet.
→ Präsentationsphase: Die Ergebnisse des Arbeitens werden im Plenum präsentiert, verglichen und möglicherweise korrigiert.

Zahlreiche Studien belegen, dass kooperatives Lernen gegenüber anderen Prinzipien besonders wirksam ist.

Kooperative Arbeitsformen führen zu größerer Selbstständigkeit, sie berücksichtigen die Heterogenität in den Lerngruppen und führen zu positiven Lernergebnissen. Schüler erweitern ihre Sozial- und Methodenkompetenz. Ihre Fähigkeiten zur Kommunikation, zum kritischen Denken und zur Übernahme von Verantwortung werden geschult.

Nutzen Sie die Möglichkeiten, die Ihnen das kooperative Lernen bietet. Die Lernformen helfen Ihnen, die Schüler zu aktivieren und zu fördern.

11.1 Vorteile des kooperativen Lernens

Die Strategie des kooperativen Lernens wirkt in der Praxis für Lehrerinnen und Lehrer entlastend.

Die Schülerinnen und Schüler entwickeln eine positivere Haltung gegenüber ihren Lehrern, da sie in den Lernprozess miteinbezogen werden. Die Atmosphäre der Kooperation bewirkt bei ihnen positive Effekte durch mehr Souveränität und Verantwortungsbewusstsein. Die Lernprozesse sind klar strukturiert. Sie führen zu sichtbaren Lernerfolgen und tragen zu einem guten Klassenklima bei.

Die Lehrkräfte werden entlastet, sobald es gelingt, die Struktur des kooperativen Lernens erfolgreich zu implementieren. Dann treten Sie in einzelnen Arbeitsphasen die Verantwortung für den Lernprozess weitestgehend an die Schüler ab.

11.2 Struktur des kooperativen Lernens

Das kooperative Lernen ist so konzipiert, dass sämtliche Schülerinnen und Schüler in den Lernprozess einbezogen und aktiviert werden. Gleichzeitig soll jeder die Möglichkeit haben, sich individuell den Unterrichtsgegenstand anzueignen.

Kern dieses hier vorgestellten Unterrichts ist der Dreischritt „Denken – Austauschen – Vorstellen", vergleichbar „Think – Pair – Share".

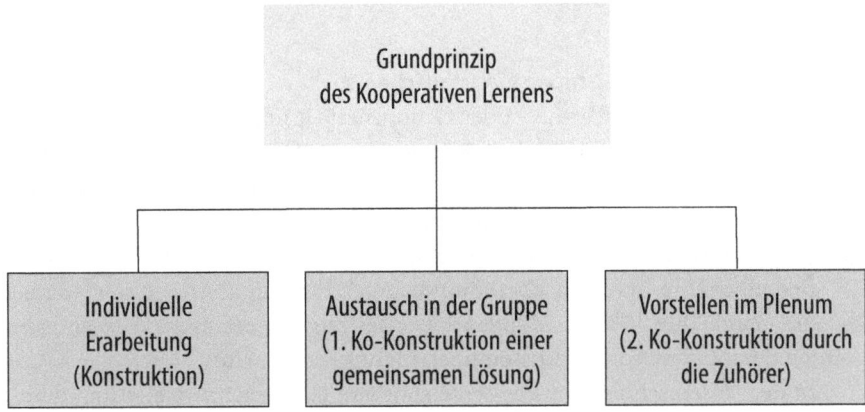

Quelle: eigene Darstellung nach GEW NRW (Hg.), 2011.

Die Grafik veranschaulicht, dass zum gelingenden Unterricht sowohl individuelles Lernen als auch gemeinsames Lernen gehört. Es erfolgt prinzipiell ein Wechsel der Sozialformen, den Sie steuern müssen. Die Kombination der Phasen des Unterrichts nennen wir das Arrangement oder auch die Dramaturgie des Unterrichts. Sie stehen am Regiepult und sorgen für die Umsetzung.

11.2.1 Individuelle Erarbeitung („Denken")

Am Anfang steht die Einzelarbeit. Die individuelle Erarbeitung oder Einzelarbeit ist elementarer Teil der Struktur des kooperativen Lernens.

Damit Schülerinnen und Schüler nachhaltig lernen können, müssen sie sich zuerst allein mit einer Aufgabe auseinandersetzen. Es gibt denjenigen, die sich nur schwerlich an einem Klassengespräch beteiligen, die erforderliche Sicherheit und jedem die Gelegenheit, sich in der Austauschphase vorbereitet einzubringen. Lernen ist ein aktiver Prozess, daher sollte grundsätzlich die Einzelarbeit am Anfang eines Lernprozesses stehen.

Nur bei eigener Auseinandersetzung mit einer Aufgabe hat der Schüler etwas „im Köcher", mit dem in der Partner- oder Gruppenarbeit die Arbeit fortgesetzt werden kann. In der Einzelarbeit eignet sich der Schüler zunächst Wissen an und verknüpft es aktiv mit seinem Vorwissen. Anders als beim herkömmlichen Unterricht, bei dem nur einzelne Schüler durch Wortmeldungen zum Unterricht beitragen, ist durch die Einzelarbeit jeder genötigt, aktiv zu werden.

Diese „positive Abhängigkeit" (Norm Green) führt dazu, dass jeder für den Erfolg in der anschließenden Gruppenarbeit mitverantwortlich ist.

Erst in der Austauschphase kann die kognitive Vertiefung des Sachverhalts erfolgen.

11.2.2 Austausch in der Gruppe („Austauschen")

Die Kooperation in der Partner- oder Gruppenarbeit führt zu einer Erweiterung oder Korrektur des in der Einzelarbeit angeeigneten Wissens. Hier kann jetzt jeder Schüler seine Ergebnisse in die Gruppe einbringen und erfährt so – durch die Ko-Konstruktion – gleichzeitig Feedback und Wertschätzung seiner Bemühungen. Die Motivation zur aktiven Teilnahme am Unterricht ist besser gewährleistet.

Bedenken Sie, dass im „herkömmlichen" Frontalunterricht nur wenige Schüler durch ihre Wortmeldungen eine Bestätigung erfahren. Alle anderen werden demotiviert, sofern ihr Bemühen nicht gesehen wird.

In der Austauschphase erfolgt eine spürbare Kompetenzerweiterung durch ein Training der kommunikativen Fähigkeiten. Da Schüler in der Gruppe ihre Ergebnisse mitteilen und von Mitschülern eine Rückmeldung erhalten, festigen sie ihre Kompetenzen. Jeder ist angehalten, seine Gedanken zu verbalisieren. Nur durch diese Verbalisierung wird Gelerntes noch einmal verarbeitet, eventuell auch korrigiert. (siehe Kapitel 14.5 „Die allmähliche Verfertigung der Gedanken beim Reden", Heinrich v. Kleist, 1805)

Die Notwendigkeit, Ergebnisse des eigenen Denkens mitzuteilen, ist eine neue ergiebige Lerngelegenheit.

Wichtig: Vermeiden Sie konsequent, nach der Einzelarbeit in eine Plenumsphase zu wechseln!

11.2.3 Vorstellen im Plenum („Präsentieren")

Im Anschluss an die Kooperationsphase stellen die Schülerinnen und Schüler ihre Ergebnisse im Plenum vor. Die Schüler erhalten mit dieser Ko-Konstruktion die zweite Gelegenheit, das Gelernte zu verarbeiten.

Oft halten Schüler Vorträge, um ihre Ergebnisse zu präsentieren. Bei jüngeren Schülern empfiehlt sich die Tandem-Präsentation, wenn zwei Schüler gemeinsam vor der Klasse präsentieren.

Achten Sie immer darauf, dass Schüler nicht selbst entscheiden, wer präsentiert. Rufen Sie die Schüler nach Zufall oder durch Auslosen auf. Damit stellen Sie die Aufmerksamkeit sicher, weil jeder drankommen kann.

Zur Verankerung der Lernergebnisse werden Sie die Lernergebnisse zusammenfassen und bündeln (siehe Kapitel 20).

11.3 Partner- und Gruppenbildung

„Menschen erwerben ihr Wissen und ihre Denkstrukturen nicht als einsame Sololerner, sondern im Rahmen sozialer Interaktionsgefüge und Austauschprozesse."
(Prof. Dr. Kurt Reusser, Universität Zürich)

Wirksame Lernerfolge sind nach Professor Reusser also vom Gelingen von Arbeitsbeziehungen der Schülerinnen und Schüler untereinander abhängig.

Nehmen Sie sich deshalb die Zeit, Gruppen- und Partnerarbeit zu trainieren, und schaffen Sie sichtbare Lernerfolge.

In fast allen Arbeitssituationen müssen Erwachsene miteinander arbeiten, ohne dass sie sich ihre Kolleginnen und Kollegen selbst aussuchen können. Für viele Schüler ist das ungewohnt. Seien Sie deshalb nicht erstaunt, wenn Schüler anfangs skeptisch sind, weil sie mit anderen zusammenarbeiten sollen.

Tragfähige Arbeits- und Kommunikationsbeziehungen sind die Voraussetzung für effektiven Unterricht, für einen Unterricht, der die Grundsätze des kooperativen Lernens berücksichtigt.

Der erste Schritt zur Gruppenbildung ist, dass die Schülerinnen und Schüler an Gruppentischen mit bis zu vier Personen sitzen. Vermeiden Sie unbedingt Sitzordnungen, in denen mehr als vier Schülerinnen und Schüler eine Gruppe bilden. Das erschwert die Zusammenarbeit und führt oft zu größerer Lautstärke. Außerdem nimmt das Aktivierungspotenzial für den einzelnen Schüler ab.

Für Partnerarbeit, also das Lernen zu zweit, genügen variable Einzeltische. Sofern die Rituale zur Teambildung noch nicht gefestigt sind, ist Partnerarbeit gegenüber der Gruppenarbeit wirksamer.

Die Sitzordnung in Ihrem Unterricht bestimmt die Möglichkeiten der Kooperation. Häufig werden Sie die Tischgruppen nach dem Zufallsprinzip bilden. Seien Sie konsequent, wenn Schüler dagegen anfangs eine Abneigung entwickeln. Schüler sollten früh daran gewöhnt werden, mit anderen zusammenzuarbeiten. Danach werden sie die Gruppenbildung als normal empfinden.

Bilden Sie frühzeitig Zufallsgruppen. Machen Sie Ihrer Klasse deutlich, dass Partner- und Gruppenarbeit zu Ihrem Unterrichtsstil gehört und dass der Unterricht dadurch abwechslungsreicher und effektiver ist.

Nutzen Sie neben dem Zufallsprinzip auch die Möglichkeiten, Gruppen nach Förderschwerpunkten oder Interessen zu bilden. Dann arbeiten Sie z.B. binnendifferenziert mit relativ leistungshomogenen Gruppen.

> **Hinweis:** Bedenken Sie, dass grundsätzlich der Gruppenarbeit eine Einzelarbeit vorgeschaltet sein soll (vgl. Kapitel 11.2).

Verschiedene Möglichkeiten zur Gruppenbildung nach dem Zufallsprinzip finden Sie nachfolgend.

1. Kartenspiel
Bei Skatkarten können Sie immer neu bestimmen, wer zusammengehört. Beispielsweise bilden vier gleiche Karten (Ass, Bube, König, Dame) eine Gruppe. Auch Paare lassen sich damit leicht bilden. Tipp: Gut eignen sich große Spielkarten.

2. Durchzählen
Sehr schnell geht es, wenn Sie die Schülerinnen und Schülerdurchzählen lassen. Entsprechend der benötigten Anzahl von Gruppen zählen die die Schüler bei 28 TN von 1 bis 7. Immer die mit derselben Zahl bilden eine Gruppe.

3. Puzzle
Zerschneiden Sie eine Postkarte in so viele Teile, wie Teilnehmer in einer Gruppe sein sollen. Die Schüler, die die Teile des gleichen Bildes haben, bilden eine Gruppe.

> **Tipp:** Geeignete Bilder oder Abbildungen finden Sie mit der Bildersuche im Internet.

4. Memo-Karten
Mit Memory-Spielkarten können Sie Paare bilden lassen, die die gleiche Farbe oder das gleiche Bild haben.

5. Säckchen
Im Primarbereich werden oft Stoffsäckchen zur Gruppenbildung genutzt. Sie sind mit einfachen Gegenständen wie Tierfiguren gefüllt, die die Schüler dann – ohne nachzuschauen – ziehen.

11.4 Methodensammlung – bewährte Instrumente

Im Internet und in der Fachliteratur finden Sie ein großes Angebot von Methoden und Instrumenten zum kooperativen Lernen.

In diesem Kapitel sind wirksame Methoden aufgeführt, die Ihnen das Unterrichten erleichtern und die Schülerinnen und Schüler aktivieren sollen.

Bedenken Sie, dass es erforderlich ist, die Methoden im Unterricht zu ritualisieren. Nur durch häufiges Trainieren lernen Ihre Schülerinnen und Schüler, effektiv mit Methoden umzugehen. Dann wird Ihr Aufwand für das Unterrichten zunehmend geringer. Die Umsetzung kann anfangs an Kleinigkeiten scheitern und wird selten beim ersten Mal reibungslos gelingen. Bleiben Sie geduldig!

Beachten Sie auch die Tipps für die Praxis.

Beschränken Sie die Methoden auf ein geringes Maß. Sie sind erfolgreich, wenn Ihre Schülerinnen und Schüler sechs bis acht Methoden routiniert beherrschen. Halten Sie zu Beginn für circa vier Wochen die Gruppenzusammensetzung stabil, damit sich die Schülerinnen und Schüler aufeinander einstellen können. Noch einmal: Seien Sie geduldig, aber ausdauernd, wenn die Umsetzung der Methoden nicht sofort gelingt. Routinen erleichtern das nachhaltige Lernen.

Eine Übersicht bewährter Methoden finden Sie in der Methodensammlung. Zwei davon möchte ich Ihnen nachfolgend vorstellen.

Beliebt beim kooperativen Lernen sind die Methoden Lerntempoduett und Placemat. Die erste ist für Partnerarbeit, die zweite für Gruppenarbeit bestens geeignet.

Lerntempoduett: Diese Methode berücksichtigt wirksam die unterschiedlichen Lerngeschwindigkeiten der Schülerinnen und Schüler.

Der größte Gewinn beim Lerntempoduett liegt darin, dass Schüler, die im gleichen Tempo arbeiten, miteinander kooperieren können. (Sie erinnern sich: Ko-Konstruktion!)

Es ist möglich, arbeitsgleich oder arbeitsteilig zu arbeiten – je nach Kompetenzstand der Schüler und nach Anspruch der Aufgaben.

Zum ersten Anwenden der Methode bieten sich Aufgaben zum Üben und Wiederholen an.

Wichtig ist, dass Sie sämtliche Arbeitsaufgaben schriftlich und nummeriert geben. Mündliche Arbeitsaufträge verwenden Sie am besten nur zur Verständnisüberprüfung Ihrer schriftlichen Aufgabenstellung. Für das Lerntempoduett benötigen Sie ein Arbeitsblatt. Selbstverständlich beginnt das Lerntempoduett mit einer Einzelarbeit.

Ablauf Lerntempoduett
1. Aneignung in Einzelarbeit (Think)
   Die Schülerinnen und Schüler bearbeiten einen Arbeitsauftrag und folgen dabei ihrem eigenen Lerntempo.
2. Bildung von Lerntandems
   Ist eine Schülerin oder ein Schüler mit der Bearbeitung einer Aufgabe fertig, steht sie auf und geht leise zu einem als Haltestelle vereinbarten Treffpunkt in der Klasse. Hier wartet die Schülerin, bis der zweite seine Einzelarbeit beendet hat.
3. Phase Partnerarbeit („Pare")
   Die Lerntempopartner tauschen ihre Ergebnisse aus, vergleichen und korrigieren. Sofern es die Aufgabenstellung erlaubt, werden Lernergebnisse visualisiert. Anschließend gehen beide zu ihrem Platz und widmen sich neuen Aufgaben.
4. Phase der Präsentation („Share")
   Im Plenum werden die Ergebnisse präsentiert und diskutiert.

Zur Wiederholung noch ein paar Tipps:

- Beginnen Sie mit kurzen, einfachen Aufgaben.
- Jeder bekommt einen Ablaufplan.
- Bestimmen Sie einen Ort (Haltestelle) zum Austausch.
- Kontrollieren Sie die Arbeitsschritte.
- Achten Sie penetrant auf die Lautstärke.
- Beenden Sie die Methode rechtzeitig; nicht bis zu den letzten Schülern warten.
- Schließen Sie durch Zusammenfassung und Reflexion ab.
- Finden Sie praktische Beispiele z. B. bei Youtube.

Placemat ist eine Methode für die Phase der Gruppenarbeit beim kooperativen Lernen. Die Arbeitsabläufe werden strukturiert umgesetzt und dabei wird der übliche Dreischritt „Denken – Austauschen – Präsentieren" beachtet.

Die Methode ist für alle Altersgruppen geeignet und relativ leicht erlernbar. Sie können die Methode für den Einstieg in ein Thema, für die Erarbeitung neuen Wissens oder zum Üben einsetzen.

Mithilfe dieser Methode können verschiedene Ideen und Lernergebnisse erfasst werden. Für jeden ist sichtbar, was der Einzelne zum Gruppenergebnis beigetragen hat.

Bevor die Arbeit beginnt, setzen Sie die Schülerinnen und Schüler in Vierergruppen zusammen. Zur Not kann es auch einige Dreiergruppen geben, aber bitte keine Fünfergruppe!

Sofern die Methode nicht trainiert ist, nutzen Sie einen Ablaufplan. Jeder Schüler sieht sich den Verlauf zuerst allein an. Danach lassen Sie von einem Schüler die Methode verbalisieren und klären mögliche Unsicherheiten. Bei jüngeren Schülern wiederholen Sie noch einmal.

Ablaufplan Placemat
1. Sie bilden **Vierergruppen** und teilen den Arbeitsbogen aus. Bei jüngeren Schülern haben Sie den Bogen mit den Feldern vorbereitet.
2. Sie erteilen den Arbeitsauftrag, der von jedem Schüler zunächst in **Einzelarbeit** geleistet werden soll. Setzen Sie verbindlich die Dauer der Einzelarbeit fest und achten Sie darauf, dass nicht gesprochen wird.
   Beispiele für schriftliche Arbeitsaufträge:
   – Formuliere fünf Klassenregeln, die wir bei uns brauchen.
   – Worauf sollte man bei der Vorbereitung einer Klassenarbeit achten?
   – Finde vier bis sechs Gründe für Fahrverbote in der Innenstadt.
3. Zum **Austausch** gibt es zwei Möglichkeiten:
   A) Sie lassen das Arbeitsblatt so drehen, dass jeder die Notizen der anderen lesen kann. Oft spricht die unleserliche Schrift gegen dieses Verfahren.
   B) Jeder stellt seine Ergebnisse vor, die dann ausdiskutiert werden.
4. Jetzt einigt sich die Gruppe auf ein **gemeinsames Ergebnis**, das in der Mitte des Blattes festgehalten wird.
5. Ein oder zwei zufällig ausgewählte Gruppen stellen ihr Ergebnis vor der Klasse vor. Die **Präsentation** wird ergänzt durch weitere Kommentare.
6. Schließen Sie den Unterricht durch eine kurze **Reflexion** ab.

Tipps:
– Achten Sie auf absolute Ruhe bei der Einzelarbeit.
– Achten Sie auf leises Sprechen (damit Gespräche nur in einem Radius von ca. 30 cm mitgehört werden können) in der Austauschphase.
– Für die Präsentation bestimmen Sie die Schüler durch Zufall.
– Stellen Sie geeignetes Material zur Verfügung – eventuell Eddings und große Papierbogen.
– Beenden Sie den Unterricht mit einer Reflexion über die Lernergebnisse und das Arbeitsverhalten.
– Finden Sie anschauliche Unterrichtsbeispiele zur Methode bei YouTube.

Bewährte Instrumente und Methoden für die Partnerarbeit – eine Auswahl

Partnerpuzzle

Ein Partnerpuzzle können Sie durchführen, wenn Sie das Thema in Unterthemen aufschlüsseln können. Es gibt unterschiedliche Organisationsformen. Methodisch teilt sich das Verfahren in drei Schritte: Einzelarbeit (Erarbeitung eines Unterthemas), Partnerarbeit (Austausch über das Unterthema), Partnerwechsel (Weitergabe des Gelernten an einen neuen Partner). Vergessen Sie nicht, den Ablauf auf einem Arbeitsblatt zu formulieren.

Wechselseitiges Lesen und Zusammenfassen

Geeignet für die Erschließung von Texten und die Erarbeitung von Wissen

Absichtlich Fehler einbauen

Wiederholen üben

Kooperative Überprüfung

Die Schüler verfassen Fragen zu einem gelernten Inhalt. Die Beantwortung der Fragen geschieht anschließend in kooperativer Form.

Partnerinterview

Die Partner stellen sich Fragen nach einem vorgegebenen Katalog.

Bewährte Instrumente und Methoden für die Gruppenarbeit – eine Auswahl

Drei-Schritt-Interview

Aktivierung des Vorwissens, Austausch von Meinungen, Reflexion, Beurteilung

Museumsrundgang

An verschiedenen Stellen im Klassenraum werden Informationen auf Postern platziert. Dann bilden Sie gleich große Gruppen, die sich mit jeweils einer Information vertraut machen. Nach einem Signal wechseln die Gruppen zur nächsten Station. Dort werden weitere Informationen aufgenommen.

Das Gruppenpuzzle („Laubsägemethode")

Ein Themengebiet wird gleichsam wie mit einer Laubsäge in gleich große Teile zerlegt. Diese Themen, Fragestellungen, Materialien werden auf Gruppen verteilt, die sich dann zu Experten für ihr Spezialgebiet machen. Die Experten werden dann zu „Lehrern" und unterrichten die anderen Schüler. Vergessen Sie nicht, ein übersichtliches Auftragsblatt zu erstellen.

Gruppenanalyse

Analyse, Argumentation, Auseinandersetzung, Beurteilung

Gruppenrallye
Üben, Wiederholen, Anwenden

Strukturierte Kontroverse
Argumentieren, Beurteilen

Einer bleibt, die anderen gehen
Präsentieren

Prüfen Sie, welche Instrumente für Sie und für Ihren Unterricht passen. Sie werden leicht nützliche finden.

11.5 Plädoyer für kooperatives Lernen

Eine Schule soll ihre Schülerinnen und Schüler auf Autonomie und Mündigkeit vorbereiten und selbstständiges Lernen fördern. Diese Grundsätze der Erziehung können aber nur gelingen, wenn „Schule" dafür ein Modell ist. Kooperation und Kommunikation sind wirksame Elemente dieses Modells von Schule. Kooperatives Lernen ist folglich nicht nur eine Methode, sondern gleichzeitig ein Verfahren, um Selbstständigkeit und Eigenverantwortung zu fördern. Kennzeichen des kooperativen Lernens sind Denken, Austauschen und Präsentieren. Schülerinnen und Schüler lernen, allein zu arbeiten und sich mit Anderen auszutauschen. Sie sind genötigt zu kooperieren, miteinander zu kommunizieren und zu präsentieren. In diesem klar strukturierten Unterricht nach dem Prinzip Think – Pare – Share entsteht sukzessive eine gute Lernatmosphäre mit breiter Aktivierung.

10 Topics als Zusammenfassung

Kooperatives Lernen
1. verbessert die Zufriedenheit der Schülerinnen und Schüler.
2. schafft ein förderliches soziales Klima durch positive Abhängigkeit.
3. entwickelt Selbstverantwortung.
4. fördert Teambildung.
5. fördert mündliche Kommunikation.
6. fördert Interaktion und Vertrautheit.
7. entwickelt bessere Denkfähigkeit und kritisches Denken.
8. lässt Schülerinnen und Schüler Verantwortung füreinander übernehmen.
9. erhöht das Selbstbewusstsein.
10. verbessert die schulischen Leistungen.

Vermutlich werden Sie in Ihrem Unterricht die zum kooperativen Lernen benötigten methodischen und sozialen Kompetenzen nicht von vornherein voraussetzen können. Außerdem werden Sie den Dreischritt „Think – Pare – Share" parallel zu den Sachinhalten häufig trainieren und reflektieren müssen.

11.6 Reflexionsaufgabe

- Warum kann das kooperative Lehren und Lernen für Sie entlastend wirken?
- Warum ist es lernpsychologisch unklug, nach der Phase der Einzelarbeit unmittelbar in die Plenumsphase zu wechseln?
- Was bedeutet „positive Abhängigkeit"?

12. Direkte Instruktion – ein lehrergeleiteter Unterricht

Sie werden bei Gesprächen über die Unterrichtsform „Direkte Instruktion" gelegentlich bemerken, dass einige Lehrkräfte zwischen Frontalunterricht und direkter Instruktion nicht unterscheiden. Das ist nicht korrekt. Ohne Frage gibt es Parallelen, z.B. hinsichtlich der Dominanz der Lehrerrolle und der Steuerung der Lernprozesse. Es gibt aber auch Unterschiede, die Sie nachfolgend erfahren.

Die Hattie-Studie bescheinigt der direkten Instruktion eine hohe Wirksamkeit. Hattie spricht sich dafür aus, dass Lehrkräfte eine aktive Rolle im Unterricht einnehmen sollten und nicht nur Lernbegleiter oder Moderatorinnen sind. Zudem erzielen nach Hattie besonders lernschwache Schülerinnen und Schüler durch die klare, lehrerzentrierte Orientierung gute Lernerfolge.

12.1 Exkurs: Was ist Frontalunterricht?

Unter Frontalunterricht verstehen wir Unterricht, bei dem die Lehrkraft den Unterrichtsprozess steuert und versucht, den Unterrichtsgegenstand gleichzeitig an alle zu vermitteln. Die Sozialform des Unterrichts ist immer das Plenum. Der Unterricht enthält überwiegend kognitive Inhalte und wird durch die Lehrkraft in hohem Maße sprachlich, also „fragend-entwickelnd" gesteuert. Die Lehrkraft stellt Fragen mit unterschiedlichem Anspruch, strukturiert, korrigiert und versucht, die Lernfortschritte ständig zu überprüfen.

Viele Schülerinnen und Schüler begrüßen diese Unterrichtsform, da ihnen aktives selbstständiges Arbeiten erspart bleibt. Anzumerken ist allerdings, dass es frontale Phasen auch beim kooperativen Lernen, beim offenen Unterricht oder bei der direkten Instruktion gibt.

12.2 Was ist direkte Instruktion?

Direkte Instruktion unterscheidet sich vom lehrerzentrierten Frontalunterricht. Sie ist nicht nur durch Erklären und Vorstellen neuer Inhalte gekennzeichnet, sondern gleichermaßen durch Erprobung und Anwendung des Gelernten. Unterrichten mit direkter Instruktion wird zwar vom Lehrer gesteuert, ist aber dennoch in vielen Phasen schülerorientiert. Der Lernprozess wird klar strukturiert und bezieht sich besonders auf die Phasen der Einführung neuer Inhalte, auf das Üben und Konsolidieren. Direkte Instruktion ist gut geeignet für die Vermittlung von Fachwissen und zur Sicherung des Gelernten durch Routinen.

Das umfassende Lernen mit methodischen und kommunikativen Ansprüchen, wie es z.B. wirksam durch das kooperative Lernen gelingen kann, ist hier nur unzureichend ausgeprägt. Die intensive eigene Auseinandersetzung, die Handlungsorientierung und selbstständiges Lernen werden hier weniger gefördert.

Die Strukturierung des Unterrichts liegt allein in der Verantwortung des Lehrers. Diese Dominanz bietet lernschwachen Schülerinnen und Schüler allerdings auch Vorteile. Nicht nur im Primarbereich sind unselbstständige Schüler überfordert, wenn sie nicht direkt angeleitet werden. Diese Schüler können oft nicht strategisch vorgehen. Die direkte Instruierung verschafft ihnen mehr Sicherheit.

Die Grundlagen für späteres eigenverantwortliches Lernen kann Ihnen nur durch geduldiges Erklären, Anleiten und Üben gelingen.

So gestalten Sie schrittweise das Vorgehen bei direkter Instruktion.

1. **Aktivierung des Vorwissens**
   Sie lassen z.B. die Inhalte der letzten Stunde wiederholen.

2. **Vermittlung**
   Sie präsentieren den neuen Inhalt, geben Lösungsbeispiele und veranschaulichen.

3. **Angeleitetes Üben**
   Sie geben konkrete Hilfen beim Anwenden, überprüfen das Verständnis und geben eventuell einen neuen Input.

4. **Selbstständiges Üben**
   Sie stellen baugleiche Aufgaben, die die Schüler in Einzelarbeit bearbeiten.

5. **Wiederholung**
   Sie lassen die Inhalte systematisch wiederholen und geben Feedback.

Prüfen Sie, ob diese Form der Unterrichtsgestaltung in Ihrer Lerngruppe zunächst wirksamer ist als das kooperative Lernen. Mithilfe kleiner Tests können Sie das gut einschätzen.

Vermeiden Sie auf jeden Fall eine „Monokultur"! Vielleicht gelingt es Ihnen, Elemente der direkten Instruktion mit Grundsätzen des kooperativen Lernens zu verbinden. Differenzierende Maßnahmen beim selbstständigen Üben bieten sich dafür an: Die Unsicheren üben dieselben Inhalte, die Anderen konfrontieren Sie mit komplexeren Aufgaben, gern auch in Partnerarbeit.

Nutzen Sie direkte Instruktion, um zu unterstützen und um Grundkenntnisse zu sichern.

12.3 Unterrichtsvorbereitung im Schnelldurchgang mit direkter Instruktion

Der Zeitaufwand bei Ihren Unterrichtsvorbereitungen wird sich im Laufe der Zeit normalisieren. Ihre Alltagserfahrungen zeigen Ihnen, wie Sie bei Vor- und Nachbereitung des Unterrichts routinierter werden.

Folgender Handlungsleitfaden ist bei der Methode „direkte Instruktion" für Sie vielleicht hilfreich:

Lernziele   Formulieren Sie weiter: Die Schülerinnen und Schüler sind in der Lage, ...
Wirksamkeit   Ich stelle den Unterrichtserfolg fest, indem ich ...
Vorerfahrungen   Ich schaffe eine Verbindung zum vorigen Lernen, indem ich ...
Präsentation des Inhalts   Ich erläutere den Inhalt und demonstriere an einem Beispiel ...   Ich stelle sicher, dass alle Schülerinnen und Schüler das Gewünschte lernen, indem ich ...
Überprüfung des Aufgabenverständnisses   Ich überprüfe, ob alle die Aufgabenstellung verstanden haben, indem ich ...
Angeleitetes Üben   Ich stelle den Schülerinnen und Schülern Aufgaben desselben Musters und gebe sofern erforderlich Unterstützung.
Überprüfung   Ich überprüfe die Richtigkeit der Schülerleistungen, indem ich ...
Selbstständiges Üben   Ich gebe den Schülerinnen und Schülern Gelegenheit, das Gelernte anzuwenden, indem ich ...

12.4 Direkte Instruktion und Frontalunterricht – ein Vergleich

Frontalunterricht und direkte Instruktion haben Gemeinsamkeiten und Unterschiede. Gemeinsam ist bei beiden Konzeptionen die Dominanz der frontalen Phasen. Ein wesentlicher Unterschied ist, dass beim Frontalunterricht das Unterrichtsgespräch als Übungsphase genutzt wird, bei dem sich erfahrungsgemäß oft nur einzelne, leistungsstarke Schüler beteiligen. Beim Frontalunterricht geschieht das Üben oft nicht angeleitet.

Die folgende Darstellung bietet einen Vergleich.

Merkmale	Direkte Instruktion	Frontalunterricht
Lehrkraft steuert den Unterricht	L. ist dominant, in Phasen des Übens und Präsentierens etwas weniger	L. ist dominant und hält alle Fäden in der Hand
Differenzierung	Sicherlich in den Phasen des selbstständigen Übens	nicht systemimmanent vorhanden; Lerngruppe wird en bloc unterrichtet und angeleitet
Angeleitetes Üben	trifft zu – wichtig für Beispielaufgabe und Modelllernen	Üben trifft zu – allerdings nicht angeleitet
Ergebnisse präsentieren	trifft zu – ist Aspekt der direkten Instruktion	Ist bedeutsam beim Frontalunterricht – oft innerhalb des Klassengesprächs
Präsentation der Lernziele	Ist vorgesehen	Erörterung der Lernziele nicht üblich
Wirksamkeit	Studien belegen die Wirksamkeit – insbesondere bei unselbstständigen Schülerinnen und Schüler	Keine fundierten Ergebnisse; vermutlich lernen Schülerinnen und Schüler nicht nachhaltig

12.5 Zusammenfassung

Die Wirksamkeit der Methode „Direkte Instruktion" ist empirisch belegt. Sie ist dann wirksam, wenn es um die Einführung eines neuen Inhalts oder um das Anwenden und Üben geht. Insbesondere Schülerinnen und Schüler, die lernschwach oder unselbstständig sind, profitieren von der Systematik der direkten Instruktion. Diese Schüler lernen besser, wenn man ihnen ein Beispiel liefert, das sie mehrfach üben und darbieten.

Direkte Instruktion eignet sich weniger, wenn allgemeine Bildungsziele angestrebt werden. Kommunikation, selbstgesteuertes Lernen und Kooperation brauchen andere Unterrichtsprinzipien. Hier ist kooperatives Lernen effektiver.

12.6 Reflexionsaufgabe

- Warum würden viele Schülerinnen und Schüler, wenn man sie danach fragen würde, den lehrerzentrierten Frontalunterricht bevorzugen?
- Wie unterscheidet sich die Lehrerrolle bei direkter Instruktion und kooperativem Lernen?

13. Klassenführung

Als Berufseinsteiger werden Sie schnell beobachten, dass einige Ihrer Kolleginnen und Kollegen über mangelnde Disziplin im Unterricht klagen. Sie werden hören, dass manche Klassen nicht zu bändigen sind und das Unterrichten schwerfällt. Andererseits werden Sie registrieren, dass in anderen Klassen ein geringer Lärmpegel besteht, der auf ein konzentriertes Arbeiten schließen lässt. Unterschiedliche Gründe führen zu diesen Beobachtungen, wenn Klassen sich in ihrem Verhalten so sehr unterscheiden. Ein wichtiges Element ist die Art und Weise, wie die Klassenlehrerfunktion ausgeübt wird.

Die folgenden Ausführungen behandeln die Grundlagen der Klassenführung. Ihr Erfolg als Lehrer steht und fällt mit einer gelingenden Klassenführung, weil der Klassenführung eine Schlüsselfunktion im Unterricht zukommt. Ein differenzierter oder gar individualisierter Unterricht verlangt ein hohes Maß an Klassenführungskompetenz.

Wissenschaftliche Untersuchungen belegen, „dass kein anderes Merkmal so eindeutig und konsistent mit dem Leistungsniveau und dem Leistungsfortschritt von Schulklassen verbunden ist wie die Klassenführung." (Helmke 2003)

Eine effiziente Klassenführung wird unterstützt, wenn ein lernförderliches Arbeitsklima besteht und damit die Lernbereitschaft und das Leistungsvermögen der Schülerinnen und Schüler gefördert wird. Gerechtigkeit und Fairness unterstützen ein solches Lernklima. Dann achten sämtliche Lehrkräfte darauf, dass Regeln und Verhaltensstandards eingehalten werden und der Fokus auf einem gut strukturierten Unterricht liegt. Das Wohlbefinden der Schülerinnen und Schüler und der Lehrkräfte sind wesentliche Voraussetzung für ein angenehmes Unterrichtsklima.

> **Hinweis:** Die Ausführungen gelten selbstverständlich für sämtliche Lehrkräfte, also auch für die, die selbst offiziell keine Klasse führen.

13.1 Führungsstile

Für neue Lehrkräfte stellt sich die Frage, welche Art von Führung sie im Unterricht pflegen. Eine autoritäre Führung ist eigentlich anachronistisch; sie funktioniert primär durch Anweisungen. Die Schülerinnen und Schüler bekommen gesagt, was sie zu tun haben, und werden sanktioniert, wenn sie nicht gehorsam sind.

Der partnerschaftliche Führungsstil verfolgt das Prinzip der Selbstverantwortung. Lehrer mit diesem Führungsstil erwarten, dass durch Selbstdisziplin die intrinsische Motivation gefördert wird und Schüler erfolgreicher Aufgaben bewältigen.

Wie denken Sie? Welchen Führungsstil bevorzugen Sie?

Die Frage legt nahe, dass eine Mischung aus beiden Führungsstilen die optimale Verfahrensweise darstellt. Autoritäre Führung wirkt demotivierend, der partnerschaftliche Führungsstil erfordert aber klare Zielsetzungen.

Gewinnbringend ist der autoritative Führungsstil, der der elterlichen Erziehung entspricht. Hier gibt es zwar feste Richtlinien, doch die werden ausdiskutiert und den Kindern erklärt. Ein autoritativer Erziehungsstil in der Klasse wird vergleichbar dem positiven, zugewandten elterlichen Erziehungsstil eingeschätzt.

Ihr eigenes Führungsverhalten wird von der Lerngruppe, die Sie vor sich haben, beeinflusst. Bei vielen Einsteigern geht die Tendenz zu Anfang zu straffer Führung. Sie sind bestrebt, Ihre Klasse zuerst kennenzulernen, und wollen in der Startphase Ihr Standing entwickeln. Sukzessive werden Sie Ihre Unterrichtsgestaltung auf die Bedürfnisse der Schülerinnen und Schüler abstimmen.

Sobald es gelingt, eine Klasse effizient zu führen, den Schülerinnen und Schülern eine Orientierung zu geben, schaffen Sie ein hohes Maß an aktiver Lernzeit.

13.2 Merkmale einer effizienten Klassenführung

1. Sie verfügen über Wissen und Kompetenzen, besitzen in Ihren Unterrichtsfächern fachliches Know-how.
2. Sie haben in Ihrem Unterricht Regeln implementiert, die kontinuierlich gefestigt werden.
3. Sie schaffen wiederkehrende Routinen und Rituale, weil Verhaltensmuster Sicherheit geben.
4. Ihre Schülerinnen und Schüler können die Unterrichtszeit überwiegend für aktives Lernen nutzen, Sie vermeiden „Zeitdiebe".
5. Sie gehen mit Störungen präventiv, undramatisch und diskret um.

Bedenken Sie, dass das Vorhandensein dieser fünf Merkmale das Optimum des Erreichbaren abbildet, für den Schulalltag aber als Zielmarke dient.

Bei der professionellen Klassenführung geht es also weniger um Disziplinierung einer Klasse als vielmehr um die Motivierung und Konzentration auf Lernen. Konzentriertes Lernen ist allerdings nur möglich, wenn der Unterricht störungsarm erfolgt und Schüler für die Auseinandersetzung mit einem Lerngegenstand gewonnen werden können. Schülerinnen und Schüler, die aktiv lernen, neigen weniger zu Störungen. Je mehr aktive Zeit zum Lernen vorgegeben ist, je intensiver sich Schüler mit einem Unterrichtsgegenstand auseinandersetzen müssen und zunehmend selbstständiges Lernen gelingt, umso größer ist der Lernerfolg.

Noch einmal: Wissenschaftliche Untersuchungen belegen einen direkten Zusammenhang zwischen dem Merkmal Klassenführung und Leistungsfortschritt und dem Leistungsniveau der Lerngruppen.

13.2.1 Der Ansatz von Kounin

Der amerikanische Wissenschaftler Jakob Kounin gilt als Klassiker, wenn es um die Bereiche Klassenführung oder „Classroom Management" geht. Er hat in zahlreichen Untersuchungen festgestellt, dass die Motivation und die konstruktive Mitarbeit der Schülerinnen und Schüler durch effiziente Klassenführung mehr verbessert werden kann als durch Zurechtweisungen oder disziplinarische Maßnahmen.

Dank empirischer Forschungen beschreibt Kounin Techniken und Maßnahmen der Klassenführung, die sich partiell auch in Unterrichtsmethoden wiederfinden.

– Allgegenwärtigkeit und Überlappung

Damit meint Kounin die Fähigkeit einer Lehrkraft, über alles, was in der Klasse geschieht, jederzeit informiert zu sein. Zu den hilfreichen Verhaltensweisen zählt es, Präsenz zu zeigen, alles im Blick zu haben und allen Schülerinnen und Schülern den Eindruck zu vermitteln, dass Ihnen nichts entgeht. Auch wenn Sie Notizen an die Tafel schreiben, sollten Schüler den Eindruck haben, sie hätten „Augen im Hinterkopf".

Allgegenwärtigkeit versteht sich auch als die Fähigkeit, mit Unterrichtsstörungen mehr „nebenbei" umzugehen, sodass der Unterrichtsprozess nicht aufgehalten wird. Bei seinen Untersuchungen hat Kounin beobachtet, dass bei der Ermahnung von Schülern den Lehrern häufig zwei Fehler unterlaufen:

– Sie beanstanden das Fehlverhalten nicht sofort, sondern erst, nachdem es sich weiterverbreitet hat.

– Sie weisen oft den falschen Schüler zurecht.

Kounin fordert beim Umgang mit Unterrichtsstörungen, das Fehlverhalten frühzeitig zu registrieren und unverzüglich darauf zu reagieren. Hilfreich ist es, die entsprechenden Hinweise und Ermahnungen beiläufig zu vermitteln, damit der Unterrichtsprozess nicht beeinträchtigt wird.

Insbesondere Lehrer mit Disziplinproblemen reagieren oft zu spät. Sie intervenieren erst dann, wenn sich die Störung auf andere Schüler ausgebreitet hat. Diese Lehrer dulden in zu hohem Ausmaß einen störenden Lärmpegel.

Um die Klassenführung zu verbessern, beschreibt Kounin in diesem Zusammenhang die Fähigkeit von Lehrkräften, mehrere Dinge gleichzeitig zu tun und wahrzunehmen. Dieses Überlappen verschiedener Sachverhalte, sie verbal oder nonverbal steuern zu können und dennoch die Kontrolle über die Gesamtsituation nicht zu verlieren, verlangt eine hohe Präsenz ab.

– Reibungslosigkeit

Die Fähigkeit, den Übergang der einzelnen Unterrichtsaktivitäten „fließend" zu gestalten, bezeichnet Kounin mit den Begriffen „Reibungslosigkeit" und „Schwung". Es gehört zur Technik der effizienten Klassenführung, dass alle Schüler, also auch die langsamen und unaufmerksamen, sich auf die Wechsel der Unterrichtsphasen einstellen können. Daher ist es erforderlich, dass zu Anfang des Unterrichts die Abfolge der Unterrichtsstunde präsentiert wird und zu Beginn einer neuen Arbeitsphase klare Aufträge, am besten schriftlich, gegeben werden.

Lehrer, die weniger effizient ihre Klasse führen, lassen sich leichter von unwichtigen Geschehnissen ablenken und verlieren damit an Schwung. Sie beeinträchtigen den Unterrichtsfluss, indem sie bei den Schülern durch umständliche und zu ausführliche Erklärungen Langeweile erzeugen. Ebenso sind Lehrkräfte, die sprunghaft sind oder sich leicht ablenken lassen, nicht hinreichend effizient.

Erteilen Sie klare, knappe Arbeitsanweisungen, um den Unterrichtsfluss aufrechtzuerhalten. Stellen Sie sicher, dass diejenigen, die bei Einzelarbeit oder Gruppenarbeit früher fertig sind, wissen, was sie dann zu tun haben. Verwenden Sie Arbeitsblätter mit einem eindeutigen Arbeitsauftrag, damit störende Nachfragen unterbleiben.

– Gruppenaktivierung

Bei zunehmender Heterogenität der Schülerschaft ist es eine besondere Herausforderung für den Lehrer, im Unterricht möglichst jeden Schüler zu erreichen. Jeden Schüler und jede Schülerin mit herausfordernden Aufgaben zu aktivieren und zu fördern bedeutet, sowohl die Gruppe als auch das Individuum im Auge zu haben.

Ihnen gelingt ein besonders erfolgreicher Unterricht, wenn …
– sich alle Schülerinnen und Schüler mit dem Lernstoff auseinandersetzen.
– alle aktiv handeln.

- sie Rechenschaft über ihren Lernerfolg ablegen.
- sowohl das Gruppenergebnis als auch die Einzelleistung gewürdigt wird.

Sie können die Gruppenaktivierung erhöhen, wenn …
- jeder Schüler damit rechnen muss, aufgerufen zu werden.
- Sie überprüfen, ob Aufgaben richtig verstanden und ausreichend geübt wurden.
- Sie durch die Klasse gehen und auf sämtliche Arbeitsprozesse schauen.
- Sie regelmäßig ein Feedback zur Leistung und zum Verhalten geben.

Lehrkräfte, die sich an den Kounin-Prinzipien orientieren und sich vorausschauend verhalten, haben nachweislich weniger Probleme mit ihrer Klasse. Dieser Umstand kommt dem eigentlichen Unterrichtsgeschehen zugute. Es ist wichtig, dass das Unterrichten stets in einem lernförderlichen Klima geschieht und Regeln und Rituale immer wieder erläutert und angewendet werden.

13.2.2 Selbsteinschätzung Klassenführung

Nutzen Sie die folgende Übersicht, die Ihnen eine gute Einschätzung zu Ihrem Unterricht und zur Klassenführung geben kann. Der Bogen hilft Ihnen, Ihr Verhalten zu reflektieren und gegebenenfalls zu verbessern.

	trifft genau zu	trifft gar nicht zu
Ich bemerke alles, was in der Klasse passiert.		
Ich achte auf Störungen und greife gleich ein.		
Ich achte darauf, dass alle ruhig und aufmerksam sind.		
Ich kontrolliere, wie die Schülerinnen und Schüler arbeiten.		
Ich achte darauf, dass alle immer etwas zu tun haben.		
Ich sage jedem Schüler, was er schon kann und was er noch lernen muss.		
Ich beginne den Unterricht pünktlich.		
Ich präsentiere den Stundenverlauf zu Beginn einer Stunde.		
Mein Unterricht ist sichtbar strukturiert.		
Für meinen Unterricht sind Verhaltensregeln vereinbart.		
Die Schülerinnen und Schüler wissen, wie ich mit Regelverstößen umgehe.		
Ich unterrichte gern an dieser Schule.		

13.3 Ruhe und Konzentration

Die Herausforderungen beim täglichen Unterrichten nehmen allein aufgrund der zunehmenden Heterogenität in den Schulen zu. Wie kann es gelingen, möglichst störungsfrei zu unterrichten und für Ruhe und Konzentration beim Lernen zu sorgen? Wir wissen, dass Lernen für die Schülerinnen und Schüler nur dann wirksam ist, wenn sie für die Auseinandersetzung mit einem Lerngegenstand ausreichend Zeit zur Verfügung haben und es im Klassenraum so leise ist, dass sich jeder Einzelne konzentrieren kann. Dabei hilft Ihnen, wenn Sie die Erarbeitungsphase grundsätzlich mit einer Einzelarbeit beginnen.

Diese fünf Faktoren fördern Ruhe und Konzentration:

1. **Lehrerverhalten**
   Denken Sie bitte an das vorbeugende Lehrerverhalten im Lernprozess und an die Prinzipien von Kounin. Vermeiden Sie Langeweile und verhindern Sie Über- oder Unterforderung. Führen Sie stattdessen Lernerfolge herbei, indem Sie die Schülerinnen und Schüler herausfordern.

2. **Erziehender Unterricht**
   Das sind die Regeln und Routinen, die eine ruhige Lernatmosphäre schaffen und – sofern frühzeitig etabliert – das Schülerverhalten prägen.

3. **Kommunikative Kompetenzen**
   Das bedeutet eine Stärkung der Schüler. Sie lernen, sich verbal auszutauschen, zu argumentieren und werden zum selbstständigen Lernen geführt. Die Voraussetzung für Partner- und Gruppenarbeit ist die mündliche Interaktion.

4. **Organisation**
   Das sind die Rahmenbedingungen für Ihren Unterricht. Sind die notwendigen Materialien griffbereit, ist die Technik vorbereitet, passt die Sitzordnung zum Unterrichtsablauf?

5. **Schulorganisation**
   Organisatorisches zu verändern ist für die Neuen im Hause problematisch. Aber Denkanstöße sind sicherlich überall willkommen. Ein bedeutsamer Aspekt ist die Dauer der Unterrichtsstunde. Für handlungsorientierten Unterricht reicht die 45-Minuten-Stunde nicht aus. Viele Schulen unterrichten in 60- oder 90-Minuten-Rhythmen. Ihre auch?

13.4 So gelingt eine gute Klassenführung

Aus den vorstehenden Ausführungen wird deutlich, was Sie beachten sollten, wenn Sie eine Klasse gut führen wollen. Betrachten Sie das Lernen der Schüler aus den „Augen der Lernenden" (Hattie 2009), versuchen Sie also, die Perspektive der Schülerinnen und Schüler einzunehmen.

Nach Martin Wellenreuther (2009) gelingt Klassenführung durch Berücksichtigung dieser drei Bereiche:

1. Planungsaktivitäten
   Schaffen Sie eine angenehme, aktivierende Lernumgebung durch Vorbereitung des Unterrichtsraums. Sammeln Sie Informationen über Ihre neuen Schülerinnen und Schüler. Überlegen Sie, wie Sie Regeln implementieren und mit Regelverstößen umgehen.
2. Aktivitäten im Unterricht
   Sorgen Sie für flüssige Übergänge in den einzelnen Arbeitsphasen und beziehen Sie Schüler soweit möglich ein. Sie vermeiden Leerlauf durch aktivierende Methoden.
3. Aktivitäten der Nachbereitung
   Reflektieren Sie den Erfolg des Unterrichts – auch durch Selbsteinschätzung der Schülerinnen und Schüler. Sind für einzelne Schüler bestimmte Fördermaßnahmen erforderlich?

13.5 Reflexion

- Erklären Sie die Bedeutung effizienter Klassenführung für den Lernerfolg der Schülerinnen und Schüler.
- Zu welchen Erkenntnissen haben für Sie die Untersuchungen von Kounin geführt?
- Beschreiben Sie die Kennzeichen eines autoritativen Führungsstils.

14. Kommunikation

Kommunikation bildet die Basis des menschlichen Zusammenlebens. In jeder Beziehung passiert bewusste und unbewusste Kommunikation. Die Mittel dafür sind neben der Sprache Zeichen und Symbole.

Es gibt eine Vielzahl von Beschreibungen und Analysen, was Kommunikation bedeutet. Allen Modellen gemein, von Schulz von Thun bis zu Watzlawick, ist die Unterscheidung zwischen verbaler und nonverbaler Kommunikation. Was wir sagen und was wir nicht sagen, wird längst nicht nur durch Worte übertragen. Folglich ist eine neutrale Kommunikation nicht möglich, weil alles, was wir sagen, durch unseren persönlichen Hintergrund geprägt ist. In der Psychologie dient das Eisberg-Modell als Erklärung. Es geht auf den Begründer der Psychoanalyse Sigmund Freud zurück. Auch bei einem Eisberg ist nur 20 % sichtbar, der größte Teil liegt unter Wasser und bleibt verborgen. Bezüglich der Kommunikationsprozesse bedeutet das, dass nur ein kleiner Teil einer Botschaft auf der Sachebene direkt wahrnehmbar ist. Wie bei einem Eisberg ist der größte Teil unsichtbar und wird der Beziehungsebene zugeordnet. Häufig wird auf der Beziehungsebene durch Körpersprache, Mimik, Gestik und Tonfall kommuniziert. Die Beziehung, die Sie mit Ihren Schülern pflegen, hat einen großen Einfluss auf die inhaltlichen Aspekte der Kommunikation. Vermeiden Sie möglichst Störungen auf der Beziehungsebene; sie wirken sich negativ auf die Sachebene aus.

In Ihrem Unterricht ist gelingende Kommunikation ein unverzichtbares Werkzeug zur Gestaltung und Vermittlung von Lerninhalten, zur Interaktion und zum Ideenaustausch. Von Ihnen wird eine hohe kommunikative Kompetenz erwartet.

Beachten Sie dazu die Ausführungen im Abschnitt 14.5 und in Kapitel 3.

14.1 So lernen Schüler, besser zu kommunizieren

„Nicht aus Büchern, sondern durch lebendigen Ideenaustausch, durch heitere Geselligkeit müsst ihr lernen." Johann Wolfgang von Goethe

Lehrer beklagen häufig, dass viele Schülerinnen und Schüler nicht in der Lage sind, sich sprachlich angemessen zu artikulieren. Selbstständige kommunikative Kompetenzen sind oft nur unzureichend vorhanden. Die meisten Schüler scheuen sich, frei zu reden, zu diskutieren oder Vorträge zu halten.

Die Ursachen für dieses Defizit, für diese Sprachlosigkeit sind nicht monokausal zu erklären. Allerdings wird eine lehrerzentrierte Unterrichtsform, bei der

Schüler mehr rezeptiv als aktiv am Unterrichtsgeschehen teilnehmen, kaum dazu beitragen, ihre Gesprächskompetenz spürbar zu fördern.

Was kann die Schule tun, was können Sie tun, um die rhetorischen Fähigkeiten der Schülerinnen und Schüler zu verbessern?

Im Grunde besteht die Herausforderung darin, mit den Schülerinnen und Schülern im Unterricht kommunikative und soziale Kompetenzen zu entwickeln. Dazu gehört die Förderung der Methodenkompetenz, die Förderung der Teamfähigkeit, der Lernmotivation und des selbstständigen Lernens.

Diese Lernkultur ist weitestgehend im kooperativen Lernen mit dem Dreischritt „Denken – Austauschen – Präsentieren" implementiert. Hier sind Gesprächsanlässe systemimmanent vorgesehen, die geeignete Kommunikationskompetenzen entwickeln.

Jeder kennt die Befürchtung, vor anderen zu sprechen und eine Rede halten zu müssen. Die Angst wirkt bei Kindern und Jugendlichen noch mehr als bei Erwachsenen hemmend. Sie kann zu Stottern, Erröten und in Extremfällen zu totaler Blockade führen.

Daher ist es erforderlich, dass Sie versuchen, in Ihrer Klasse die Redeangst zu vermindern. Sorgen Sie dafür, dass Schüler in kleinen Schritten positive Erfahrungen beim Sprechen machen. Am besten schaffen Sie für die unsicheren Schüler Situationen, die bekannt und ritualisiert sind. Schaffen Sie eine vertraute Umgebung und eine gute Lernatmosphäre. Finden Sie heraus, was Schüler gut können, und loben Sie sie dafür.

Folgende Übungen können Sie gestalten, wenn Schülerinnen und Schüler Kommunikation verweigern oder nur „Ein-Wort-Antworten" geben. Vier Beispiele:
- Verwenden Sie Übungen im nonverbalen Bereich, etwa durch Erstellen eines Plakats oder durch Gesprächsanlässe in der Partnerarbeit.

Verwenden Sie Übungen im sprachlichen Bereich, etwa durch einfache Satzergänzungen („London ist die Hauptstadt von …" oder „Deutscher Fußball-Meister wird bestimmt …") oder Tandempräsentation (Der ängstliche Schüler hält vor der Klasse nur das Plakat aus der Gruppenarbeit …).
- Die rhetorische Frage: Hiermit fördern Sie die Aufmerksamkeit und die Wertschätzung des Schülers („Du hast bestimmt diese Aufgabe lösen können, Mario." oder „Kannst du mir hier mal helfen?").
- Aussagen modifiziert wiederholen („Du hast eben gesagt: Karl der Große wurde in Aachen gekrönt. Habe ich das richtig verstanden?").

Kommunikative und soziale Kompetenzen sind elementare Ziele des kooperativen Lernens. Das Einüben dieser Fähigkeiten ist ein langwieriger Prozess, der immer wieder geübt werden muss.

Beispiel: Die 30 cm-Stimme
Sie werden beobachten, dass bei der Partner- oder später bei der Gruppenarbeit einige Schüler viel zu laut sprechen und dadurch den Arbeitsprozess stören. Sie beeinträchtigen damit die konzentrierte Zusammenarbeit anderer Gruppen.

Wie können Sie es erreichen, dass Schüler leise miteinander reden und die sogenannte „30 cm-Stimme" beachten?

So kann es gelingen:
1. Sie thematisieren Ihrer Klasse das Problem und erläutern die Zielsetzung. Machen Sie deutlich, worum es geht und warum insbesondere beim kooperativen Lernen diese Fähigkeit wichtig ist.
2. Demonstrieren Sie an zwei Beispielen, wie Gruppenarbeit mit leiser Stimme gelingt und mit lautem Reden scheitert.
3. Üben Sie das gewünschte Sozialverhalten an einfachen Sachverhalten ein.
4. Ritualisieren Sie Ihre Reaktion bei Störungen, z.B. Blickkontakt oder Finger, die zu den Lippen gehen.

Wie steht es um die kommunikativen und sozialen Kompetenzen in Ihrer Lerngruppe? Freuen Sie sich über Ihre positiven Eindrücke? Oder überwiegen die negativen?

Bewerten Sie Ihre Klasse oder einzelne Schüler mit der üblichen Notenskala.

Meine Schülerinnen und Schüler können ...

aktiv zuhören.
Blickkontakt halten.
andere ausreden lassen.
auf freundliche Weise kritisieren.
eigene Ideen vertreten.
leise miteinander sprechen.
Gespräche zusammenfassen.
Gefühle ansprechen.
sich begrüßen.
sich entschuldigen.

14.2 Erfolgreich kommunizieren

Was vermuten Sie? Wie hoch ist der durchschnittliche Redeanteil eines Lehrers im Unterricht? Wie viel Prozent schätzen Sie?

Die Antwort finden Sie am Ende dieses Kapitels.

Kommunikation ist der wichtigste Faktor für eine gelungene Beziehung. Sofern es dem Lehrer gelingt, mit seiner Sprache und seiner Körpersprache Schüler zu bilden und zu erziehen, kann er das Lernen effektiv fördern.

Dazu braucht es ein Klima des Vertrauens und des Respekts zwischen Lehrkraft und Schüler. Diese Interaktion, also das wechselseitige Aufeinander einwirken wird durch Kommunikation gestaltet. Ihre Aufgabe ist es, diese Kommunikation durch Ihre Sprache, Ihre Gestik und Symbole zu gestalten. Ihre Kommunikation ist erfolgreich, wenn Sie mehr loben als tadeln, wenn Sie Ihre Schüler ermutigen, zuhören, trösten und freundlich sind. Gestalten Sie gut strukturierten Unterricht. Setzen Sie Grenzen und bewahren Sie Ihren Humor.

Loben

Bei manchen Lehrkräften kann deren persönliche Einstellung, Schüler individuell zu loben und positiv zu verstärken, weiterentwickelt werden. Nicht selten wird die negative Wirkung einer Kommunikation übersehen, die überwiegend kritisiert und bemängelt.

Im Folgenden lesen Sie zuerst von unzureichenden, dann von ermutigenden Beispielen.
1. Sie finden alles toll und super, was die Klasse abliefert. Vergessen Sie das, das wirkt unglaubwürdig.
2. Einer Ihrer Schüler hat Großes geleistet und in der Mathematik-Arbeit 32 von 33 Punkten erreicht. Bei der Rückgabe der Arbeit sprechen Sie mehr über den kleinen Punktabzug als über das Gesamtergebnis. Der Schüler empfindet kein Lob, sondern nicht gerechtfertigten Tadel. Bitte nicht!
3. Sie geben den Aufsatz zurück und sagen: „Dein Aufsatz, Johannes, ist eine glatte Zwei." Auch das ist kein wirksames Lob, weil Johannes nicht weiß, wie und warum Sie zu dieser Bewertung kommen.
4. Sie geben eine Erdkunde-Arbeit zurück und sagen zu Peter: „Prima, du hast die Aufgaben gut gelöst und das Klimadiagramm von Workuta exakt analysiert." Der Kommentar ist deutlich besser als die vorstehenden. Allerdings wird allein das Ergebnis kommentiert und nicht der Prozess. Lob soll auch das Bemühen verstärken und ein Feedback geben für die weitere Arbeit.
5. Beispiel: „Robert, du hast dir sehr viel Mühe gegeben und konzentriert gearbeitet. Ich habe gesehen, du hast den schwierigen Text verstanden hast und

die Fragen sehr treffend beantwortet." Hier wird das Bemühen wie das Ergebnis gewürdigt. Die Wertschätzung wird durch die Ich-Botschaft sichtbar. Oft ist es günstiger, die Kritik an einer mangelhaften Leistung nicht im Plenum zu verkünden: „Matthias, bleib bitte zu Beginn der Pause noch zwei Minuten hier. Ich möchte kurz mit dir sprechen."

Kritisieren
Selbstverständlich müssen Minderleistungen benannt werden. Allerdings sollten Sie den Schüler nicht verletzen oder beschämen. Wertschätzende Kommunikation ist bei Kritik noch schwieriger als bei Lob.

So besser nicht kommunizieren:
- „Matthias, noch gerade eine 5!"
- „Du strengst dich zu wenig an, Rebecca. Das ist das Ergebnis."

So ist es schon viel besser:
- „Jetzt Sören. Ich muss dir leider eine Fünf geben. Ich sehe, dass du dich angestrengt hast, aber irgendwie hast du das Thema nicht getroffen. Lies bitte meine Erläuterungen unter deinem Aufsatz."

Die Kommunikation und insbesondere das Loben haben auf das Lernen einen großen Einfluss. Ihre positiven Aussagen haben eine größere Wirkung als die negativen. Die motivieren nämlich nicht.

Positiv formulieren
Ihre kommunikativen Kompetenzen sind eine Voraussetzung dafür, dass Sie in Ihrem Beruf erfolgreich sind. In Ihrer Ausdrucksweise sind Sie Vorbild für Ihre Schülerinnen und Schüler. Ihre Schüler erwarten, dass Sie verständlich in klaren Satzstrukturen sprechen, nicht schwafeln und Ihre Vorstellungen eindeutig formulieren. Dabei spielen nonverbale Signale eine Rolle, Ihre Körperhaltung, Ihre Kleidung, Ihre Zugewandtheit und Ihre Mimik. Bedeutsam sind zudem die paraverbalen Signale wie Sprechtempo, Modulation und Tonfall.

Bleiben Sie authentisch und achten Sie auf positive Formulierungen.
„Arbeite ruhig und konzentriert." statt „Mach bloß keine Fehler!"
„Die Aufgaben kannst du gut lösen." statt „Hab keine Angst!"
„Geh bitte rechtzeitig los." statt „Sei nicht unpünktlich!"

Sie kommunizieren erfolgreich, wenn Ihre Sprache wertschätzend und klar ist. Nehmen Sie sich auch ausreichend Zeit, mit Ihren Schülern zu sprechen. Verwenden Sie Ich-Botschaften und hören Sie aktiv zu.

Gute Gespräche fangen oft mit Fragen an.

14.3 Das Unterrichtsgespräch

Ein Unterrichtsgespräch wirksam zu führen ist eine schwierige Methode; dafür braucht es Talent und Ausdauer. Es gelingt nur, wenn Sie die Aufmerksamkeit Ihrer Lerngruppe gewinnen. Die Voraussetzung für das aktive Zuhören ist eine intakte Lehrer-Schüler-Beziehung und eine gepflegte Gesprächskultur. Ziel eines Unterrichtsgesprächs ist es, dem Schüler einen Sachverhalt verständlich zu erläutern. In der Form eines fragend-entwickelnden Unterrichtsgesprächs werden Sie die Vorkenntnisse der Schüler nutzen und in einem anderen Zusammenhang weiterführen. Der Dialog mit der Klasse beschränkt sich dabei zumeist auf wenige Schüleräußerungen.

Im schülerorientierten Unterrichtsgespräch sind mehr Schüler aktiv beteiligt und der Lehrer tritt zunehmend in den Hintergrund.

Die Gefahren beim Unterrichtsgespräch kennen Sie vielleicht noch aus Ihrer eigenen Schulzeit: Viele Schüler wandern in ihren Gedanken ab, signalisieren durch ihre Körperhaltung Desinteresse, haben Angst, sich zu beteiligen. Vielleicht werden die Lehrerfragen auch nicht als Aufforderung zum Dialog wahrgenommen.

> **Mein Tipp:** Führen Sie anfangs Unterrichtsgespräche mit klarer Zielrichtung nur in einem kleinen Zeitrahmen von circa fünf Minuten. Nur sehr wenige Lehrer haben die rhetorische Gabe eines Gregor Gysi.

Folgende Gesprächsregeln führen mittelfristig zu einer harmonischen Gesprächskultur:
- Lassen sie keine Ein-Wort-Antworten zu.
- Stellen Sie keine Fragen, die mit ja oder nein beantwortet werden können.
- Nötigen Sie Ihre Schüler, ihre Antworten zu begründen.
- Stellen Sie exakte Arbeitsaufträge, die mit einem Operator beginnen.
- Die Schüler sollen sich gegenseitig aufrufen.
- Bei Schülerketten sorgen Sie dafür, dass Schüler sich beim Sprechen anschauen.
- Sorgen Sie dafür, dass alle Redebeiträge ernst genommen werden.
- Verringern Sie Ihren eigenen Redeanteil.

Lehrkräfte reden zu viel. Die TIMSS-Studie im Fach Mathematik erfasst den Lehrer-Redeanteil bei 76 %. Somit teilen sich circa 25 Schülerinnen und Schüler ungefähr ein Prozent der Redezeit; das sind 30 Sekunden in 45 Minuten Unterricht. Die DESI-Studie für das Fach Englisch beschreibt 68 % Lehrersprache. Dass diese Einseitigkeit die Schülerinnen und Schüler demotiviert, ist offensichtlich.

14.4 Drei Regeln für erfolgreiches Kommunizieren

1. Bleiben Sie immer höflich und freundlich. Keine Schimpfwörter, keine Provokationen, kein Schreien, kein Zynismus. Stattdessen: aktiv zuhören, Feedback geben, Blickkontakt halten, freundlich sein.
2. Trennen Sie möglichst Sach- und Beziehungsebene. Konflikte nicht persönlich nehmen, Sie sind als Person gar nicht gemeint, sondern sind Vertreter der Organisation Schule; nicht provozieren lassen, sachlich bleiben.
3. Ich-Botschaften. Keine Du-Botschaften („Wenn du nicht sofort ...", „Du hast schon wieder ...", stattdessen: „Ich stelle fest, dass ..." oder „Ich kann nicht zuhören, wenn ...")

14.5 „Über die allmähliche Verfertigung der Gedanken beim Reden"

Dieses ist der Titel eines Essays, das der Schriftsteller Heinrich von Kleist 1806 in Königsberg verfasst hat. In dem Aufsatz rät er seinem Freund Rühle von Lilienstein bei Problemen, die er allein nicht lösen kann, sich einen Gesprächspartner zu suchen. Kleist führt weiter aus, dass es dafür nicht unbedingt „eines scharfdenkenden Kopfes" bedarf. Vielmehr geht es zuallererst darum, zu erzählen. Kleist postuliert, dass mit dem Reden die Gedanken strukturiert und verfestigt werden. Er behauptet, die Ideen und Gedanken beim Sprechen kommen genauso automatisch wie der Appetit beim Essen.

Kleist philosophiert darüber, wie die Gedanken entstehen und welche Rolle die mündliche Rede spielt.

Warum finden Sie Heinrich von Kleist an dieser Stelle des Buches?

Kommunikation ist in der Schule eine wesentliche Voraussetzung für das Lernen. Insbesondere beim kooperativen Lernen wird die Sprachfähigkeit geschult. Kleist und weitere Autoren sind der Überzeugung, dass damit auch die Denkfähigkeit verbessert wird. Nur wenn in der Kommunikation alle Beteiligten reden, verfertigen sie ihre eigenen und gemeinsamen Gedanken.

Pflegen Sie – schon allein aus diesem Grunde – die Partnerarbeit! Mit dem Sitznachbarn sind keine organisatorischen Maßnahmen erforderlich und diejenigen, die nebeneinandersitzen, sprechen außerhalb des Unterrichts auch miteinander. So können Sie relativ einfach die Kommunikation fördern und sich weiter auf den Weg zum kooperativen Lernen machen. Aber bitte nicht vergessen: Zuerst Einzelarbeit, dann Partnerarbeit und erst danach die Plenumsphase.

Drei besondere Zitate zum Schluss.

1. *„Menschliche Bindung ist der Schlüssel zum persönlichen und beruflichen Erfolg"* Paul Meyer, amerikanischer Autor
2. *„Kommunikation führt zu Gemeinschaft, das heißt, zu Verständnis, Vertrautheit und gegenseitiger Wertschätzung."* Rollo Reece May, amerikanischer Psychologe
3. *„Die Art, wie wir mit anderen und uns selbst kommunizieren, bestimmt letztendlich die Qualität unseres Lebens."* Anthony Robbins, amerikanischer Autor

14.6 Reflexionsaufgabe

- Von Paul Watzlawick stammt die Aussage: „Man kann nicht nicht kommunizieren." Wie deuten Sie diesen Satz?
- Welche Merkmale einer guten Lehrer-Schüler-Beziehung kennen Sie?
- Welche Möglichkeiten sehen Sie für sich, eine gepflegte Gesprächskultur zu etablieren?

15. Regeln und Rituale

Regeln geben Sicherheit, Ihnen und Ihren Schülerinnen und Schülern. Überall dort, wo Menschen zusammenleben, braucht es Regeln, um konflikt- und störungsfrei zu arbeiten. Eine Klasse kann nur dann gut unterrichtet werden, wenn es Regeln gibt, die für alle verbindlich sind. Damit Regeln umgesetzt werden können, sollen sie immer mit der ganzen Gruppe erarbeitet werden.

Klassenregeln werden also nicht verordnet, sondern gemeinsam vereinbart. Zur erfolgreichen Klassenführung gehört, die Regeln konsequent einzuüben. Nur so erwerben Schüler Sozialkompetenz und übernehmen Verantwortung.

in den Schulen werden gemeinsame Regeln immer wichtiger, weil der Kultur- und Bildungshintergrund der Schülerinnen und Schüler immer heterogener wird.

15.1 Implementieren von Regeln und Ritualen

Für manche Lehrerinnen und Lehrer ist es schwierig, Regeln im Klassenraum durchzusetzen. Wenn es keine klaren Regeln in der Schulordnung oder innerhalb der Klasse gibt, entstehen dauerhaft Probleme. Dann kommen einige Schüler regelmäßig zu spät, andere machen keine Hausaufgaben oder stören den Unterricht.

Nicht selten haben Störenfriede ein Zuhause, in dem Regeln zu wenig beachtet und kontrolliert werden. Diese lernen dann, die gewünschte Aufmerksamkeit zu bekommen, indem sie schulische Regeln verweigern.

Exkurs: Fallbeispiel Nr. 1
Der 14-jährige Dustin aus der 9b schreit und schlägt um sich. Der Lehrer hatte ihn aufgefordert, sein Handy wegzulegen.

Wie gehen Sie damit um? Was tun Sie?
→ Meine Vorschläge dazu lesen Sie im Abschnitt 15.3.

Vorab stelle ich Ihnen drei Varianten vor, wie Sie sich mit Ihrer Lerngruppe auf Regeln einigen können.

Variante 1:
Sie eröffnen den Unterricht, erklären kurz den Ablauf der Stunde und notieren an der Tafel: „Wie wollen wir uns verhalten, damit sich jeder wohlfühlt und lernen kann?"

Nennen Sie die wesentlichen Bereiche, die geregelt werden müssen (z.B. Zuspätkommen, Ausreden lassen, Zwischenrufe, ...).
Jeder schreibt maximal zehn Aspekte auf, die ihm wichtig sind.
In Partner- oder Gruppenarbeit werden die Notizen gesammelt und priorisiert.
Über die acht bis zehn wichtigsten Regeln erfolgt eine Abstimmung.
In einer folgenden Unterrichtsstunde wird den Schülern Gelegenheit gegeben, die Ausführungen zu korrigieren oder zu ergänzen.

Variante 2:
Sie geben der Klasse einen Rahmen von Regelungen und Konsequenzen vor. Dazu gehört das Recht auf Lernen und die Maßgabe, die Rechte der Mitschüler und des Lehrers nicht zu beeinträchtigen.
Die Schüler leiten daraus Regeln ab und stellen sie zur Abstimmung.

Variante 3:
Sie geben den Schülerinnen und Schülern einen Katalog von Klassenregeln vor und erklären ihren Sinn. Beispiel: „Wenn ich etwas sagen will, melde ich mich."
Die Schüler können ergänzen oder korrigieren. Am Ende wird über die Klassenregeln abgestimmt.
Welche Variante passt zu Ihnen und zu Ihrer Lerngruppe? Ganz gleich, wie Sie sich entscheiden, folgende Grundsätze sollten Sie auf jeden Fall beachten:
- Nur wenige Regeln formulieren. Umfangreiches liest keiner.
- Verständliche Formulierungen. Kurze einfache Sätze.
- Positive Aussagen. Keine Verbote: „Es ist verboten, ..."
- Verbindliche Formulierungen. Verwenden Sie am besten. „Ich ..." statt „Man sollte ..."
- Eindeutige Konsequenzen. Achten Sie darauf, dass die Regeln durchsetzbar sind.
- Präsentieren Sie die Regeln großflächig und in ansprechender Form im Klassenraum.

Regeln sind wertlos, wenn sie nicht eingehalten werden. Die kritische Phase, ob Regeln beachtet werden oder nicht, folgt innerhalb der ersten beiden Wochen nach ihrer Etablierung. Hier sind Sie gefordert, immer wieder darauf zu verweisen und sie gegebenenfalls noch einmal zu erklären. Seien Sie konsequent, anfangs vielleicht sogar kleinlich, um die Vereinbarungen durchzusetzen. Setzen Sie Konsequenzen bei „Grenzüberschreitungen" im Vorfeld fest, das vermindert das Konfliktpotenzial und sorgt für Transparenz.
Könnten diese Beispiele für Ihre Ausgangslage passen?

→ Klassenregeln – Zwei Beispiele aus der Realschule
- **Wir sind die Klasse 5c**
- Wir respektieren uns und helfen uns gegenseitig.
- Wir strengen uns im Unterricht an.
- Wir sprechen leise und schreien nicht.
- Wir hören den anderen zu.
- Wir verletzen niemanden.
- Wir fassen nicht an, was uns nicht gehört.

1. Ich gehe freundlich und rücksichtsvoll mit anderen um.
2. Ich höre zu und lasse andere ausreden.
3. Ich benutze keine Schimpfwörter und rufe nicht in die Klasse.
4. Ich lasse meine Mitschüler in Ruhe arbeiten.
5. Ich lache nicht, wenn andere einen Fehler machen.
6. Ich trinke und esse nur in den Pausen.
7. Ich komme pünktlich zur Schule.
8. Ich mache meine Hausaufgaben.
9. Ich halte meinen Arbeitsplatz sauber.
10. Ich helfe anderen bei Schwierigkeiten.

Sie unterstützen die Beachtung von Regeln durch wiederkehrende Routinen im Unterricht. Schaffen Sie für sich und Ihre Klasse Sicherheit durch gleichförmige Situationen, die sich ständig wiederholen. Sind Routinen erst einmal eingespielt, sparen sie viel Zeit und fördern aktives Lernen.

Beispiele entnehmen Sie bitte der Übersicht.

Stundeneröffnung	Begrüßungsritual; Begrüßung an der Tür; Abgleich der Hausaufgaben; Inhalt der letzten Stunde wiederholen, …
Verspätete Schüler	… setzen sich ruhig auf ihren Platz und kommen am Ende der Stunde unaufgefordert zu Ihnen; nennen kurz die Ursache der Verspätung.
Unterrichtsgespräch	Es spricht nur der, der sich gemeldet hat und drangenommen wurde.
Einzelarbeit	Absolute Ruhe; auch der Lehrer sagt kein Wort.
Gruppenarbeit	30-cm-Stimme erlaubt.
Störende Unruhe	Mündliche Ermahnung; Lärmampel oder Büroklingel, direkte persönliche Ansprache.
Ruhezeichen gegen Lärm	Akustische Signale wie Tischglocken; Handzeichen wie der „Schweigefuchs".

Stundenende	Reflexion des Gelernten; Ausblick auf die nächste Stunde.
Verlassen des Raumes	Sie kontrollieren den Zustand des Raumes, bevor der erste Schüler den Raum verlässt.

Finden Sie für sich Prozeduren, die für Sie und Ihre Klasse passen!

15.2 Einüben sozialer Kompetenzen

Ihr Bemühen, Schülerinnen und Schüler zum selbstständigen Arbeiten und zur Kooperation zu führen, ist nur dann erfolgreich, wenn grundlegende soziale Kompetenzen entwickelt werden bzw. vorhanden sind. Soziale Kompetenzen und kooperatives Lernen bedingen einander.

Wenn in Ihrer Lerngruppe soziale Kompetenzen nur unzureichend vorhanden sind, ist es wichtig, sich immer wieder auf ein Ziel zu fokussieren. Ich empfehle Ihnen, am Anfang einer Unterrichtseinheit nur ein Sozialziel festzulegen. Erörtern Sie mit Ihrer Klasse, warum dieses Ziel für Sie so bedeutsam ist und an welchen Stellen im Unterricht das Ziel geübt werden kann. Mit älteren Schülern sammeln Sie Indikatoren für das Ziel.

Ein geeignetes Sozialziel ist z.B. „Leise reden bei der Gruppenarbeit". Machen Sie Ihrer Klasse deutlich, warum diese Kompetenz wichtig ist, da sonst der gesamte Lernprozess misslingen kann. Stellen Sie positive Beispiele heraus und verstärken Sie das gewünschte Verhalten. Auf jeden Fall sollten Sie ein Plakat mit der Überschrift „Leise reden bei der Gruppenarbeit" im Klassenraum präsentieren.

Dann genügt bei Bedarf der Fingerzeig auf das Plakat.

Am Ende einer Stunde reflektieren Sie immer, inwieweit das soziale Ziel der Stunde erreicht wurde. Geben und verlangen Sie dafür Feedback.

Die Auswahl sozialer Ziele ist von den Verhaltensauffälligkeiten Ihrer Klasse abhängig. Ist Ihre Klasse in der folgenden Übersicht dabei?

Wie schätzen Sie Ihre Lerngruppe ein?

Verantwortung in der eigenen Klasse übernehmen	++	+	+/-	-	--
Regeln einhalten					
Niemanden ausgrenzen					
Pünktlich sein					
Das Klassenzimmer sauber halten					
Aufgaben in der Klasse zuverlässig übernehmen					
Ihr Sozialziel in diesem Monat? … …					

Nicht immer werden Ihre Schülerinnen und Schüler das Sozialziel zügig und zu Ihrer Zufriedenheit umsetzen. Dann seien Sie beharrlich und weisen immer wieder auf die Zielformulierung hin. Daher ist es wichtig, das Sozialziel im Klassenraum an der Pinnwand zu dokumentieren.

Vielleicht gelingt es Ihnen, in einem Schuljahr vier bis fünf Sozialziele erfolgreich zu festigen.

15.3 Reaktionen auf Unterrichtsstörungen

Unterrichtsstörungen wirken sich auf die ganze Klasse aus. Auch bei erfolgreicher Prävention sind Unterrichtsstörungen an der Tagesordnung. Unterrichtsstörungen betreffen jede Klasse und jede Lehrkraft. Uns begegnen Schülerinnen und Schüler, die von zu Hause keine Unterstützung erfahren, die undiszipliniert und unmotiviert sind. Bei aller Mühe, die Sie sich in der Schule geben, gibt es Schüler, die dauernd mit anderen Dingen beschäftigt sind und den Unterrichtsfluss behindern.

Welche Sofortmaßnahmen gibt es und welche sind hilfreich?

Zuerst mein dringender Rat: Überlegen Sie, bevor Sie agieren, werden Sie dann in Ihrem Handeln nicht unsicher und bleiben Sie verbindlich. Klären Sie für sich, ob und wie Sie eingreifen. Vielleicht können Sie deeskalierend wirken und durch Blickkontakt die Störung verringern. Überlegen Sie, ob Sie durch direkte Ansprache mit einer Ich-Botschaft („Ich stelle fest, dass du nicht mitmachen willst.") schnell zum Unterrichten zurückkommen können. Oder Sie stellen den Schüler vor eine Alternative: „Entweder du machst jetzt mit oder du gehst in den Gruppenraum!" Vermeiden Sie Kollektivstrafen! Dann würden Sie die ganze Klasse gegen sich aufbringen und verlieren Ihre Autorität.

Entscheidet sich der Schüler für die Mitarbeit, stört aber weiter, dann reagieren Sie ruhig und sachlich: „Du störst weiter den Unterricht. Geh jetzt in den Gruppenraum und arbeite da weiter!" Vermeiden Sie Machtkämpfe; reagieren Sie cool mit nicht erwarteten Reaktionen.

Was machen Sie, wenn Schüler dauernd in die Klasse rufen? Wenn Schüler die Antwort auf eine Frage geben und die Mitschüler unterbrechen oder auslachen? Hier helfen zuerst die Klassenregeln weiter. Achten Sie darauf, dass Reinrufen als Klassenregel nicht gestattet ist, und nehmen Sie nur Schüler dran, die sich melden. Sofern das keine Abhilfe ist, suchen Sie das Vier-Augen-Gespräch mit dem Schüler und treffen Sie eine verbindliche Absprache. Anstelle direkter Vorwürfe ist es wirksamer, dass Sie ihm Ihre Beobachtung und Wahrnehmung beschreiben. Sprechen Sie die Probleme konkret an. Formulieren Sie kurz und knapp Ihre Erwartungen und vereinbaren Sie einen Folgetermin für ein zweites Gespräch.

Weitere Schritte bei Erfolglosigkeit können dann eine schriftliche Verwarnung, Nachsitzen oder Umsetzen in der Klasse sein.

Nun zurück zu dem Fallbeispiel vom Anfang dieses Kapitels:

„Der 14-jährige Dustin aus der 9b schreit und schlägt um sich. Der Lehrer hatte ihn aufgefordert, sein Handy wegzulegen."

Wie gehen Sie damit um? Was tun Sie? Haben Sie inzwischen Ideen oder Vorschläge? Haben Sie selbst einen „Dustin" vor Augen?

Bevor Sie reagieren, sollten Sie wissen, ob es in der Schule oder für die Klasse eine Regelung zur Handynutzung gibt. Viele Schulen haben inzwischen eine, weil Handynutzung aktuell der Klassiker der Störungen ist.

Reaktion Nr. 1:
Es gibt in der Schule eine Verfahrensregelung, nach der die Handynutzung nicht gestattet ist und die Handys während des Unterrichts ausgeschaltet in der Tasche verstaut sein müssen. Dann erläutern Sie das dem Schüler und fordern ihn erneut auf, das Handy wegzulegen. Bleiben Sie freundlich, zugewandt, gelassen und suchen Sie den Blickkontakt.

Sollte der Schüler die Anweisung nicht befolgen, müssen Sie „nachrüsten". Sie dürfen jetzt nicht nachgeben, weil hier ein Machtkampf entsteht, den Sie nicht verlieren dürfen. Alle Augen sind auf Sie gerichtet. Sollte der Schüler obsiegen, haben Sie in der ganzen Klasse verloren. Sie müssen angemessen reagieren. Beispielsweise können Sie den Schüler aus dem Raum verweisen, eine Klassenkonferenz androhen oder zusätzliche Arbeiten ankündigen. Oft wirkt ein Vier-Augen-Gespräch. Zeigen Sie niemals, dass Sie sich über das Fehlverhalten ärgern!

Reaktion Nr. 2:
Weder in der Klasse noch in der Schulordnung ist der Umgang mit Handys geregelt. Dann fordern Sie den Schüler freundlich auf, das Handy zu deponieren, weil Sie sich dadurch gestört fühlen. Sollte der Schüler das verweigern, bestellen Sie ihn nach der Stunde zu sich. Er kann dann gern einen Schüler seines Vertrauens mitbringen. Sprechen Sie mit dem Schüler – anders als er es vermutlich erwartet – respektvoll und gelassen. Machen Sie dem Schüler deutlich, dass Sie sein Verhalten nicht akzeptieren können. Lassen Sie sich nicht in Machtkämpfe verwickeln, sondern zeigen Sie vielmehr Interesse an dem Schüler.

15.4 Was tun im Konfliktfall?

Viele Konflikte nehmen ihren Ausgangspunkt im Missachten von Regeln, in Provokationen oder genereller Disziplinlosigkeit. Aufgrund der Tatsache, dass Lehrer und Schüler dabei unterschiedliche Wahrnehmungen haben, sind auch die Verhaltensweisen und Strategien zur Konfliktlösung unterschiedlich. Nicht selten eskalieren dann Konflikte und führen zu einer Freund-Feind-Situation. Da Sie als Erwachsener und als Lehrkraft die Verantwortung für die Konfliktregelung tragen, braucht es Ihre kommunikativen Kompetenzen, um eine Meinungsverschiedenheit zu entschärfen. Der Umgang mit Konflikten gehört zu den schwierigen Herausforderungen im Lehrerberuf.

Folgende Schritte bieten sich für die Konfliktbearbeitung an:
1. Den Konflikt beschreiben und analysieren
2. Lösungsmöglichkeiten suchen
3. Entscheidung – z.B. Erziehungsmaßnahme
4. Umsetzung der Entscheidung
5. Überprüfung

Bedenken Sie, dass Sie für manche Konflikte keine Lösung finden, da ihre Ursachen außerhalb der Schule liegen.

15.5 Konfliktgespräch führen

Überall, wo Menschen zusammenleben, gibt es Konflikte. Sie reichen von einfachen Meinungsverschiedenheiten bis zu offener Gewalt. In der Schule nehmen aufgrund der gesellschaftlichen Veränderungen Konflikte immer mehr zu. Wissenschaftliche Untersuchungen belegen, dass sich Aggressionen und Provokationen gegen Lehrkräfte zumeist auf ihre Funktion, nicht aber auf die Persönlichkeit beziehen. Vielleicht hilft Ihnen dieser Aspekt, mit Konflikten etwas gelassener umzugehen.

Beispiel: Marvin (15 Jahre) stört häufig den Unterricht durch laute, alberne Zwischenrufe.

Was tun Sie? Wie gehen Sie vor?

> **Hinweis:** Marvin ist insbesondere bei Ihnen durch diese Disziplinlosigkeit auffällig. Ihre Ermahnungen blieben wirkungslos und deshalb führen Sie mit ihm ein Vier-Augen-Gespräch. So können Sie das Gespräch strukturieren:

1. **Situation**
   Schaffen Sie eine ruhige, entspannte Atmosphäre und legen Sie den Zeitrahmen fest.
   Nehmen Sie sich vor, möglichst wenig selbst zu reden und auf das Verhalten des Schülers zu achten.

2. **Gesprächseröffnung**
   Beschreiben Sie Ihre Wahrnehmung, die Störungen und die Beeinträchtigung des Lernerfolgs für die ganze Klasse. Anschließend erteilen Sie Marvin das Wort. Vermeiden Sie, ihn bei seiner Begründung zu unterbrechen. Hören Sie aufmerksam zu. Denken Sie daran, dass seine Darstellung seine subjektive Wahrheit ist.

3. **Herausfinden der Ursachen**
   Will Marvin auf sich aufmerksam machen? Was bewegt ihn, andere zu stören? Will er anderen imponieren? Langweilt ihn der Unterricht? Gibt es außerschulische Probleme?

4. **Lösungssuche**
   Fordern Sie Marvin dazu auf, Vorschläge zu machen, wie der Konflikt behoben werden kann. Es ist wichtig, dass Marvin die Lösung als „seine" ansehen kann. Vermitteln Sie dem Schüler das Gefühl, von Ihnen akzeptiert zu werden. Wiederholen Sie den Lösungsansatz des Schülers.

5. **Zusammenfassung**
   Fassen Sie das Gespräch zusammen: „Das haben wir jetzt vereinbart: ..." Bei einem 15-jährigen Jungen gehört der Handschlag dazu. Verfassen Sie eine kurze Aktennotiz mit Datum, Gesprächsverlauf und Vereinbarung. In der nächsten Stunde erwähnen Sie in der Klasse kurz, dass Sie „ein gutes Gespräch" miteinander hatten.

Die Wahrscheinlichkeit ist hoch, dass die „Vorladung" wirkt. Ansonsten bedarf es weiterer Schritte, die Sie im Kollegium oder mit der Schulleitung absprechen.

15.6 Reflexionsaufgabe

- In Ihrer Klasse fehlen interne Regeln. Wie gehen Sie vor, Klassenregeln zu implementieren?
- Eine Schülerin (Klasse 7) versäumt beinahe jeden Montag den Unterricht in den ersten beiden Schulstunden. Was unternehmen Sie?
- Können Sie sich vorstellen, die Handynutzung in Ausnahmefällen zu erlauben?

16. Beratungsgespräche mit Eltern und Schülern führen

Der Beratung von Schülern und Eltern kommt eine besondere Bedeutung zu. Lehrer sind die wichtigsten Ansprechpartner für Schüler, wenn es um Lernschwierigkeiten, Leistungsentwicklung, Förderbedarf, Verhaltensauffälligkeiten oder auch schwierige private Situationen geht.

Für Eltern sind Sie der Ratgeber in Erziehungsfragen, bei Problemen der Lernentwicklung und bei Konflikten in der Schule. Nicht immer laufen die Gespräche harmonisch ab, weil entweder Elternsicht und Lehrersicht nicht übereinstimmen oder Empfindlichkeiten auf beiden Seiten hinderlich sind.

Ohne Zweifel hilft es dem Schüler, wenn Lehrer und Eltern miteinander kommunizieren und gemeinsame Erziehungs- und Bildungsziele verfolgen. Im Idealfall gelingt sogar eine Erziehungspartnerschaft.

16.1 Grundsätze der Gesprächsführung

Gespräche lösungsorientiert zu führen verlangt von Ihnen kommunikative Kompetenzen. Sie sollen einerseits den ratsuchenden Schüler verstehen und gleichzeitig das Beratungsgespräch leiten.

Sie verstehen, indem Sie …
- aufmerksam zuhören.
- Gefühle respektieren.
- Fragen stellen.
- Gedanken wiedergeben.

In einer Beratung ist es bedeutsam, dass Sie als Berater die Sichtweise des Ratsuchenden verstehen. Die angestrebte Lösung eines Problems sollte dann auch nicht Ihre Maßnahme sein, sondern gefühlt die Lösung des Ratsuchenden selbst. Dass dazu ein respektvoller, wertschätzender Umgang gehört, versteht sich von selbst.

Sie leiten, indem Sie …
- Ideen und Vorschläge sammeln.
- transparent strukturieren.
- Beziehungen klären.
- Stellung beziehen.

Ihnen als Lehrkraft ist die Verantwortung für die Leitung des Beratungsprozesses übertragen. Die Bausteine für eine erfolgreiche Gesprächsführung sind nachfolgend dokumentiert.

Beachten Sie dazu die Bedeutung von Kommunikation. Die Ausführungen dazu finden Sie in Kapitel 14.

16.2 Die Rolle der Eltern in der Schule

Die Zusammenarbeit mit den Eltern hat sich in den vergangenen Jahren signifikant verändert. Während früher Eltern die Maßnahmen der Lehrkräfte vorbehaltlos unterstützten, werden sie heute in die Schule auf Augenhöhe eingebunden. Das ist sinnvoll, macht die Zusammenarbeit aber auch manchmal schwieriger und konfliktreicher. Gegenseitige Erwartungen, Verantwortlichkeiten und Rollen verändern sich.

Eine funktionierende Erziehungspartnerschaft zwischen Elternhaus und Schule fördert die Entwicklung und den Bildungserfolg der Schülerinnen und Schüler.

Bedenken Sie, dass Eltern und Lehrer unterschiedliche Sichtweisen haben. Die übliche Ausgangslage gestaltet sich folgendermaßen:

Die meisten Eltern …
- möchten, dass ihr Kind einen qualifizierten Schulabschluss erreicht.
- sind überzeugt, dass ihr Kind, wenn es wollte, mehr leisten könnte.
- suchen bei Lernschwierigkeiten die Ursachen im Umfeld.
- möchten ihre Angst vor dem Scheitern ihres Kindes nicht zugeben.

Die meisten Lehrer …
- verfügen über bessere Vergleichsmöglichkeiten.
- kennen erfolgreiche didaktische und methodische Modelle.
- können ihren erzieherischen Einfluss gut einschätzen.
- sind in den Grundsätzen der Leistungsbeurteilung geschult.

Die unterschiedlichen Sichtweisen machen die Zusammenarbeit nicht nur anspruchsvoll, sondern bei schwierigen Charakteren auch konfliktreich. Auseinandersetzungen mit Eltern gehören zu den belastenden Ereignissen in der Schule. Beachten Sie dazu zwei Fallbeispiele in Kapitel 16.4.

- Im Begriff Eltern mitgemeint sind immer alle Erziehungsberechtigten.

Überwiegend gelingt die Zusammenarbeit zwischen Schule und Elternhaus in angenehmer und konstruktiver Atmosphäre. Viele Eltern unterstützen ihre Schule. Institutionell ist die Elternmitwirkung auf Klassen-, Schul- und Kommunalebene geregelt. Vielerorts sind Fördervereine, Elterncafés oder Hausaufgabenbetreuung durch engagierte Väter und Mütter Bereiche eines funktionierenden Schullebens. Sicherlich gibt es nicht wenige Eltern, die sich gern in der Schule engagieren, wenn sie darum gebeten werden.

16.3 Das Lehrer-Eltern-Beratungsgespräch

Gegenseitiges Interesse, Wertschätzung, Verständnis und der gemeinsame Blick auf das Wohl des Kindes sind beste Voraussetzungen für ein erfolgreiches Gespräch.

Diese zehn Punkte helfen Ihnen, ein Elterngespräch erfolgreich zu führen.
1. Bereiten Sie das Gespräch gut vor: Beschaffen Sie sich Gesprächsunterlagen, Notenlisten, dokumentierte Beobachtungen etc. Kennen Sie das Problem genau? Legen Sie den zeitlichen Rahmen fest.
2. Formulieren Sie für sich die Zielrichtung des Gesprächs und sorgen Sie für eine angenehme Atmosphäre. Wasser und Kekse sind immer willkommen.
3. Beugen Sie Störungen vor. Stellen Sie Ihr Handy ab und verstauen Sie es in Ihrer Tasche.
4. Begrüßen Sie die Eltern offen und freundlich, eventuell planen Sie schon den kurzen Smalltalk vor Beginn. Überlegen Sie, was Sie unmittelbar nach der Begrüßung sagen.
5. Informieren Sie die Eltern über den Ablauf, die Gesprächsinhalte und den Zeitrahmen. Formulieren Sie die Veranlassung für das Gespräch und fragen die Eltern, ob sie damit so einverstanden sind.
6. Zeigen Sie den Eltern, dass Sie das Wohl ihres Kindes im Auge haben. Geben Sie den Eltern die Möglichkeit, ihre Sichtweise zu schildern. Fassen Sie die Schilderungen der Eltern zusammen. Stellen Sie gegebenenfalls Rückfragen. Beziehen Sie die Eltern in eine mögliche Lösung des Problems ein.
7. Bleiben Sie sachlich. Auch wenn die Eltern emotional werden, verfolgen Sie die Sachebene. Vergessen Sie nicht, die positiven Seiten des Schülers aufzuzeigen. Sollte das Gespräch kippen, machen Sie eine kurze Pause oder vertagen Sie das Problem auf einen neuen Termin. Dabei können Sie notfalls einen Kollegen oder die Schulleitung hinzuziehen.
8. Machen Sie während des Gesprächs Notizen für ein abschließendes Gesprächsprotokoll.

9. Fassen Sie am Ende des Gesprächs die wichtigsten Punkte und Vereinbarungen zusammen.
10. Verabschieden Sie die Eltern höflich, mit wertschätzendem Dank und möglicherweise noch mit einer positiven Bemerkung über den Schüler.

16.4 Zwei Fallbeispiele (Dauerbrenner in jeder Schule)

Erstes Beispiel: Hausaufgaben

Immer wieder vergisst der Viertklässler Konrad seine Hausaufgaben. Sie haben schon mehrmals zu Hause angerufen und die Eltern gebeten, die Anfertigung der Hausaufgaben zu kontrollieren. Vergeblich!

Schließlich laden Sie Konrads Mutter zu einem Gespräch in die Schule.
Wie gehen Sie vor?
Welche pädagogischen Überlegungen treffen Sie in der Gesprächsvorbereitung?
Gibt es mit den Eltern eine gemeinsame Strategie, wenn Konrad seine Hausaufgaben weiterhin nicht erledigt?
Welche rechtlichen Überlegungen prüfen Sie?
Streben Sie eine Vereinbarung an? Welche?

Zweites Beispiel: Zuspätkommen

Fast täglich kommt der Fünftklässler Malte fünf bis zehn Minuten zu spät zur Schule. Obwohl Sie die Eltern mehrfach darüber informiert haben, ändert sich an der Situation nichts.

Schließlich laden Sie die Eltern zu einem Gespräch in Ihre Sprechstunde.
Wie gehen Sie vor?
Welche pädagogischen Überlegungen legen Sie sich zurecht?
Welche rechtlichen Überlegungen prüfen Sie?
Welche Lösungen suchen Sie, um die Verspätungen zu beheben?

Mein Tipp: Nutzen Sie die zehn Schritte, die für das Lehrer-Eltern-Gespräch im Abschnitt 16.3 dokumentiert sind. Sie lassen sich gut übertragen, sind aber kein Rezept für den absoluten Erfolg.

16.5 Eine Checkliste

In der folgenden Checkliste sind die Tipps zur Planung und Durchführung eines Elterngesprächs zusammengefasst.

1. Termin vereinbaren
Informieren Sie die Eltern über die Veranlassung des Gesprächs.
Bitten Sie die Eltern, eigene Beobachtungen oder Nachweise mitzubringen.
Legen Sie einen Zeitrahmen fest.
2. Gespräch mit den Eltern vorbereiten
Halten Sie sämtliche erforderlichen Dokumente bereit.
Formulieren Sie Fragen zur Klärung des Sachverhalts.
Schaffen Sie eine angenehme Atmosphäre im Raum.
3. Gespräch führen
3a Begrüßung und Einstieg
Begrüßen Sie die Eltern freundlich.
Beschreiben Sie kurz die Veranlassung zu dem Gespräch.
Erläutern Sie das Vorgehen.
Fragen Sie die Eltern, ob sie mit der Vorgehensweise einverstanden sind.
3b Verlauf
Beschreiben Sie die Entwicklung des Kindes.
Stellen Sie einen Sachverhalt dar.
Geben Sie den Eltern Gelegenheit zur eigenen Stellungnahme.
Erarbeiten Sie gemeinsam Lösungsvorschläge.
Stellen Sie das Ergebnis des Gesprächs dar.
Fassen Sie die Gesprächsinhalte und Vereinbarungen zusammen und fragen Sie die Eltern, ob sie damit einverstanden sind.
4. Ergebnis dokumentieren
Fertigen Sie ein Protokoll – z.B. mit Zielvereinbarungen – an.
Legen Sie mit den Eltern einen möglichen Folgetermin fest.
5. Verabschiedung
Sie stellen positiv fest, wie Sie miteinander kooperiert haben.
Sie danken den Eltern und begleiten sie zur Tür.
6. Abschluss
Reflektieren Sie das Gespräch. Was war gut, was könnten Sie besser machen?
Machen Sie sich Notizen für ein mögliches Folgegespräch.

16.6 Gespräche mit Schülerinnen und Schülern

Gespräche mit Schülern können von Ihnen angesetzt sein oder auch vom Schüler gewünscht werden. Zeigen Sie dem Schüler, dass Sie sein Anliegen ernst nehmen und an ihm interessiert sind. Zur Wertschätzung gehört auch, dass Sie für einen passenden Rahmen sorgen. Vereinbaren Sie einen passenden Termin und wählen Sie einen ruhigen Raum, in dem Sie ungestört sprechen können. Prinzipiell können Sie hier die Struktur des Lehrer-Eltern-Gesprächs übertragen – mit einer wichtigen Ausnahme.

Die Ausnahme beim Vorgehen betrifft das Machtgefälle. Die Augenhöhe, mit denen Sie Eltern begegnet sind, gibt es beim Schülergespräch nicht. Hier besteht eine Hierarchie, weil Ihnen die Leitung und die Autorität zukommt. Umso wichtiger ist es, das Gespräch professionell, das heißt, ernsthaft und fair, zu führen. Noch mehr als mit den Eltern sind Sie Vorbild für die Gesprächsführung und auch für eine mögliche Konfliktlösung. Die Schüler registrieren, wie Sie Ihre Leitungsfunktion ausüben, wie Sie miteinander reden, Ihren Ärger oder Ihre Erwartungen ausdrücken und inwieweit Sie souverän sind.

Das Lehrer-Schüler-Gespräch ist nebenbei ein hervorragendes Kommunikationstraining für die Schüler, wenn Sie die folgenden Sätze vermeiden.

Zehn Äußerungen, die Sie **keinesfalls** verwenden dürfen:
- Das kannst du sowieso nicht.
- Das hättest du wissen müssen.
- Darauf warte ich schon seit Wochen
- Die Luise kann das auch nicht.
- Ich habe dich immer davor gewarnt.
- Warum bist du bloß so faul?
- Einer ist immer der Loser.
- Von dir habe ich nichts Anderes erwartet.
- Deine Eltern tun mir leid.
- Da bist du der große Meister.

Unterlassen Sie bitte jede Bemerkung, die negative Wirkungen erzeugen kann. Besprechen Sie Defizite sachlich ohne Ironie und Sarkasmus. Besonders heikle kritische Gespräche führen Sie nicht vor der Klasse, sondern besser unter vier Augen.

16.7 Reflexion

- Warum sind Nachfragen besser als Interpretationen?
- Was tun Sie, wenn der Schüler Mirko B. aus der 9c ein Gespräch mit Ihnen verweigert?
- Warum empfinden „Neulehrer" Stress, wenn sich Eltern zum Gespräch anmelden?

17. Kompetenzorientierte Leistungsbeurteilung

Leistungsmessung und Leistungsbeurteilung zählen zu den schwierigen Aufgaben. Sie sind sowohl für Lehrkräfte als auch für Schüler und Eltern von zentraler Bedeutung, weil sie über die Qualität der Abschlüsse, über Versetzung oder Nichtversetzung entscheiden können.

Die Beurteilung der Schülerleistungen erfolgt dabei im Rahmen der rechtlichen Vorgaben und entsprechend den schulinternen Beschlüssen in den Konferenzen Ihrer Schule. Daher ist es erforderlich, dass Sie sich mit den gesetzlichen Vorgaben Ihres Bundeslandes und mit den schulinternen Absprachen vertraut machen. Diese Dokumente finden Sie in den Protokollen der Gesamt- und Fachkonferenzen. Sie sind die Grundlagen und Hilfen für Ihre Beurteilungspraxis.

Die Leistungsbewertung soll über den Lernprozess und den Leistungsstand des Schülers Auskunft geben. Grundsätzlich werden die Leistungen durch Noten bewertet. Allerdings können Prüfungsordnungen vorsehen, dass schriftliche Aussagen die Noten ersetzen oder ergänzen können.

Das Thema Leistungsbeurteilung wird häufig kontrovers diskutiert, da Kritiker glauben, sie wirke sich negativ auf das Lernen aus. Andere sehen in der Notengebung ein Prinzip der Motivation.

Neu ist, dass die traditionelle Klassenarbeit zunehmend durch neue Formen der Leistungsbeurteilung ergänzt wird. Aufgrund der Kompetenzorientierung mit handlungsorientierten, individuellen und kooperativen Lernformen ergeben sich neue Formen der Leistungsbeurteilung wie z.B. Portfolio oder Lerntagebuch. Diese neuen Formen sind nicht nur produkt-, sondern auch prozessorientiert. Sie berücksichtigen die Lernentwicklung, fördern die Verantwortung für das eigene Lernen und machen Lernen sichtbar. Das Wissen und Können wird heute weniger von der Lehrkraft vorgetragen, sondern soll vielmehr von den Schülern aktiv erarbeitet werden. Ihre Aufgabe ist es, die Lernprozesse zu beobachten, zu kontrollieren und zu steuern. Dadurch verändern sich die Anforderungen für die Leistungsbeurteilung.

17.1 Funktionen der Leistungsbeurteilung

Für viele Schüler und Eltern steht die Beurteilung der Schülerleistungen im Zentrum der Sicht auf Schule. Die Funktion der Leistungsbeurteilung lässt sich in folgende Bereiche unterteilen:

– Rückmeldefunktion
Für Schüler und Eltern hat diese Funktion eine besondere Bedeutung. Beide bekommen Auskunft über den aktuellen Stand der Lernbemühungen. Gleichzeitig erhält der Lehrer Informationen über seinen Unterrichtserfolg. Die Lernergebnisse bilden zudem die Grundlage für weitere Förder- oder Fordermaßnahmen. Häufig sind die Zensuren für Eltern der Anlass, das Gespräch mit Ihnen zu suchen.

– Berechtigungsfunktion
Die Notenskala von 1 bis 6 erlaubt den Vergleich mit anderen Schülern und mit den Bezugsnormen der Schulbehörden. Noten berechtigen zum Übergang in die nächste Klassenstufe oder führen zur Nichtversetzung. In Abschlusszeugnissen sind die Noten die Berechtigung für den weiteren Bildungsweg.

– Sozialisierungsfunktion
Schüler erfahren relativ schnell, dass sie selbst durch ihr Engagement zur Qualität der Leistungsergebnisse beitragen. Schulnoten haben daher bei den meisten Schülern sowohl eine Anreiz- als auch eine Disziplinierungsfunktion. Erfolgreiches Lernen und gute Noten wirken motivierend.

Die Leistungsbeurteilung hat also nicht nur unterrichtliche und erzieherische Funktionen. Sie übernimmt gleichermaßen schulorganisatorische Funktionen durch selektive und sozialisierende Wirkung.

17.2 Neue Formen der Leistungsbewertung

Neue Formen der Leistungsbeurteilung überprüfen nicht nur das fachlich-inhaltliche Wissen, sondern auch spezifische Kompetenzen. Die Berücksichtigung sozial-kommunikativer und methodischer Leistungen führt zu einem erweiterten Leistungsverständnis. Sobald diese Kompetenzen zu Ihrer Leistungsbeurteilung gehören, ist eine methodisch vielfältige und differenzierte Unterrichtsgestaltung mit einem passenden Unterrichtsrepertoire erforderlich. Wesentliches Merkmal des erweiterten Leistungsverständnisses ist die Forderung, Lernprozesse als Leistung zu verstehen und sie zu würdigen.

Hier wird es für viele schwierig! Wie ist es möglich, nicht nur das Wissen, sondern auch das Können zu überprüfen? Welche Aufgabenformate können Kompetenzen sichtbar machen? (Siehe dazu Kapitel 18.)

An dieser Stelle möchte ich Ihnen vier aktuelle Methoden der Leistungsbewertung vorstellen. So können Sie Leistungen erfassen und im Lernprozess dokumentieren.

1. **Lerntagebuch**
   Der primäre Nährwert des Schreibens von Lerntagebüchern ist die Reflexion über das eigene Lernen. Sie können ein einfaches Heft oder einen Ordner begleitend zum Unterricht oder zum Abschluss eines Themas verwenden. Die Schüler formulieren, was sie gelernt haben und wo sie ihre Stärken und Schwächen verorten. Im Sinne einer Rechenschaftslegung können Lehrer als auch Mitschüler die Eintragungen lesen. Sie als verantwortliche Lehrkraft können erkennen, mit welcher Intensität und welchem Kenntnisstand sich der Schüler mit dem Unterrichtsgeschehen auseinandergesetzt hat.

2. **Portfolio**
   Das Konzept des Portfolios ist aus dem Studienfach Kunst abgeleitet. In einer Mappe sollen die Leistungsergebnisse der Schülerinnen und Schüler gesammelt und dokumentiert werden. Ziel ist auch hier die Reflexion und die Förderung selbstständigen Lernens. Portfolios sind besonders wirksam, weil Schüler ihr Lernen zunehmend selbstständig planen und steuern.

3. **Präsentation**
   Präsentationen bieten die Chance, Schülerleistungen zum Gegenstand gemeinsamen Lernens zu machen. Schülerpräsentationen informieren über das Arbeitsergebnis. Sie sind zumeist der Höhepunkt eines Unterrichtsvorhabens. Die Bewertung und die Rechenschaftslegung sind Teil der Leistungserhebung.
   Eine einfache Form der Präsentation ist das Lernplakat. Es kann als Lehrmittel Inhalte und Prozesse veranschaulichen und visualisieren.
   Die Präsentation in Form eines Vortrags ist eine hervorragende Möglichkeit, bei Schülern kommunikative Kompetenzen zu fördern.

4. **Lerngespräche**
   Hier führen Schülerinnen und Schüler mit der Lehrkraft Gespräche über den Lernstand und die Lernentwicklung. Das Vier-Augen-Gespräch hat sich dabei mehr bewährt als das Gespräch in Kleingruppen. Das Gespräch kann sich sowohl auf den kognitiven Lernfortschritt als auch auf das Arbeits- und Sozialverhalten oder persönliche Auffälligkeiten beziehen. Am Ende geben Lehrer und Schüler ein kurzes Feedback. Die Lehrkraft legt eine Aktennotiz über das Gespräch an.
   Es gibt Schulen, die Lerngespräche ritualisieren und diese Form der Beratung neben den Elternsprechtagen durchführen.

> **Hinweis:** Für diese und weitere Beispiele finden Sie Materialien und Instrumente in Kapitel 17.4.

17.3 Formative und summative Leistungsbewertung

Traditionell überwiegt in den Schulen immer noch die summative Leistungsbewertung. Am Ende einer Unterrichtssequenz wird der Lernerfolg in einer Summe zusammengefasst und beurteilt. Dazu zählen z.B. Zeugnisse, Klassenarbeiten und Referate. Bei der summativen, ergebnisorientierten Leistungsbewertung wird das Produkt am Ende einer Unterrichtsfolge erfasst.

Demgegenüber ist die formative oder lernförderliche Leistungsbewertung prozessbegleitend. Mit einem differenzierten Leistungsfeedback sollen das schulische Lernen gefördert und die weiteren Entwicklungsschritte optimiert werden. Die Leistungsbeurteilung wird dadurch in den Prozess des Lernens integriert. Sie gehört damit unmittelbar zum Lernen und fördert die Transparenz der Lernentwicklung.

Verfahren, welche die formative Leistungsbeurteilung beschreiben, sind begleitende Unterrichtsgespräche über die Qualität erbrachter Leistungen, Kompetenzraster, Feedback im Prozess, Portfolios, Lerntagebücher und Lernentwicklungsgespräche. Möglicherweise werden Sie sich fragen, wie es innerhalb des Unterrichts gelingen kann, über das Lernverhalten einzelner Schülerinnen und Schüler zu befinden.

Dazu gibt es grundsätzlich in jeder Unterrichtsphase genügend Gelegenheiten. Lernförderlichen Rückmeldungen sind prinzipiell immer möglich. Dafür bietet das kooperative Lernen die besten Voraussetzungen. Das folgende Kapitel beschreibt die Leistungsbewertung beim kooperativen Lernen, ergänzt durch bewährte Methoden und Instrumente.

17.4 Leistungsbeurteilung beim kooperativen Lernen

Das kooperative Lernen ist durch den Dreischritt „Einzelarbeit – Partner- oder Gruppenarbeit (Kooperation) und Plenumsphase" gekennzeichnet. Die Grundsätze sind in Kapitel 11 dokumentiert.

Einzelarbeit und Kooperationsphase sind Lernsituationen, die Sie zwar beurteilen, aber nicht benoten sollten. Erst in der Präsentationsphase können Sie nach vorhergehender Ansage Schülerleistungen mit Noten bewerten. Einzelarbeit und Kooperation sollten angstfreie Räume des Lernens sein.

Sobald es Ihnen gelingt, kooperatives Lernen in einer guten Lernatmosphäre zu ritualisieren, werden Sie das Bedürfnis spüren, in die Schüleraktivitäten Einblick zu nehmen. Auch aus erzieherischen Gründen ist es sinnvoll, den Lernprozess Einzelner oder einer Gruppe zu begleiten. Sie gewinnen en passant Informationen zu den Kompetenzen und erhalten Erkenntnisse über den weiteren Lernprozess und zum Arbeitsverhalten. Zudem erkennen Sie frühzeitig Stärken und Schwächen und können darauf angemessen reagieren.

Einzelarbeit

Damit Sie einschätzen können, was ein Schüler in der Einzelarbeit leistet, ist es erforderlich, ihn zu beobachten, seine Lernfortschritte gelegentlich einzusammeln und zu beurteilen. Sie haben verschiedene Möglichkeiten, die Einzelarbeitsphase zu beobachten. Zwei Beispiele:

1. Hefte, Mappen, Ordner geben Ihnen Informationen über das Engagement und den Erfolg der Einzelarbeit.
2. Placemat (siehe Kapitel 11.3) ist z.B. eine Methode, bei der Sie die Beiträge der einzelnen Schüler gut erkennen können. Sofern Sie das Gruppenergebnis am Ende einsammeln, sollte jeder Schüler seinen Beitrag namentlich gekennzeichnet haben.

Die Einzelarbeit muss nicht nur unter fachlichen Aspekten betrachtet werden. Im Sinne eines erweiterten Leistungsverständnisses und der Prozessbeobachtung können Sie den methodisch-strategischen Lernbereich gleichermaßen beurteilen. („Wer fängt gleich mit der Arbeit an? Liegt das Arbeitsmaterial bereit?")

Können diese Anregungen für Sie hilfreich sein?

1. Beobachtungen zum Arbeitsverhalten in der Einzelarbeit

Name: _____ Klasse: _____ Datum: _____

Die Schülerin, der Schüler ...	++, +, -, --	Kommentar
kann konzentriert arbeiten.		
hat alle Materialien auf dem Tisch.		
bearbeitet die Aufgaben in der vorgegebenen Zeit.		
ist bemüht, auch schwierige Aufgaben zu lösen.		
kann Ergebnisse selbstständig kontrollieren.		
arbeitet sorgfältig und sauber.		
ist in der Lage, sich selbst zu organisieren.		
bearbeitet zusätzliche Wahlaufgaben.		
lässt sich bei Schwierigkeiten nicht entmutigen.		

Kooperationsphase
Wenn Sie durch die Klasse gehen, erhalten Sie kurze Einblicke in die Gruppenprozesse. Damit Sie zu einer annähernd validen Einschätzung der Arbeit gelangen, empfiehlt es sich, lediglich eine Gruppe genauer zu beobachten. Dann sehen Sie, wer die Gruppe voranbringt, wer die Arbeit strukturieren kann, wer zielorientiert arbeitet und zuhören kann. Nutzen Sie einen Beobachtungsbogen, mit dem Sie gut umgehen können. Wenn Sie sich zu der Gruppe hinsetzen, vermeiden Sie trotzdem, in die Arbeitsphase einzugreifen.

Sofern Sie die fachlichen Leistungen einschätzen wollen, ist folgender Beobachtungsbogen hilfreich.

2. Beobachtungen zu fachlichen Leistungen während der Kooperation

Name: _____ Klasse: _____ Datum: _____

Die Schülerin, der Schüler ...	++, +, -, --	Kommentar
lernt konstruktiv mit anderen zusammen.		
leistet in der Gruppe fachliche Beiträge.		
bringt Inhalte auf den Punkt.		
bleibt konzentriert beim Thema.		
kann Ergebnisse plausibel formulieren.		
kann fachspezifische Arbeitsmittel nutzen.		
arbeitet zielgerichtet ohne Umwege.		

Leistungen in der Plenumsphase
1. Präsentation der Lernergebnisse

Die Präsentation der Lernergebnisse macht deutlich, was die Schülerinnen und Schüler in der Einzelarbeit und in der Gruppenarbeit gelernt haben. Hier sorgen Sie für Transparenz und kündigen vorher an, ob Sie die Präsentation mit einer Note bewerten. Wählen Sie am besten ein bis zwei Schüler nach dem Zufallsprinzip aus. So fühlt sich jeder genötigt, sich auf das Vorstellen der Arbeitsergebnisse einzustellen.

Der Vortrag vor der Klasse führt zudem zu einem überaus hohen Ertrag für diese Schüler. Die Fähigkeit, vor der Klasse zu stehen und etwas vorzutragen, erhöht nachweisbar deren Resilienz. In wissenschaftlichen Studien wird für Präsentation der Begriff Performanz verwendet. Jede Kompetenz zeigt sich in der Performanz. Das heißt, die Leistungen werden durch Handlungen sichtbar. Nur Leistungen, die präsentiert werden, können bewertet werden. Dafür veröffentlichen Sie die Kriterien und Leistungserwartungen, nach denen Sie beispielsweise einen Vortrag bewerten. So schaffen Sie Transparenz und Vertrauen.

3. Beobachtungen zu den Leistungen bei der Ergebnispräsentation

Name: _____ Klasse: _____ Datum: _____

Die Schülerin, der Schüler ...	++, +, -, --	Kommentar
präsentiert die Inhalte sachlich richtig.		
kann frei sprechen.		
benutzt hilfreiche Medien.		
setzt die Ergebnisse aus der Kooperationsphase um.		
kann Fachbegriffe verständlich erklären.		
kann Fragen beantworten.		
hat ein ruhiges und sicheres Auftreten.		
kann zentrale Aussagen am Schluss zusammenfassen.		
ist in der Lage, sich selbst zu organisieren.		
hat Blickkontakt und wendet sich der Klasse zu.		

Leistungen im Klassengespräch

Im Anschluss an eine Präsentation folgt häufig ein Gespräch über den Kompetenzerwerb. Hier können Ergebnisse ergänzt oder korrigiert, Fragen gestellt oder die weitere Vorgehensweise erörtert werden. In dieser Phase gewinnen Sie Eindrücke von den Schülern, die Sie allerdings erst im Anschluss an den Unterricht festhalten können. Arbeiten Sie auch mit Meldeketten; so können Sie sich besser auf die Beiträge konzentrieren. Sofern Sie die mündlichen Beiträge der Schüler bewerten wollen, bleiben Sie nach dem Unterricht im Klassenraum und notieren Sie Ihre Eindrücke (siehe Abschnitt 17.6).
– Wessen mündliche Leistungen kann ich heute beurteilen?
– Wer hat zum Klassengespräch beigetragen?
– Wie schätze ich die Qualität der Redebeiträge ein?
– Wie schätze ich die kommunikative Leistung ein?

17.5 Schwierigkeiten bei der Leistungsbewertung

Die Leistungen von Schülern zu bewerten ist schwierig und gelingt nur annähernd objektiv.

Die Problematik resultiert aus der gewählten Grundlage der Bewertung, aus der Wahl des Maßstabs und der Darstellungsform der erbrachten Leistung. Individuelle, vielleicht sogar zufällige Beobachtungen beeinflussen die Bewertung. Untersuchungen belegen, dass verschiedene Lehrkräfte dieselbe Schülerarbeit unterschiedlich benoten. Das gilt selbst für das Fach Mathematik. Zusätzlich werden oft beliebte Schüler besser benotet als schwierige. Eine sorgfältige Handschrift trägt zu besseren Bewertungen bei als eine unleserliche Schrift.

Die Transparenz der Leistungsbewertung und klare Kriterien können Schwierigkeiten und Auseinandersetzungen verringern. Beteiligen Sie die Schüler am Beurteilungsprozess z.B. durch Selbsteinschätzung.

Mein Tipp: Orientieren Sie Ihre Bewertungen nicht nach Fehlern und Mängeln. Diese beeinflussen Ihre Einstellung und Ihr Handeln mehr als nötig negativ. Achten Sie bewusst auf positive Lernergebnisse! Rücken Sie das in den Vordergrund, was gelingt und sorgen Sie für ein lernförderliches Unterrichtsklima. Finden Sie heraus, was Schüler besonders gut können!

17.6 Mündliche Leistungen bewerten

Mündliche Noten sind Teil der Leistungsbewertung. Allerdings ist der Begriff irreführend. Eine mündliche Note ist mehr als die rein mündliche Mitarbeit. Sie setzt sich aus mehreren Kriterien zusammen, die andererseits in den einzelnen Bundesländern nicht einheitlich gelten. Die Grundlagen der Notengebung Ihres Bundeslandes sind im Schulgesetz veröffentlicht. Dort sind die Kriterien für die schriftliche und mündliche Notengebung dokumentiert.

Für eine Zeugnisnote gilt, dass sie aus schriftlichen und mündlichen Noten ermittelt wird. Die schriftliche Note wird aus den Klassenarbeiten gebildet, die mündliche Note aus den Beiträgen zum Unterricht. Die Fachkonferenzen der Schulen beschließen dann ein prozentuales Verhältnis zwischen mündlich und schriftlich. In der Regel liegt es zwischen 40 und 60. Die Trennung zwischen mündlicher und schriftlicher Leistung ist nicht immer eindeutig. In manchen Schulen werden Hausaufgaben zu den mündlichen Leistungen gezählt oder mündliche Noten zu Disziplinierung („Du hast deine Mappe schon wieder vergessen!") eingesetzt.

Erkundigen Sie sich in Ihrer Schule nach den üblichen Verfahren.

17.6.1 Problem, mündliche Leistungen gerecht zu bewerten

1. Fallbeispiel:
Julian (Klasse 3) hat ein ausgeprägtes Mitteilungsbedürfnis. Er meldet sich ständig. Allerdings sind seine Beiträge oft nicht passend und nicht reflektiert.
Wie agieren Sie? Bekommt Julian eine gute mündliche Note?

2. Fallbeispiel:
Esther ist sehr schüchtern und hat Angst, sich zu melden. Sie ist sehr aufmerksam und ihre schriftlichen Arbeiten sind gut bis sehr gut. Freiwillige Wortbeiträge gibt es nicht.
Wie agieren Sie? Bekommt Esther eine schlechte mündliche Note?

Sicherlich kennen Sie Schüler wie Julian, die sich schon melden, bevor Sie Ihre Frage zu Ende formuliert haben. Diese Schüler mit einem hohen Mitteilungsbedürfnis berichten dann häufig von kleinen Details, die Ihren Unterricht qualitativ nicht voranbringen. Achten Sie darauf, wie Ihre Klasse reagiert, wenn „Julian" sich schon wieder vordrängt. Unterbrechen Sie den Schüler, wenn die Klasse unruhig wird. Hilfreich ist es auch, wenn Sie nach einer Fragestellung warten, bis andere sich zu Wort melden.

Hinsichtlich der Notengebung werten Sie in diesem Fall die Quantität, nicht aber die Qualität der Beiträge. Übrigens ist es nicht einfach, den Eltern diese Diskrepanz zu verdeutlichen, sobald Sie keine gute mündliche Bewertung zurückmelden.

Bei „Esther" handelt es sich um ein introvertiertes, schüchternes Kind, das Angst hat, etwas Falsches zu sagen. Esther ist zuverlässig, arbeitet sehr gewissenhaft und ist stets aufmerksam. Wenn sie aufgerufen wird, antwortet sie mit knappen Worten, aber immer fundiert.

Sie können der Schülerin besser gerecht werden, wenn Sie Rückmeldebogen und Selbsteinschätzungsbogen zur mündlichen Bewertung verwenden.

Für alle Lehrer ist es eine große Herausforderung, bei ruhigen oder ängstlichen Schülern die kommunikativen Kompetenzen zu verbessern. Klar, dass eine lernförderliche Arbeitsatmosphäre im Unterricht hilfreich ist. Sie brauchen viel Geduld, diesen Schülern Mut zu machen, etwas vor der Klasse zu sagen. Überlegen Sie, ob Sie schüchterne Schüler bei der Methode Brainstorming, durch das Vorlesen eines Arbeitsauftrags, durch gelenkte Partnerarbeit und Feedback mündlich aktivieren können.

Vielleicht gibt es für die „hartnäckigen Fälle" an Ihrer Schule eine Beratungslehrkraft, die Unterstützung anbietet.

Beide Schüler, Julian und Esther, werden sich bei ihrer mündlichen Note im Mittelfeld wiederfinden.

17.6.2 Kriterien für die mündliche Note

Zur mündlichen Note zählen in den meisten Bundesländern alle Unterrichtsbeiträge, die nicht Klausuren oder Klassenarbeiten sind. Dies können Hausaufgaben, Tests, Referate, Präsentationen oder Portfolios sein. Die mündliche Mitarbeit ist also nur ein Aspekt der Gesamtnote. Somit ist es auch möglich, stille Schüler angemessen zu bewerten.

Kennen Sie den Pygmalion-Effekt?
(Pygmalion war ein Bildhauer in der griechischen Mythologie. Er schuf die Statue einer Frau, in die er sich verliebte. Er hielt sie für lebendig. Aufgrund seiner Entschlossenheit gaben die Götter seinem Wunsch nach und belebten die Statue.) Der Effekt beschreibt die Auswirkung einer positiven Erwartungshaltung. Demnach bewirken gute Erwartungen gute Leistungen und umgekehrt negative Erwartungen schlechte Leistungen. Verschiedene Untersuchungen belegen, dass Lehrkräfte die intelligenten und freundlichen Schüler häufiger anlächeln und loben als die anderen. Gleichermaßen werden Schüler aus stigmatisierten Gruppen benachteiligt und weniger beachtet. Lehrer verhalten sich unbewusst nicht neutral, da sie vom Erwartungseffekt beeinflusst werden.

Achten Sie darauf, die Leistungen undisziplinierter oder fauler Schüler unabhängig von ihren persönlichen Defiziten zu beurteilen. Durch gezielte Fokussierung auf die Leistungsentwicklung können Sie unbewusste persönliche Einschätzungen verringern. Allerdings bleibt die Schwierigkeit, zu einer annähernd objektiven mündlichen Bewertung zu kommen, bestehen.

Im Vordergrund Ihrer mündlichen Leistungsbewertung steht die Redekompetenz der Schülerinnen und Schüler. Sie registrieren, wie oft sich ein Schüler meldet und welche Qualität die Beiträge haben. Andererseits gibt es weitere Aspekte, die zur mündlichen Mitarbeit zählen.

Welche Kriterien gibt es für die mündliche Mitarbeit? Hier einige Beispiele:
- Aktive Beteiligung und Aufmerksamkeit
- Reflektierte Beiträge und Qualität
- Aktiv zuhören
- Fragen
- Interesse am Thema
- Beachten der Gesprächsregeln
- Gedanken weiterentwickeln

Bedenken Sie, dass die Leistungsbewertung für die meisten Schülerinnen und Schüler einen hohen Stellenwert hat. Insbesondere bei der Erteilung der mündlichen Zensur entstehen oft Meinungsverschiedenheiten zwischen Lehrkräften und Schülern. Nicht selten mischen sich auch Eltern ein und fragen nach den Gründen für die Bewertung. Eine gute Möglichkeit, Differenzen zu vermeiden, biete die Transparenz des Kriterienkatalogs. Ein Daueraushang im Klassenraum macht nebenbei auch den Schülerinnen und Schülern deutlich, worum es für Sie bei ihren Unterrichtsbeiträgen geht.

Gewinnbringend für alle ist auch hier die Verwendung eines Selbsteinschätzungsbogens, der vielleicht sogar von der Klasse selbst entwickelt werden kann.

So können Sie mündliche Noten erteilen:
- Zu Beginn jeder Stunde wiederholt ein Schüler die Inhalte der vorigen Stunde.
- Am Ende einer Stunde berichtet ein Schüler, was er heute gelernt hat.
- Sie beobachten zwei Schüler besonders und stellen ihnen Fragen.

Gegen Ende des Unterrichts beantworten ein oder zwei Schülerinnen und Schüler in wenigen Sätzen präzise Fragen. (Beispiele: „Was war das Wichtigste, was du heute gelernt hast?", „Welche Idee war für dich besonders interessant?", „Erkläre kurz, welche Bedeutung der tropische Regenwald für das Klima hat!")

Pro Halbjahr sollten Sie für jeden Schüler über mindestens fünf mündliche Noten verfügen. Diese Bewertung fließt dann in die Zeugnisnote ein.

Noch einmal: Im Fokus der mündlichen Mitarbeit stehen die kommunikativen Fähigkeiten der Schülerinnen und Schüler. Sie sollen erzählen, informieren, vorlesen und argumentieren können. Ein angemessener Sprachgebrauch ist für das Denken förderlich.

Ihre Schüler bewerten Sie mündlich bei Präsentationen, Referaten und Vorträgen. Hierfür nutzen Sie am besten Beurteilungsbögen und machen die Kriterien transparent. In Kapitel 21 finden Sie entsprechende Anregungen.

17.6.3 Checklisten für die mündliche Mitarbeit

Auf die Schwierigkeiten, die mündliche Mitarbeit valide einschätzen zu können, ist vorstehend hingewiesen worden. Die beiden folgenden Übersichten unterstützen Sie effektiv bei der Bewertung.

→ **Selbsteinschätzungsbogen** (Auszug)

Name: _____ Klasse: _____ Fach: _____

Merkmal der Mitarbeit	trifft zu	trifft meist zu	trifft selten zu	trifft nicht zu
Ich melde mich häufig im Unterricht.				
Ich mache meine Hausaufgaben regelmäßig.				
Ich kann zum Unterricht Sinnvolles beitragen.				
Ich habe eigene Ideen und stelle Fragen.				
Ich höre anderen Beiträgen aufmerksam zu.				
Ich halte mich an unsere Gesprächsregeln.				
Ich kann das Gelernte zusammenfassen.				

Was mir noch einfällt: _____
Meine Selbsteinschätzung zur mündlichen Mitarbeit ist: _____
Datum und Unterschrift der Schülerin/des Schülers: _____

→ **Rückmeldebogen** (Auszug)

Name: _____ Klasse: _____ Fach: _____

Merkmal der Mitarbeit	trifft zu	trifft meist zu	trifft selten zu	trifft nicht zu
Du meldest dich regelmäßig.				
Du kannst abwarten.				
Du kannst etwas erklären.				
Du kannst Passendes zum Thema beitragen.				
Du respektierst andere Meinungen.				
Du bist wortgewandt.				
Du beachtest die Gesprächsregeln.				

Was mir noch einfällt: _____
Meine Selbsteinschätzung zur mündlichen Mitarbeit ist: _____
Datum und Unterschrift der Schülerin/des Schülers: _____

Beide Methoden, die Selbsteinschätzung wie die schriftliche Rückmeldung, sind Teil einer Unterrichtskultur, durch die die Schülerinnen und Schüler aktiv in das Lernen einbezogen werden. Sie erfahren, dass Reflexion für das eigene Lernen elementar ist und dass sie zunehmend eigene Verantwortung über ihren Lernprozess tragen.

17.7 Reflexionsaufgabe

- Warum kann es keine objektive mündliche Zensur geben?
- Was bedeutet der Pygmalion-Effekt?
- Warum kann ein Schüler, der sich nie meldet, trotzdem eine befriedigende Note für mündliche Leistungen bekommen?

18. Aufgaben und Arbeitsaufträge

Aufgaben haben im Unterricht für das Lehren und Lernen die zentrale Bedeutung. Sie fördern Mitarbeit und Motivation der Schülerinnen und Schüler und sind Grundlage für die Leistungsbeurteilung. Gute Aufgaben fördern den Kompetenzerwerb, leiten zum eigenständigen Lernen an und geben Einblicke in die Arbeitsstrategien und Denkprozesse der Schülerinnen und Schüler.

Für Sie ergibt sich die Fragen, in welcher Situation Aufgaben effektiv eingesetzt werden sollen, wie sie klar formuliert und überprüft werden können.

Daum geht es in den folgenden Ausführungen.

18.1 Lernaufgaben und Leistungsaufgaben

Was ist der Unterschied zwischen Lernaufgaben und Leistungsaufgaben?

Bei Lernaufgaben steht der Kompetenzerwerb im Mittelpunkt. Lernaufgaben sollen den Lernprozess in Gang setzen und Schüler animieren, verschiedene Lösungswege auszuprobieren. In einer möglichst angstfreien Lernatmosphäre sind Fehler erlaubt, da bei Lernaufgaben auf eine Benotung im klassischen Sinne verzichtet wird. Sie sind gut geeignet, den Schülern entsprechend ihrer Lernausgangslage individuell differenzierte Aufgaben zu stellen.

Bei Leistungsaufgaben steht das erzielte Produkt im Vordergrund. Fehler sind letztlich eine Abweichung „von der angestrebten Norm" und beeinträchtigen die Zensur. Die Fähigkeit, eine Problemstellung zu lösen und ein Ergebnis zu liefern, ist eine zentrale Funktion der Leistungsaufgaben.

Lernaufgaben dienen also dem Kompetenzerwerb, Leistungsaufgaben der Beurteilung der erreichten Kompetenzen.

Sorgen Sie immer dafür, dass die Schülerinnen und Schüler wissen, ob sie sich in einer nichtbenoteten Lernsituation bewegen oder in einer Prüfungssituation.

18.2 Mit Operatoren Aufgaben formulieren

Aufgaben verständlich zu formulieren ist nicht leicht. In Ihren Lerngruppen sollen alle Schülerinnen und Schüler in der Lage sein, eine Aufgabe zu lesen und verstehen zu können. In Schulbüchern finden Sie eine Sammlung von Aufgaben, die einem bestimmten Thema zugeordnet ist. Prüfen Sie immer, ob die dort formulierten Anforderungen zu Ihrer Lerngruppe passen und die Aufgaben Ihrem angestrebten Kompetenzerwerb dienen.

Untersuchungen zeigen, dass Schüler die Aufgaben leichter verstehen, wenn sie kurz formuliert sind und grundsätzlich mit einem Operator beginnen.

Operatoren sind Verben, die eine Handlung beschreiben. Sie zeigen, welche Tätigkeiten bei der Schüleraktivität erwartet werden. Grundsätzlich sind die Operatoren den einzelnen Anforderungsbereichen zugeordnet, die den Schwierigkeitsgrad der entsprechenden Aufgabe widerspiegeln.

Der Anforderungsbereich I (AFB I) richtet sich auf Reproduktion. Er umfasst das Wiedergeben von Sachverhalten, von Beschreibungen aus einem begrenzten Bereich. (Beispiel: Nenne die Nebenflüsse der Donau.)

Der Anforderungsbereich II umfasst das Erklären, Bearbeiten und Ordnen bestimmter Inhalte. Gelernte Inhalte sollen zunehmend angewendet werden. (Beispiel: Erläutere das Klimadiagramm von Manaus.)

Der Anforderungsbereich III umfasst die anspruchsvollen Aufgaben. Hier geht es um Begründen, Analysieren, Beurteilen, Transfer und Reflektieren. (Beispiel: Interpretiere die zweite Strophe des Gedichts.)

In Ihrem Unterricht werden Sie Ihren Schülern häufig differenzierte Aufgaben mit demselben Sachverhalt stellen, die sich allerdings im Anspruch deutlich unterscheiden. Dazu hier ein Beispiel mit drei Arbeitsaufträgen zu *einem* Sachverhalt:

AFB I: Lies die Fabel und schreibe einen passenden Schlusssatz.
AFB II: Erkläre, was du unter einer Fabel verstehst.
AFB III: Begründe, was eine Fabel bewirken soll.

Manche Lern- und Leistungsaufgaben lassen sich nicht ganz zweifelsfrei einem Anforderungsbereich zuordnen. Allerdings berücksichtigen die Anforderungsbereiche (Niveaustufen) wesentlich die Kompetenzen und erleichtern die differenzierte Überprüfung des Lernfortschritts.

Nachfolgend finden Sie eine Auswahl mit Operatoren aus verschiedenen Fachbereichen.

AFB I	
Nennen	Passende Begriffe aufzählen; Informationen entnehmen
Beschreiben	Texte mit eigenen Worten beschreiben; Informationen strukturiert wiedergeben
Zusammenfassen	Texte komprimieren und korrekt wiedergeben
Skizzieren	Einen Sachverhalt wiedergeben oder aufschreiben
AFB II	
Begründen	Gedanken entwickeln; Zusammenhänge erkennen
Berechnen	Einen Rechenweg verwenden; Probleme bearbeiten
Prüfen, überprüfen	Fragestellungen nach Kriterien bearbeiten
Vergleichen	Gemeinsamkeiten oder Unterschiede ermitteln

AFB III	
Bewerten	Aussagen beurteilen; selbst Stellung beziehen
Beweisen	Aussagen nach Voraussetzungen verifizieren
Diskutieren	Einer These Argumente gegenüberstellen; bewerten
Planen	Ein Experiment planen; eine Anleitung entwerfen

Detaillierte Übersichten der Operatoren finden Sie bei den Bildungsservern der einzelnen Bundesländer.

18.3 Differenzierung und Aufgabentypen

Differenzierung ist die wesentliche Bedingung für den Lernerfolg in heterogenen Lerngruppen. Lernen gelingt an der Gelenkstelle zwischen Wissen und Nichtwissen, zwischen Können und Nichtkönnen. Eine differenzierte Aufgabenstellung ermöglicht dem schwachen wie dem leistungsstarken Schüler, Neues zu lernen oder Gelerntes zu sichern.

Nach meinen Beobachtungen wird im Unterricht am häufigsten nach dem Merkmal Quantität differenziert. Schüler bekommen Aufgaben in unterschiedlichem Umfang und die Schnellen erhalten Zusatzaufgaben.

Die Differenzierung nach Niveaustufen oder Anforderungsbereichen ist besonders wirksam, weil sie die individuelle Lernausgangslage besser berücksichtigt. Der Schwierigkeitsgrad und die Denk- und Arbeitsweisen der Schüler bestimmen die Formulierung differenzierter Aufgaben.

Eine weitere mögliche Differenzierung besteht darin, die Neigungen und Interessen der Schülerinnen und Schüler zu berücksichtigen oder Parallelaufgaben zu stellen. Hier suchen sich die Schüler aus einer Aufgabensammlung eine bestimmte Anzahl von Teilaufgaben aus.

In Ihrem Unterricht werden Sie nach kurzer Zeit feststellen, welche Schüler direkte, überschaubare Aufgabentypen benötigen und welche in der Lage sind, selbstständig komplexe Aufgaben zu lösen.

Drei unterschiedliche Aufgabentypen begegnen Ihnen in den Schulbüchern oder in der Fachliteratur:

Geschlossene Aufgaben
Beispiel:
- Dividiere 561 durch 17.
- Wähle die richtige Antwort und kreuze sie an.

Halboffene Aufgaben
Beispiel:
- Formuliere zu der Mathematikaufgabe auf Seite 24 ein ähnliches Beispiel.
- Übertrage die Skizze und beschrifte sie.

Offene Aufgaben:
Beispiel:
- Diskutiere das Verhalten von J.F.
- Nimm Stellung zu diesem Zitat von Kurt Tucholsky.

Sie werden Vor- und Nachteile zu den drei Aufgabentypen kennenlernen. Die Korrektur geschlossener Aufgabe ist relativ einfach und weniger zeitaufwendig. Demgegenüber ist die Korrektur offener Aufgabentypen langwierig und sie sind schwieriger zu beurteilen.

Von Schülern verlangen die offenen Aufgaben mehr Kreativität, Motivation und kommunikative Fähigkeiten. Passen Sie die Aufgaben an das Lernvermögen der Klasse an und nutzen Sie die Möglichkeit, Aufgabenstellungen zu variieren, zu erweitern oder zu verringern.

18.4 Beispielaufgaben zum kompetenzorientierten Lernen in Mathematik und Deutsch

So lassen sich kompetenzorientierte Aufgaben formulieren und den Niveaustufen zuordnen. Der Operator ist jeweils **fett** gedruckt.

- z. B. 10-mal Mathematik kompetenzorientiert

1. Beispiel: Julia hat rote und schwarze Schuhe, eine blaue, rote und grüne Jacke und einen gelben und roten Schal. Wie könnte sie ihre Kleidungsstücke miteinander kombinieren? **Berechne** die Anzahl der Möglichkeiten.

AFB I oder II oder III? Was denken Sie? Notieren Sie hier:

_____

_____

(Hinweis: Musterlösungen für die Aufgaben 1 bis 5 finden Sie auf der folgenden Seite.)

2. Beispiel: In einer Schachtel sind 32 Bonbons. Sechs Kinder wollen sie gemeinsam aufessen. Jedes Kind soll gleich viel bekommen.

AFB I oder II oder III? Was denken Sie? Formulieren Sie hier die Aufgabe:

_____

_____

3. Beispiel: Vor dem Kino treffen sich fünf Schüler. Jeder gibt jedem die Hand. Aufgabe für den Leser:

– Formulieren Sie die Aufgabe.
– Welchen AFB ordnen Sie zu?

_____

_____

4. Beispiel: Im Eiscafé gibt es heute drei Eissorten: Vanille, Schokolade und Nuss. Max, Sören und Robert möchten sich ein Eis kaufen. Jeder hat Geld für zwei Kugeln.

– Formulieren Sie die Aufgabe.
– Welchen AFB ordnen Sie zu?

_____

_____

5. Beispiel: In dem Pferdestall werden Pferde und Fliegen gezählt. Zusammen haben die Tiere 42 Beine.

Ihre Aufgabe: _____

_____

6. Beispiel: Runde 1251 auf Hunderter.

Beschreibe, wie du vorgehst.

7. Beispiel: Vier Freunde haben 7244 Euro in der Lotterie gewonnen. Sie teilen den Gewinn gerecht auf.

a) **Notiere,** wie du die Aufgabe löst.
b) **Erkläre** der Klasse deinen Lösungsweg.

8. **Beispiel: Erkläre**, warum bei der Addition von zwei ungeraden Zahlen immer eine gerade Zahl herauskommt.

9. **Beispiel: Notiere**, wie du möglichst schlau die Lösung findest.
154 – 136 71 – 68

10. **Beispiel:** Das sind Umkehrzahlen: 754 – 457 906 – 609

a) **Schreibe** die Aufgaben untereinander in dein Heft und rechne sie aus.
b) **Finde** danach selbst eigene Aufgaben mit Umkehrzahlen und rechne sie aus.

Lösungsvorschläge für die Aufgaben 1 bis 5:
- *AFB II trifft für jeweils zu (1–5)*
- *Nr. 2 Berechne die Anzahl der Bonbons, die jedes Kind bekommt.*
- *Nr. 3 Berechne die Anzahl der Hände, die geschüttelt werden.*
- *Nr. 4 Berechne die Anzahl der Möglichkeiten.*
- *Nr. 5 Berechne die Anzahl der Pferde und der Fliegen.*

Bitte bedenken: Formulierung der Aufgabe soll möglichst mit einem Operator beginnen!

Zum Beispiel 10-mal Deutsch kompetenzorientiert
1. **Suche** auf der Wörterbuchseite 90 die zusammengesetzten Substantive heraus. Schreibe sie auf.
2. **Finde** das Wort, das zwischen Himmel und Hund steht.
3. **Suche** eine Fabel, in der ein Vogel vorkommt.
4. **Überlege** dir einen Schluss für die Geschichte.
5. **Erkläre** die Fremdwörter in dem Text.
6. **Ordne** die Wörter nach dem Alphabet.
7. **Präsentiere** dein Ergebnis aus der Partnerarbeit an der Tafel.
8. **Unterstreiche** die Wörter, die du nicht kennst.
9. **Vergleiche** die Lösung von A mit der von B.
10. **Begründe**, warum die Aufgabe nicht lösbar ist.

Bestimmen Sie bitte zu den vorstehenden Arbeitsaufgaben die Anforderungsbereiche. Nutzen Sie die Tabelle mit den Operatoren aus Abschnitt 18.2.

18.5 Arbeitsaufträge

Im Vergleich zu Aufgaben oder Fragen sind Aufträge Handlungsanweisungen. Sie sind durch klare kurze Formulierungen gekennzeichnet. Wenn es Ihnen gelingt, präzise Arbeitsaufträge zu erteilen, verringern Sie häufiges Nachfragen. Vermeiden Sie, Aufträge nur mündlich zu erteilen. Einige Schüler hören vor vornherein nicht zu oder sind beim aktiven Zuhören überfordert.

Bevor die Arbeit in der Klasse beginnt, sorgen Sie für Ruhe und Aufmerksamkeit. Erst wenn alle durch Blickkontakt zu Ihnen Bereitschaft signalisieren, kann die Arbeitsanweisung erteilt werden.

Sie vermeiden unnötige Verzögerungen, wenn Sie den Auftrag doppelt, also schriftlich und mündlich, erteilen. Formulieren Sie die Arbeitsanweisungen kurz und knapp mit einfachen Hauptsätzen, die mit einem Operator beginnen.

Beispiel:
- Bearbeite in EA: Buch, Seite 54, Übung 3 (Zeit: 15 Minuten).
- Vergleiche anschließend in PA deine Ergebnisse mit deinem Nachbarn (Zeit: 5 Minuten).
- Anschließend: Bereite dich auf eine Präsentation im Plenum an der Tafel vor.

So gehen Sie strategisch vor:
1. Sie visualisieren den Arbeitsauftrag.
2. Sie lesen den Arbeitsauftrag vor.
3. Ein Schüler wiederholt die den Auftrag, evtl. mit eigenen Worten.
4. Sie sichern ab: „Gibt es Fragen?"
5. Geben Sie ein Startsignal und bleiben Sie noch einen Moment stehen, bis alle mit ihrer Arbeit begonnen haben. „Ihr könnt jetzt beginnen."

> Noch ein Tipp zu Ihrem Verhalten: Bewegen Sie sich bei der Einzelarbeit zurückhaltend im Raum. Bei durch Aufzeigen erbetenen Hilfeleistungen gehen Sie langsam im Klassenraum und sprechen leise.

Folgende negative Reaktionen lassen sich durch klare Arbeitsanweisungen vermeiden:

- **Vielschichtige Arbeitsaufträge**
Negatives Beispiel: *„Suche im Buch die Seite 345 und sieh dir die Grafik an. Überlege, welche Informationen darin stecken. Mach dir Notizen und vergleiche dann mit deinem Nachbarn. Fasse zusammen, welche Erkenntnisse ihr gewonnen habt!"*

Dieses ist leider keine ungewöhnliche Formulierung, selbst in einigen Schulbüchern sind ähnliche noch zu finden. Der Text ist ungünstig für Schüler, da er zu umfangreich ist und mehrere Aufträge enthält. Schüler sind durch diese Form der Arbeitsanweisung irritiert und werden unruhig. Besser ist es, für die einzelnen Unterrichtsphasen kleinschrittige Arbeitsaufträge zu stellen.

- **Ihre Klasse ist nicht aufmerksam**

Negatives Beispiel: *Sie erteilen den Arbeitsauftrag und stellen dabei fest, dass einige Schüler in ihrem Buch blättern und drei Mädchen in der letzten Reihe miteinander tuscheln.*

Hier entsteht eine Herausforderung für Ihren Unterricht. Da einige bei der Formulierung und Erläuterung des Arbeitsauftrags abgelenkt sind, werden diese den Auftrag kaum korrekt ausführen können. Sorgen Sie zuerst für Aufmerksamkeit.

Ohne Zweifel ist es sinnvoll, den Arbeitsauftrag sowohl in mündlicher als auch in schriftlicher Form zu erteilen. Daran anschließend ist es erforderlich, zu prüfen, ob die Aufgaben verstanden worden sind. „Martin, kannst du bitte noch mal sagen, was ihr jetzt machen sollt." Am besten, Sie ritualisieren diese Form der Verständnissicherung.

- **Keine Trennung zwischen Erarbeiten und Organisieren**

Negatives Beispiel: *„Setzt euch jetzt in neuen Vierergruppen zusammen und markiert auf dem Arbeitsblatt alle Verben rot."* Das geht durcheinander. Die einen suchen noch ihre neuen Partner, andere beginnen schon mit dem Markieren und eine dritte Gruppe weiß gar nicht, was zu tun ist. Die Lösung ist hier einfach: Zuerst wird die Organisation erledigt und erst danach – wenn die Unruhe gewichen ist und die Schüler aufmerksam sind – der Auftrag erteilt.

- **Unverständliche Arbeitsaufträge**

Negatives Beispiel: *„Also, es geht gleich los. Wir sind im Buch noch auf Seite 98; nein, 88. Es geht um die Übersetzung aus dem Englischen und die Beantwortung der Fragen darunter. Seht euch die genau an. Der Felix hat das ja gestern schon erklärt und den könnt ihr fragen …"*

Es sind in diesem Beispiel nicht die Schüler, die die Verantwortung dafür tragen, wenn es unruhig wird, weil keine Klarheit besteht.

Was können Sie tun, um nicht in derartige Situationen zu geraten? Formulieren Sie für sich die Arbeitsaufträge vor der Unterrichtsstunde. Vielleicht machen Sie das anfangs wortgetreu. Sie werden als Neulehrer mit einem ganzen Paket neuer Herausforderungen konfrontiert. Konzentrieren Sie sich also auf das Wesentliche, nämlich die Planung und Durchführung des Unterrichts.

Versuchen Sie nie, Arbeitsaufträge aus dem Stegreif zu formulieren.

- Schüler fühlen sich nicht ernst genommen

Negatives Beispiel: Der Lehrer mit lauter Stimme: *„Ihr setzt euch jetzt gefälligst hin, holt euer Material raus und schreibt das alles auf! So wie ich das erwarte."* Hier ist ein Problem auf der Beziehungsebene zu vermuten. Wut, Unsicherheit und Anspannung werden von den Schülern wahrgenommen. Die Sprache der Lehrkraft signalisiert den Schülern wenig Wertschätzung. Sie werden die Aufgaben – wenn überhaupt – nur lustlos und gleichgültig angehen. Sollten Sie sich in dieser oder einer ähnlichen Situation befinden, suchen Sie die Verantwortung nicht nur bei den Schülern, sondern auch bei sich. Vielleicht sprechen Sie über Ihre Wahrnehmung mit einer Ihnen vertrauten Lehrkraft. Überprüfen Sie noch einmal die eigenen Arbeitsaufträge.

Checkliste für Arbeitsanweisungen – eine Zusammenfassung
- Arbeitsauftrag visualisieren – an der Tafel, am Overheadprojektor oder auf dem Plakat.
- Auftrag verständlich und kurz formulieren; möglichst mit einem Operator beginnen.
- Sozialform bestimmen (EA; PA; GA oder Plenum), eventuell mit Piktogramm.
- Zeitangaben bestimmen, mit einem Signal, z.B. einer Büroklingel, „vorwarnen".
- Erläutern, wie das Ergebnis präsentiert wird. Bei Gruppenarbeit überlassen Sie niemals den Schülern die Entscheidung darüber, wer sein Ergebnis vorstellt. Besser: *„Zwei Minuten vor Ende der Gruppenarbeit komme ich rum und sage, wer heute das Ergebnis darstellt."*

Selbstverständlich können Sie die Auswahl auch durch Los treffen.

18.6 Reflexionsaufgabe

- Erklären Sie, warum Lernaufgaben nicht benotet werden sollen.
- Warum sollten Ihre Arbeitsaufträge grundsätzlich mit einem Operator beginnen?
- Welche Vorteile haben geschlossene Aufgaben, welche Nachteile bestehen?

19. Korrekturen

Klassenarbeiten und Korrekturen sind wesentliche Bestandteile des Schulalltags. Sie sollen sowohl den Schülerinnen und Schülern als auch Ihnen Erkenntnisse über den Leistungsstand und die individuelle Lernentwicklung geben.

Oft werden Korrekturen als zeitaufwendig und belastend empfunden. Gerecht und transparent zu korrigieren gehört zu den schwierigen Aufgaben im Lehrerberuf. Nicht nur die Lehrkräfte, die Deutsch oder Englisch in der Sekundarstufe II unterrichten, beklagen zu Recht eine hohe Korrekturbelastung durch einen immensen Zeitaufwand. Denn die Korrektur sollte mehr umfassen als die Note unter einer Lernkontrolle. Vielmehr setzt sie eine Fehleranalyse voraus und soll durch Ihre Kommentare und Hinweise zur Leistungsverbesserung führen.

19.1 Korrektur vor der Lernkontrolle planen

Bei Ihren Planungen für eine Lernkontrolle beginnen Sie am besten bereits bei der Vorbereitung einer Unterrichtseinheit. Gleichzeitig sollten Sie die Klasse frühzeitig über den avisierten Termin informieren. Das schafft Vertrauen und gibt den Schülern die Möglichkeit, sich rechtzeitig und gezielt vorzubereiten.

Sie schaffen für sich die Möglichkeit, Ihren Unterricht auf die Überprüfung zu fokussieren und entsprechend anzupassen. Sie beobachten, welche fachlichen Lücken bei den Schülern bestehen und wo Sie nachsteuern müssen. Bei vielen Lehrern hat es sich bewährt, den Schülern circa eine Woche vor der benoteten Überprüfung einen Test mit vergleichbaren Aufgaben zu stellen. Besonders leistungsschwache und ängstliche Schüler wissen dann besser, wie sie sich gezielt vorbereiten können. Die Klassenarbeit sollte Spiegelbild Ihres Unterrichts und keinesfalls anspruchsvoller als Ihr Unterricht sein. Planen Sie rechtzeitig differenzierte Aufgaben ein, damit jeder Schüler Erfolgserlebnisse haben kann. Herausfordernde Aufgaben für leistungsstarke Schüler sind ebenso erforderlich. John Hattie spricht hier von „Challenging Goals".

Die Zeit für eine Lernkontrolle muss übrigens nicht der einer Unterrichtsstunde entsprechen; geben Sie besser wenige Aufgaben und lassen den Langsamen dafür ausreichend Zeit. Zeitnot kann Ängste verstärken und die Leistungsfähigkeit verringern. Sie werden von Schüler sonst noch oft zu hören bekommen: „Hätte ich mehr Zeit gehabt, dann …"

Die Struktur einer Arbeit sollte klar ersichtlich sein.
1. Wählen Sie für eigene thematische Abschnitte sinnvolle Überschriften.
2. Formulieren Sie die Aufgaben mit Operatoren.
3. Notieren Sie die Aufgaben in einfachen Hauptsätzen.
4. Klären Sie zu Beginn, welche Arbeitsmittel erlaubt sind.
5. Falls möglich, legen Sie die erreichbare Punktzahl bei jeder Teilaufgabe fest.

Denken Sie immer daran, dass Sie die Lernkontrolle korrigieren werden. Multiple Choice ist leichter und transparenter zu korrigieren als offene Aufgaben.

Achten Sie vor dem Austeilen der Arbeitsaufgaben darauf, dass der Arbeitsplatz der Schülerinnen und Schüler vorbereitet ist und dass sie die Aufgaben besser zweimal durchlesen sollten, bevor sie loslegen. Rückfragen sind nur nach dem Durchlesen noch möglich. Danach sorgen Sie für Ruhe und Konzentration.

Hier ein einfaches, unvollständiges fiktives Beispiel:

Schule am See

Mathematik-Klassenarbeit Nr. 2   Klasse 4a

Name: _____   Datum: _____

Von 54 Punkten hast du _____ erreicht

Zensur: _____

1. Multipliziere

40 * 5 = _____   70 * 3 = _____

25 * 6 = _____   80 * 200 = _____   8 P.

2. Dividiere

800 : 20 = _____   6300 : 9 = _____

6500 : 50 = _____   72000 : 90 = _____   8 P.

6. Kettenaufgabe

Nimm die Zahl 6. Dann addierst du 15 und multiplizierst danach mit 5. Von dem Zwischenergebnis subtrahierst du 6 und dividierst danach durch 9. Welche Zahl fehlt bis 200? _____   3 P.

19.2 Lernförderliche Rückmeldung

Die Korrektur von Leistungsüberprüfungen verfolgt zwei Absichten: Sie vermittelt den Schülerinnen und Schülern Hinweise über ihre Stärken und Schwächen. So erkennen sie ihre Erfolge oder können bei Defiziten gegensteuern. Dem Lehrer gibt das Klassenergebnis eine Rückmeldung über den Erfolg seines Unterrichtens.

Nach Rückgabe der Klassenarbeit folgt die Berichtigung oder Korrektur. Korrekturen sind für die weitere Arbeit sinnvoll und helfen dem Schüler, seine Fehler zu analysieren und zukünftige zu vermeiden.

Geben Sie nach der Rückgabe den Schülern ausreichend Zeit, sich mit ihrer Prüfungsarbeit zu beschäftigen. Selbstverständlich verlangen Sie eine schriftliche Korrektur der Arbeit. Ansonsten erfolgt bei vielen weder eine Reflexion noch eine Revision der Defizite.

Damit Schüler Ihre Bewertung nachvollziehen können, sollte die Korrektur für alle transparent sein. Auch hier gilt, dass Lob wirksamer ist als Tadel. Notieren Sie also Richtiges und Gutes genau wie die Fehler und Schwächen. Verwenden Sie die allgemein üblichen Korrekturzeichen und erläutern Sie diese. Am Ende einer Korrektur fassen Sie Ihre Bewertung zusammen und geben Anregungen für eine Verbesserung.

Bei einfachen Bewertungen wie in dem Beispiel oben genügt ein kurzer Kommentar und für die Berichtigung eine Musterlösung. Bei individuellen Lösungen wie z.B. einer Textanalyse sollten Sie einen Verbesserungsvorschlag schreiben und erläutern.

Immer noch gibt es Lehrer, die beim Korrigieren mehr auf Fehlersuche als auf Schatzsuche unterwegs sind.

Ihr Kommentar unter einem Diktat sollte daher so **nicht** aussehen:

„In deinem Diktat sind 3 Rechtschreibfehler. Achte zukünftig besser auf die Groß- und Kleinschreibung. Bitte etwas leserlicher schreiben und das Datum nicht vergessen! Note: 2-"

In diesem Beispiel wird nicht gelobt und damit eine positive Verstärkung versäumt. So kann dem Schüler, der ein gutes Diktat geschrieben hat, die Freude über eine gute Leistung genommen werden. Eine Korrektur, die nur die Fehler sucht, wird den Schüler entmutigen und demotivieren. Es darf sich bei Ihren Rückmeldungen nicht alles um Fehler und Defizite drehen.

So könnte Ihr Kommentar aussehen:
„Du hast ein gutes Diktat geschrieben, Julian. Schön, dass die Interpunktion absolut fehlerfrei gelungen ist. Achte zukünftig auch auf die Groß- und Kleinschreibung. 2-"
Lernförderlich ist eine Korrektur, die zuerst das Richtige und Gute angemessen herausstellt. Nur auf diesem Wege werden Schüler ermutigt. Achten Sie auch auf Ihre Freundlichkeit und Wertschätzung; selbst dann, wenn es nur wenige positive Ergebnisse gibt.

19.3 Klassenarbeiten effizient korrigieren

Vielen Lehrern bereitet das Korrigieren von Klassenarbeiten wenig Freude. Wenn Sie bei einem Aufsatz dreißigmal das Gleiche lesen, wirkt das ermüdend und ist auf Dauer langweilig.

So kann es ihnen gelingen, die Belastung ein wenig zu mindern.

1. Bevor Sie mit der ersten Arbeit beginnen legen Sie sich einen Kriterienkatalog an. Legen Sie fest, wie viele Punkte Sie für die Bearbeitung einer Teilaufgabe vergeben.
   Ich empfehle, die erreichbaren Punkte bereits auf dem Aufgabenblatt für die Schüler zu notieren.
2. Sorgen Sie in einer angenehmen Umgebung für Ruhe und Wohlbefinden. Vielleicht gibt es auch einen geeigneten Arbeitsplatz in Ihrer Schule?
3. Legen Sie bei einem längeren Marathon vorher fest, wie lange Ihre erste Arbeitsphase sein soll. Spätestens nach 60 Minuten konzentrierten Korrigierens sollten Sie pausieren und sich bewegen.
4. Bei einfachen Korrekturen (Multiple Choice, Zuordnungen, …) kann Sie dezent Ihre Lieblingsmusik vor Langeweile schützen.
5. Nehmen Sie jede Klassenarbeit nur einmal in die Hand – mit einer Ausnahme: Schreiben Sie Ihre Note (Zensur) für die erreichte Punktzahl erst dann unter die Arbeit, wenn Sie über den Klassenspiegel verfügen. Es gibt Hinweise, dass Lehrer die zuerst kontrollierten Arbeiten etwas strenger beurteilen als die letzten.

19.4 Rückgabe der Klassenarbeit

Die Rückgabe einer Klassenarbeit ist für die meisten Schülerinnen und Schüler eine aufregende Angelegenheit. Freude und Tränen liegen oft nah beieinander. Ihre Aufgabe ist es, für Transparenz und Gerechtigkeit bei der Notengebung zu sorgen. Transparenz ist eine Voraussetzung für Akzeptanz!

Für die Schüler hat die Rückgabe der Klassenarbeit einen hohen Stellenwert. Daher sollte die Korrektur innerhalb von zwei Wochen erledigt sein. Planen Sie für die Rückgabe ausreichend Zeit ein, am besten eine Schulstunde. Bedenken Sie aber auch, dass in Stresssituationen Schüler kaum über Wissenslücken oder Verständnisprobleme reflektieren und reden können. Arbeiten Sie gravierende Defizite in einer der folgenden Unterrichtsstunden auf.

Eventuell kann bei der Rückgabe die Präsentation Ihrer Musterlösung für den Verlauf hilfreich sein.

Nutzen Sie die Stunde, um jeden Schüler individuell anzusprechen. Zuwendung und Lob helfen mehr als Tadel. Vermeiden Sie in kritischen Fällen ehrverletzende Äußerungen oder abwertende Mimik.

Sichern Sie zu, dass Rückfragen zu der Bewertung nach dem Verteilen für alle möglich sind. Möglicherweise haben Sie in Einzelfällen schon den Vermerk „Bitte um Rücksprache" unter die Arbeit geschrieben. Den Termin für diese Rücksprache setzen Sie fest. Dafür bietet sich der folgende Tag an, wenn mögliche Emotionen gemindert sind.

Am Ende der Stunde ist ein Feedback nützlich. Geben Sie den Schülerinnen und Schülern Hinweise für zukünftige Klassenarbeiten und holen Sie sich von der Klasse eine Einschätzung zur aktuellen Klassenarbeit ein.

Diese Einschätzung kann die Formulierung der Aufgaben betreffen, den Umfang, Schwierigkeitsgrad oder die Punktebewertung. Hilfreich sind dafür einfache Feedbackbögen, damit auch die zurückhaltenden Schüler einbezogen sind.

Feedback zur Klassenarbeit Nr. 3 → Bitte ankreuzen

Ich fand die Arbeit	leicht	mittel	schwer
Die Inhalte habe ich so erwartet	ja	ja und nein	nein
Die Zeit war	voll ausreichend	in Ordnung	zu wenig
Ich habe mich auf die Arbeit vorbereitet	gut	nicht so gut	gar nicht
Mit meiner Note bin ich	sehr zufrieden	zufrieden	unzufrieden
Die Note entsprach meiner Erwartung	ja		nein

19.5 Hausaufgaben korrigieren

Hausaufgaben dienen dem Lernfortschritt – sofern sie regelmäßig kontrolliert, besprochen und verbessert werden. Hausaufgaben sind wichtig. In der Schule Gelerntes soll geübt und konsolidiert werden. Damit Hausaufgaben ohne fremde Hilfe möglich sind, sollen sie in der Schule an einem Beispiel vorbereitet werden und das Leistungsvermögen der Schüler berücksichtigen.

Die Erfahrung zeigt, dass die Kontrolle der Hausaufgaben oft langwierig ist. Der vorgesehene weitere Stundenverlauf kann dann nicht mehr gelingen.

Schlechtes Beispiel:
L: Kommen wir jetzt zu den Hausaufgaben. Wer liest Nummer 1 vor?
S1 (meldet sich): Ich hab die vergessen.
L: Dann lies du vor, Torben.
S2: Ich hab die Nummer 1 nicht verstanden.
L: Peter, dann komm du an die Tafel und schreib deine Lösung an.
S3: Ich weiß aber nicht, ob das richtig ist.
L (schon etwas genervt): Das sehen wir dann.
S3 schreibt ihr Ergebnis unleserlich an die Tafel.
Die Klasse wird unruhig. Einige langweilen sich und gähnen provokativ.

Die Besprechung kann sich so fortsetzen. Am Ende ist die Zeit vertrödelt und kein Ertrag für die Schüler sichtbar. Der Kern der Unterrichtsstunde verpufft.

Besseres Beispiel:
L: Bitte die Haushefte aufschlagen. Ich komme mal eben durch die Reihen.
S1 erklärt, dass er die Aufgabe 3 nicht hat bearbeiten können.
L. nimmt zwei Hefte mit und fordert S1 auf, sein Heft morgen vorzulegen.
L: Timo, lies du bitte Aufgabe 2 und du danach Aufgabe 3 vor, Lisa.
Beide lesen die Ergebnisse vor und werden von L. bestätigt.
L (schaltet den Overhead an): Hier habt ihr zum Vergleichen die Musterlösung. Wer mag, kann sein Heft zum Abgleich mit seinem Nachbarn tauschen.

Nach diesem Vorgehen bleibt noch genügend Zeit für das eigentliche Stundenthema. Der Lehrer macht klare Ansagen und die Schüler wissen, dass ihre Hausaufgaben zügig kontrolliert werden.

Die Präsentation einer Musterlösung ist sehr zu empfehlen, da sie den Lehrer entlastet und den Schülern Zeit gibt, zu vergleichen.

In höheren Klassen können Sie auch einem Schüler eine Folie für die Hausarbeit mit nach Hause geben. Er präsentiert dann die Hausaufgaben und übernimmt hier die Rolle der Lehrenden.

Tipps:

- Geben Sie nur Hausaufgaben auf, die für die Festigung des Gelernten erforderlich sind.
- Notieren Sie die Hausaufgaben an der Tafel und lesen Sie sie vor.
- Schätzen Sie den zeitlichen Aufwand für die Bewältigung der Hausaufgaben ein. Hinweise dazu finden Sie in den entsprechenden Erlassen Ihrer Kultusbehörde.
- Geben Sie Gelegenheit, Fragen zu stellen.
- Vermeiden Sie, nach Stundenschluss noch Hausaufgaben zu stellen.
- Informieren Sie die Schüler über die Folgen, wenn Hausaufgaben nicht angefertigt werden.
- Nehmen Sie in regelmäßigen Abständen die Hefte und Mappen mit nach Hause und schreiben Sie Anmerkungen ins Heft. Schüler registrieren, dass Ihnen die Hausaufgaben wichtig sind, und viele geben sich dann mehr Mühe.
- Sie müssen nicht jede Hausaufgabe kontrollieren.
- Geben Sie den Schülern Rückmeldung über ihre Heft- und Mappenführung.

19.6 Reflexionsaufgabe

- Ist es vorteilhaft, wenn in Parallelklassen die gleiche Arbeit geschrieben wird? Warum?
- Was verstehen Sie unter einer lernförderlichen Rückmeldung?

20. Feedback und Evaluation

Sie werden die Erfahrung gemacht haben, dass Sie in der Schule aus dem Kollegium, von Schülern und Eltern Rückmeldungen erhalten, die nicht unbedingt identisch mit Ihrer Wahrnehmung sind. Jeder hat seine eigene „Wahrheit". Erwarten Sie daher keine Objektivität – weder von Anderen noch von sich selbst.

Allerdings sind diese Rückmeldungen, also der Blick von außen, hilfreich, um über das eigene Handeln zu reflektieren und daraus Rückschlüsse zu ziehen.

Feedback und Evaluation sind Vorgehensweisen, mit denen Sie beziehungsweise Ihre Schüler Informationen über das eigene Handeln gewinnen können. Dies gelingt sowohl durch verbale als auch durch schriftliche Einschätzungen. Feedback über die eigene Arbeit zu erhalten gibt wirksame Hilfen zur persönlichen Weiterentwicklung.

Bei Feedback geht es darum, Gesprächssituationen zu schaffen, um Selbst- und Fremdwahrnehmung gegenüberzustellen. Grundsätzlich werden subjektive Sichtweisen abgeglichen und reflektiert. Wissenschaftliche Untersuchungen über Unterricht belegen, dass regelmäßiges Feedback die Lernprozesse der Schüler spürbar verbessert.

Bei Evaluation werden verschiedene Daten erhoben, analysiert und ausgewertet. Evaluation zielt darauf ab, die Schul- und Unterrichtsentwicklung zu fördern. Die Evaluation läuft grundsätzlich als Prozess ab, bei dem in Schritten systematisch vorgegangen wird. Die Kriterien und Methoden, nach denen Fragestellungen untersucht werden, werden vorab bestimmt. Sofern Schulen ihre eigene Praxis überprüfen, sprechen wir von Selbstevaluation. Dann übernehmen Lehrer, Schüler und Eltern eine Selbstbewertung der schulischen Praxis. Bei einer Fremdevaluation wird die Schule von außen bewertet. Vertreter der Schulaufsicht oder der Universitäten haben den Auftrag, die Erfüllung ausgewählter Qualitätsstandards zu überprüfen und Strategien zur weiteren Entwicklung in Gang zu setzen.

> **Hinweis:** Beachten Sie, dass die Begriffe Feedback und Evaluation nicht immer trennscharf verwendet werden.

20.1 Wirksame Lehr- und Lernstrategien

Welche Faktoren beeinflussen den Lernerfolg am stärksten?

Der neuseeländische Erziehungswissenschaftler John Hattie hat 2008 die Studie „Visible Learning" veröffentlicht. Diese Studie gilt als Meilenstein zu Fragen der Unterrichts- und Schulentwicklung. Hattie hat in seinen Untersuchungen die Faktoren untersucht, die Einfluss auf den schulischen Lernerfolg haben. Er identifiziert insgesamt 138 Faktoren, für die er Effektstärken ermittelt. Ab einem Messwert von d = 0,4 sind die Faktoren besonders wirksam.

Die Studie umfasst sechs Bereiche: die Schule, die Lernenden, das Elternhaus, das Curriculum, die Lehrperson und das Unterrichten. Er stellt die Lehrerpersönlichkeit als maßgeblichsten Faktor für das Lernen heraus.

Hier zum Bereich Unterricht:

Was vermuten Sie? Welche Faktoren haben hier den größten Einfluss auf den Lernerfolg?

Die nachfolgende Grafik zeigt Ihnen die Rangfolge der besonders wirksamen Faktoren für den Lernerfolg:

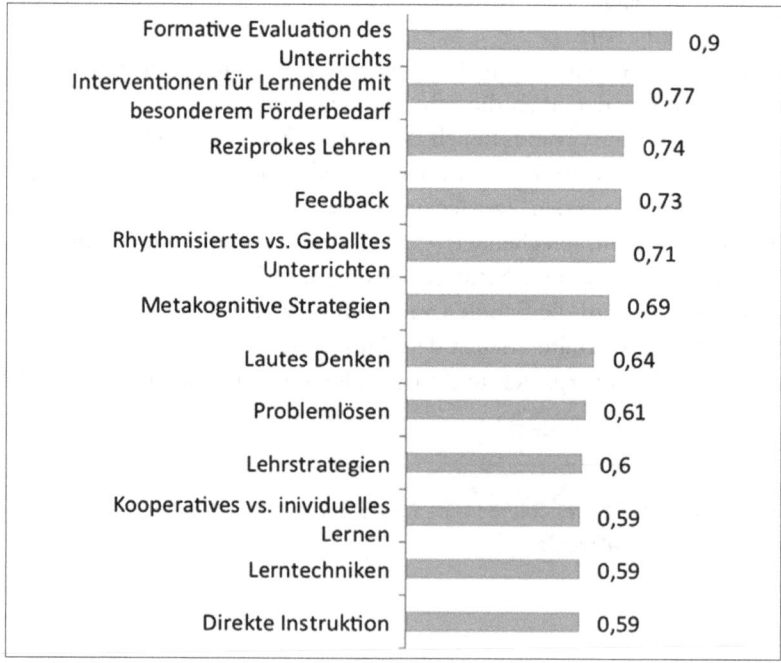

Quelle: eigene Darstellung nach Hattie, 2015.

Die „formative Evaluation des Unterrichts" hat mit einer Effektstärke von 0,9 den größten Einfluss auf den Lernerfolg.
Was versteht Hattie unter formativer Evaluation?
Formative Evaluation bezieht sich auf das Vorgehen, die Schülerinnen und Schüler während des Lernprozesses, also begleitend, über ihren Lernstand und ihre Lernentwicklung zu informieren. Formative Evaluation geschieht andauernd und ist auf den Lernprozess fokussiert.

Das gegensätzliche Verfahren ist die summative Evaluation, die am Ende einer Unterrichtseinheit erfolgt. Vergleichen Sie dazu die Ausführungen im Kapitel 17 zur kompetenzorientierten Leistungsbewertung.

Hattie stellt fest, dass unterrichtsbegleitende Rückmeldungen besonders wirksam sind und die Lernaktivität der Schülerinnen und Schüler fördern. Solche Rückmeldungen werden zumeist von den Schülerinnen und Schülern gegeben; beispielsweise durch das Bearbeiten oder Beantworten von mündlichen oder schriftlichen Aufträgen.

Das Verfahren der formativen Rückmeldung gibt Ihnen gleichzeitig Informationen über Ihren eigenen Unterrichtserfolg. Oft können Sie so in einen Dialog mit dem Schüler treten.

Zwei einfache Beispiele:
- Das Verstehen prüfen. „Erkläre deinem Sitznachbarn die Metamorphose des Maikäfers." Sie beobachten dabei Ihre Schüler und fordern anschließend einen auf, im Plenum die Aussagen zu präsentieren.
- Eine Beschreibung reflektieren: „Wer kann das Gelesene kurz zusammenfassen? Was hat sich K. bei der Aktion gedacht? Hast du noch Fragen zu dem Text?"

Was versteht Hattie unter Feedback?
Der vorstehenden Grafik können Sie entnehmen, dass Feedback zu den bedeutenden Einflussfaktoren zählt und für einen sichtbaren Lernzuwachs sorgt. Auch hier geht es darum, Informationen zum Lernprozess und zum Lernergebnis zu bekommen. Feedback beschreibt den Lernfortschritt und kann sowohl eine Lehrerin einem Schüler als auch umgekehrt ein Schüler einer Lehrerin geben. Lehrer und Schüler sollen beide in der Lage sein, Fragebögen einzusetzen, die es ihnen ermöglichen, Feedback einzuholen. Umsetzungsbeispiele und Fragebögen zur Selbsteinschätzung und Fremdeinschätzung finden Sie in Kapitel 21.

Feedback gehört mit einer Effektstärke von 0,73 zu den wirksamsten Faktoren.

Zusammenfassung:

Evaluation	Feedback
ergebnisorientiert	prozessorientiert
bewertend	beschreibend
Informationen über den individuellen oder gemeinsamen Lernstand	Informationen über Möglichkeiten zur Verbesserung
Evaluation geht nur in eine Richtung	Feedback ist ein wechselseitiger Prozess

20.2 Arten von Feedback

Die Meta-Studie von John Hattie hat Feedback als besonders einflussreichen Faktor auf Lernen und Leisten nachgewiesen. Die Analyse unterscheidet grundsätzlich vier Arten von Feedback, die sich in ihrer Ausprägung unterscheiden können.

– Feedback zur Aufgabe

Diese Form ist am weitesten verbreitet. Die Schülerinnen und Schüler werden darüber informiert, wie gut sie eine Aufgabe gelöst haben und wie sie sich verbessern können. („Du hast das Klimadiagramm gut beschrieben und der richtigen Region zugeordnet. Achte zukünftig auch auf die Rechtschreibung.")

– Feedback zur Arbeitsstrategie

Diese Form informiert darüber, wie gut der Lösungsweg ist und ob es sinnvolle Alternativen gibt. Das Feedback regt zum analytischen und strategischen Denken an. („Du hattest die Aufgabe, beide Klimadiagramme zu vergleichen. Du hast beide gut beschrieben und die Unterschiede benannt. Überlege bitte noch, welche Gemeinsamkeiten es gibt.")

– Feedback zur Selbstregulation

Diese Form des Feedbacks wird weniger angewendet. Es geht dabei um die Fähigkeit, wie Schüler ihren Arbeitsprozess selbst beobachten und ihre Lernstrategien selbst regulieren. („Was vermutest du? Warum hast du die Lösung nicht gefunden? Kennst du einen anderen Lösungsweg?")

– Feedback zur Person

Diese Form des Feedbacks ist weit verbreitet. Diese Art bezieht sich nicht auf das Lernen, sondern mehr auf eine sozial-kommunikative Ebene. Vielmehr geht es um Emotionen und um die Gestaltung der Schüler-Lehrer-Beziehung. („Du hast dir wirklich Mühe gegeben. Mach weiter so!")

Feedback braucht eine Voraussetzung, damit es effektiv ist: eine gute Lernatmosphäre. Nur eine positive Arbeitsatmosphäre sorgt dafür, dass Schülerinnen und

Schüler „aufnahmebereit" sind. Gegenseitige Wertschätzung, Empathie und eine positive Fehlerkultur führen in einer Wechselwirkung mit Feedback zu guten Lernergebnissen.

20.3 Umsetzungsbeispiele und Instrumente

20.3.1 Feedbackinstrumente für Schülerinnen und Schüler

Sofern Sie oder Ihre Klasse im Umgang mit Feedback ungeübt sind, beginnen Sie am besten mit einfachen Instrumenten. Verdeutlichen Sie Ihrer Klasse die Ziele, die Sie mit Feedback verfolgen, und versichern Sie, dass es dafür keine Zensuren gibt. Vielmehr soll es der Klasse und Ihnen eine Einschätzung zum Lernerfolg liefern.

1. Feedback mit der Ein-Punkt-Abfrage

Diese einfache Methode dient dazu, Befindlichkeiten und Lernprozesse sichtbar zu machen und Sicherheit im weiteren Unterricht zu gewinnen. Es genügt ein einfacher Strich an der Tafel oder eine vorbereitete Skala auf dem Flipchart-Blatt.

Die Schülerinnen und Schüler kreuzen ihre Einschätzung an oder verwenden Klebepunkte.

Beispiel:
- Wie zufrieden bin ich mit dem Ergebnis der Projekttage?
- Das neue Thema in Biologie finde ich interessant/langweilig.
- Die Aufgaben in der Partnerarbeit fand ich leicht/schwer.

|⊢―――――――――――――――――――――――――⊣|

leicht   schwer

Nachdem die Klasse ihre Einschätzung erledigt hat, werden Häufungen sichtbar. Für Sie ergibt sich die Frage, ob die Anforderungen den Lernvoraussetzungen entsprochen haben.

2. Feedback mit der Zielscheibe

Diese Methode ermöglicht die Zuordnung verschiedener Bereiche und bietet ein übersichtliches Feedback. Sie zeichnen einige Kreise, die – sofern sinnvoll – in verschiedene Abschnitte unterteilt werden. Der positivste Wert liegt in der Mitte.

Die Schüler kreuzen danach an oder verwenden Klebepunkte.

Beispiel:
- Das Lernklima in unserer Klasse ist angenehm.
- Der Vortrag heute Morgen in der Aula war für mich lehrreich.
- Im Praktikum habe ich viel gelernt.

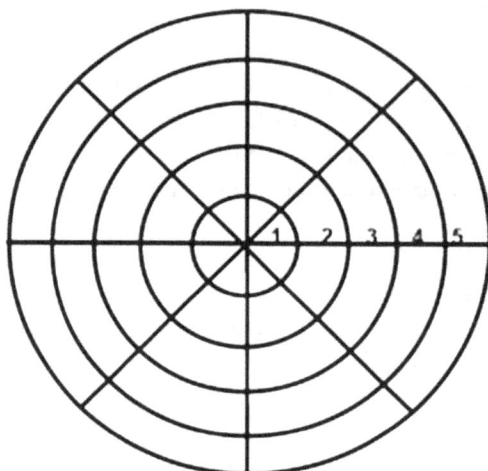

Quelle: eigene Darstellung

Der Vorteil dieser Methode ist, dass sie einfach und schnell durchführbar ist und jeder beteiligt ist. Das Gesamtergebnis ist für Ihre Klasse sofort sichtbar. Sie erhalten bei Ihrer Bewertung einen hilfreichen Überblick über die Verteilung positiver und kritischer Bereiche.

Allerdings kann die Verwendung auch beeinträchtigt werden, wenn Schüler sich durch die Abgabe anderer zu sehr beeinflussen lassen.

Vergessen Sie niemals, im Anschluss das Ergebnis mit der Klasse zu besprechen.

3. Feedback mit einem Fragebogen zur Klassenführung

Dieser Fragebogen ist eine Möglichkeit, ein gezieltes Feedback ihrer Klasse einzuholen. Die Umsetzung ist ab Klasse 4 möglich. Ein Fragebogen sollte drei bis zehn Fragen enthalten. Sie gelangen auf diesem Wege zu einer generellen Einschätzung, wie Sie von der Klasse wahrgenommen werden. Ihre Schlussfolgerungen sind von dem Ergebnis abhängig. Es bestärkt Sie bei positiven Rückmeldungen und fordert Sie auf, bei überwiegend negativen Rückmeldungen Ihr Verhalten zu überprüfen.

Beispiel:

Feedback Klassenführung – mit acht ausgewählten Items

		trifft zu	trifft eher zu	trifft eher nicht zu	trifft nicht zu	Keine Antwort
1	Mein Lehrer ist freundlich zu mir.					
2	Mein Lehrer ist fair.					
3	Mein Arbeitseinsatz war hoch.					
4.	Mein Lehrer lobt mich für gute Leistungen.					
5	Mein Lehrer merkt, wenn es Probleme in der Klasse gibt.					
6	Bei meinem Lehrer lerne ich viel.					
7	Ich fühle mich wohl in meiner Klasse.					
8	Mein Lehrer achtet auf die Einhaltung von Regeln.					

Im Anschluss empfehle ich, die Ergebnisse zu Mittelwerten zusammenzufassen und die Ergebnisse mit der Klasse zu erörtern. Das Verfahren für die Auswertung kennen Sie: Think – Pare – Share.

20.3.2 Feedbackinstrumente für Schülerinnen und Schüler und Lehrkräfte

1. Feedback mit dem Blitzlicht

Das Blitzlicht ist eine einfache Methode, die Sie ohne Vorbereitung in Ihren Unterricht einstreuen können. Die Methode hilft, vorübergehende Störungen aufzufangen oder ein Stimmungsbild abzugeben. Es ist gut geeignet, das Arbeitsergebnis am Ende einer Unterrichtsstunde abzubilden.

Beispiele:
- „Wie seid ihr bisher mit der Interpretation des Gedichts zurechtgekommen?"
- „Wie gut habt ihr in der Gruppe zusammengearbeitet?"
- Frage zum Stationenlernen: „Welche Aufgaben haben euch große Schwierigkeiten bereitet?"

Achten Sie darauf, ...
- dass jeder die Möglichkeit hat, sich kurz zu äußern.
- dass keine Wertungen vorgenommen werden.
- dass Sie sich selbst an dieser Übung beteiligen.

2. Feedback mit Vektor

Das Feedback mit Vektor gibt Ihnen wie den Schülerinnen und Schülern die Möglichkeit, sowohl Ihre Einschätzung zum Lernergebnis als auch zum Arbeitsklima abzugeben.

Verwenden Sie am besten auf einem Plakatblatt Klebepunkte/Magnete oder Sie lassen einfach ankreuzen. Das Gesamtergebnis werden Sie dann in der Gruppe besprechen. Achten Sie darauf, dass die Schüler sich nicht gegenseitig beeinflussen und nicht gleichzeitig, sondern tischweise zur Stimmabgabe laufen.

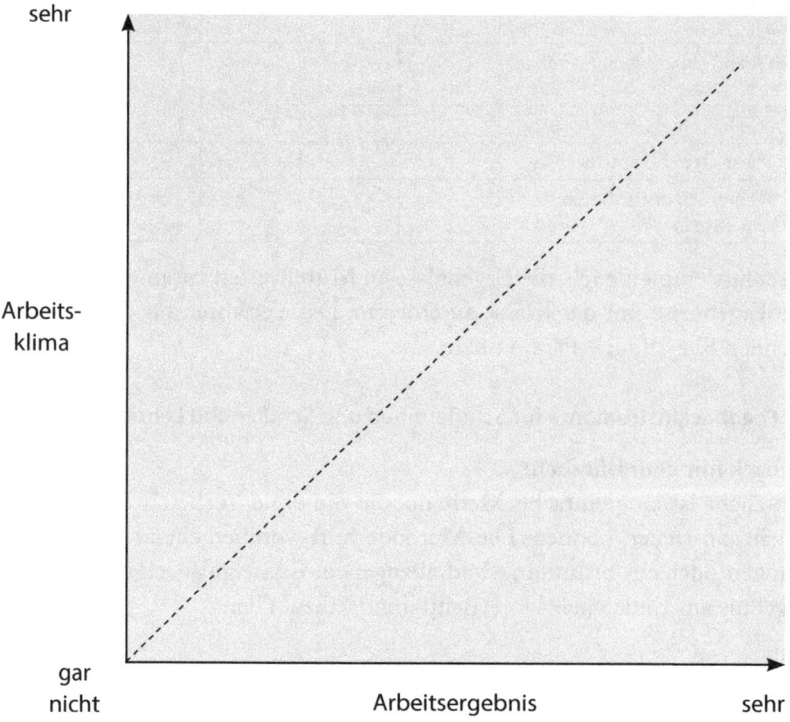

Quelle: eigene Darstellung nach Hessische Lehrkräfteakademie, 2018.

3. Feedback durch Kurzreflexion

Die Feedback-Methode Kurzreflexion bietet Ihnen die Gelegenheit, am Ende einer Unterrichtsreihe Rückschlüsse zum Erfolg Ihrer Arbeit zu dokumentieren. Sie verwenden ein dreigeteiltes Arbeitsblatt und fordern die Schülerinnen und Schüler auf, kurze, prägnante Einschätzungen vorzunehmen. Die Zeit für diese Einzelarbeit setzen Sie zu Beginn verbindlich fest.

Was habe ich zu dem Thema gelernt? Was ist mir gut gelungen?	Was hat mich kaum interessiert? Was hätte ich lieber verändert?	Was habe ich nicht erreicht? Welche Fragen bleiben offen?

Nachdem Sie diese Phase – am besten durch ein Signal – beendet haben, fordern Sie die Schüler auf, mit dem Sitznachbarn die Ergebnisse abzugleichen und Gemeinsamkeiten und Unterschiede zu finden. Der Pädagoge Heinz Klippert spricht hier von der Murmelphase.

Auch diese Phase sollten Sie zeitlich exakt bestimmen.

Einzelne werden dann ihre Ergebnisse im Plenum präsentieren. Sie nehmen zu den Äußerungen Stellung und versuchen, das Gespräch zu einem Konsens zu führen.

> **Tipp:** Tragen Sie in dem Arbeitsblatt auch Ihre Erwartungen ein. Dann schenken die Schüler dem Verfahren mehr Bedeutung.

Im Prinzip geht es ganz einfach, Schülerleistungen zu würdigen und zurückzumelden. Auch ohne besondere Feedbackverfahren sollten Sie den Schluss einer Stunde mit einer aufbauenden Sequenz beenden.

Beispiel:
„Mir hat heute gefallen, dass …"
„Es ist schön, dass …"
„Gut finde ich, wenn …"
„Ich bin gespannt auf morgen, wenn wir …"
„Über das, was du heute gesagt hast, Daniel, will ich …"

20.3.3 Feedbackinstrumente für Lehrkräfte

Ziel des Lehrerfeedbacks ist es, den Schülern aufzuzeigen, wie ihr Leistungsstand ist und welche Fortschritte sie gemacht haben. Feedbackgeben ist ein wertschätzendes Verfahren, das das Selbstvertrauen der Schüler stärken soll.

1. Feedback zu einer Präsentation

	++	+	-	--
Die Präsentation hat einen klaren Aufbau.				
Die Schülerin/der Schüler verdeutlicht zu Beginn eine Übersicht und Struktur.				
Die Schülerin/der Schüler fasst am Ende der Präsentation Wesentliches zusammen.				
Der Schülerin/dem Schüler sind die Inhalte vertraut.				
Die wichtigsten Inhaltsaspekte wurden beachtet.				
Die Präsentation ist für die Zuhörer nachvollziehbar.				
Medien wurde sinnvoll eingesetzt.				
Mimik, Gestik und Körperhaltung sind angemessen.				
Sprache und Lautstärke waren deutlich und verständlich.				
Die Präsentation war interessant und kurzweilig.				

Achten Sie darauf, dass ein Feedbackbogen, den Sie verwenden, in der Klasse bekannt ist. In höheren Klassen können Sie auch einzelnen Schülerinnen und Schüler mit dem Bogen ein Feedback geben. Achten Sie darauf, nur wenige Items zu verwenden.

2. Feedback zu einer Mappe Grundschule

Name: _____ Klasse: _____ Datum: _____

		ja	zum Teil	nein
1.	Deine Mappe ist beschriftet (Name, Klasse, Fach).			
2.	Alle Arbeitsblätter sind gelocht und sorgfältig eingeheftet.			
3.	Deine Mappe ist nicht beschmiert.			
4.	Du hast ein Deckblatt und ein Inhaltsverzeichnis angefertigt.			
5.	Deine Schrift ist gut lesbar.			

6.	Deine Arbeitsblätter sind datiert und in der richtigen Reihenfolge abgeheftet.			
7.	(freie Bemerkung)			

Bewertung deiner Mappe: _____

Unterschrift: _____

3. Feedback zur mündlichen Mitarbeit

Name: _____ Klasse: _____ Fach: _____

Feedback zu deiner mündlichen Mitarbeit im Zeitraum _____ bis _____

	trifft zu	trifft oft zu	trifft selten zu	trifft nicht zu
Du meldest dich häufig im Unterricht.				
Du erledigst deine Hausaufgaben zuverlässig.				
Deine mündlichen Beiträge sind inhaltlich richtig.				
Wenn ich dich aufrufe, kannst du oft Sinnvolles sagen.				
Du bringst den Unterricht durch eigene Ideen voran.				
Du hältst dich an die vereinbarten Gesprächsregeln.				
Du hörst anderen zu und kannst mit ihnen zusammenarbeiten.				

Freie Bemerkungen: _____

Summe: _____

Datum und Unterschrift: _____

20.4 Einige Merksätze zum Schluss

Vorbemerkung: Sie brauchen viel Geduld, um Ihre Schülerinnen und Schüler zu einer Auseinandersetzung, zur Reflexion und zu Gesprächen über Unterricht zu führen. Beginnen Sie mit einfachen Ankreuzverfahren. Darauf aufbauend fordern Sie schrittweise zusätzliche mündliche Erläuterungen ein. Sorgen Sie dafür, dass Feedback nur beschreibend und wertschätzend gegeben wird. Achten Sie darauf, dass Bewertungen oder Interpretationen vermieden werden; sie würden die Akzeptanz beeinträchtigen.

20.5 Reflexionsaufgaben

- Welche Arten von Feedback kennen Sie?
- Welches Feedback-Instrument werden Sie demnächst ausprobieren?

21. Selbsteinschätzung und Reflexion für Schülerinnen und Schüler

Die Fähigkeit von Schülerinnen und Schülern, ihr eigenes Leistungsniveau einzuschätzen, wirkt sich positiv auf die Lernerfolge aus. Schüler lernen, sich ihrer Stärken und Schwächen bewusst zu sein. Die Studien von John Hattie (siehe Kapitel 20) belegen die außerordentliche Wirksamkeit der Selbsteinschätzung beim Unterrichten. Selbsteinschätzung wird mit der höchsten Effektstärke dokumentiert.

Gleichermaßen profitieren Sie durch dieses Verfahren für Ihren Unterricht. Sie können die Ergebnisse der Selbsteinschätzung nutzen, um zu einer besseren Beurteilung der individuellen Lernsituation zu gelangen und Schüler gezielt zu fördern. Gleichzeitig erhalten Sie Informationen über den Lernstand der Klasse und den Erfolg Ihres Unterrichts.

Untersuchungen zeigen, dass sich die Motivation der Schülerinnen und Schüler verbessert, wenn sie ihren eigenen Lernprozess einschätzen können.

21.1 Reflexion des eigenen Lernens – warum?

Warum ist es so bedeutsam, wenn Schülerinnen und Schüler ihr eigenes Lernen einschätzen und reflektieren?
- Schüler erleben sich, wenn sie gefragt sind, weniger als Objekte, sondern vielmehr als Subjekte in der Schule.
- Sie nehmen ihre eigenen Stärken und Schwächen wahr und können durch eigenverantwortliches Handeln intervenieren.
- Schüler können, wenn sie regelmäßig ihren Lernstand einschätzen, besser Misserfolge verhindern.
- Schüler werden inspiriert, ihre schulischen Ziele strategisch anzustreben.
- Schüler erleben durch eine Feedback-Kultur ein Klima des Vertrauens und der Offenheit.
- Schülerinnen und Schüler, die nicht wissen, was sie gut machen, können ihre Stärken nicht festigen und ihre Schwächen nicht ausgleichen.
- Kurzum: Sie lernen, ihre Lernprozesse besser wahrzunehmen und zu steuern.

Für Sie als verantwortliche Lehrkraft ergeben sich zwei Anforderungen:
- Welche Anregungen für die Unterrichtsplanung entnehme ich den Rückmeldungen?

– Ist mein Unterricht so konzipiert, dass den Schülerinnen und Schülern eine kompetente Rückschau auf den Lernprozess möglich ist?

21.2 Methoden und Instrumente zur Selbsteinschätzung

Im Folgenden lernen Sie Beispiele und Methoden kennen, die Sie Ihrer Lerngruppe anpassen können.

Beispiel 1: Arbeitsverhalten Klasse 5 bis 8

Selbsteinschätzung des Schülers/der Schülerin _____, Klasse ____

	++	+	−	− −
Ich beteilige mich aktiv am Unterricht.				
Ich arbeite, ohne andere Schüler abzulenken.				
Ich bearbeite meine Aufgaben selbstständig.				
Ich gehe sorgfältig mit meinen Arbeitsmaterialien um.				
Ich halte mich an Regeln und Vereinbarungen.				

Achten Sie, wenn Sie einen eigenen Bogen entwerfen, auf die Formulierungen. Verwenden Sie kurze Sätze, die mit „Ich ..." beginnen.

Beispiel 2: Selbsteinschätzung Deutsch/Gymnasium, Klasse 9 (Auszug)

	immer	oft	ab und zu	fast nie	nie
Ich verstehe die Texte beim Lesen.					
Ich kann einem Text die wesentlichen Informationen entnehmen.					
Ich kann das Internet für Zusatzliteratur benutzen.					
Ich kann meine Arbeitsergebnisse präsentieren.					
Ich kann meine Arbeitsschritte effektiv planen.					

Sofern der Fragebogen für die Einschätzung nicht ausreicht, bieten Sie zusätzliche Formulierungen an:

Hier muss ich noch üben: _____

In der nächsten Stunde ... _____

Beispiel 3: Selbsteinschätzung Mathematik, Klasse 9

Rechenregeln

	immer	oft	selten	nie
Ich wende die Rechenregeln sicher an.				
Ich rechne sicher mit Brüchen.				
Ich rechne sicher mit Dezimalbrüchen.				
Ich kann Größen umrechnen.				
Ich nutze Rechenvorteile.				

Beispiel 4:
Sie können einfache Formen der Selbstreflexion einführen, wenn Sie am Ende der Unterrichtsstunde Satzmuster zu Ende führen. Achten Sie darauf, dass möglichst jede Schülerin/jeder Schüler zu Wort kommt.

Schreiben Sie bei zurückhaltenden Schülern die Satzanfänge an die Tafel oder auf den Overheadprojektor.

Beispiele:
Ich habe heute gelernt, …
Ich bin neugierig, wie …
Es war anstrengend, …
Es war interessant, …
In der nächsten Stunde …

Ihrer Fantasie sind keine Grenzen gesetzt. Wichtig ist, dass Sie sich für diese Phasen in Ihrem Unterricht ausreichend Zeit nehmen.

Ihre Einschätzung der Schülerkompetenzen unterstützen Sie am besten mit vergleichbaren Instrumenten für Lehrer. Sie schaffen dadurch ein Ritual. Schülerinnen und Schüler haben gelernt, mit Fragebogen effektiv umzugehen.

Beispiel für Lehrerbeobachtung: Kommunikation (ab Klasse 5)

Name des Schülers: _____ Klasse: _____ Datum: _____

(Name des Schülers) …	++	+	+/-	-
kann zuhören.				
lässt andere ausreden.				
hat einen wertschätzenden Umgangston.				
vertritt seine/ihre eigene Meinung.				
kann mit Argumenten begründen.				

21.3 Kompetenzraster

Kompetenzraster stellen, wie der Name sagt, Kompetenzen in einem Raster dar. Die Anordnung erlaubt einen schnellen Überblick über die Kompetenzen, die ein Schüler sich selbst attestiert. Sie als Lehrkraft haben den Vorteil, Ihren Unterricht und die Lernergebnisse richtig einzuordnen. Kompetenzraster konkretisieren die auszubildenden Kompetenzen und verdeutlichen die Anforderungsbereiche (Niveaustufen).

Beispiel Grundschule Mathematik

	AFB I (Niveau I)	AFB II (Niveau II)	AFB III (Niveau III)
Kompetenz 1 (allgemeine mathematische Fähigkeiten)	Beispiel: Ich kenne den Zahlenraum von 1 bis 1000.	Ich erkenne Teiler und Vielfaches der Zahlen bis 200.	Ich verstehe Fachbegriffe und kann sie anwenden.
Kompetenz 2	…		
Kompetenz 3			

2. Beispiel Englisch Klasse 8

Bereich	Mindeststandard	Regelstandard	Maximalstandard
Wortschatz	Ich kann die Vokabeln aus Lektion 3 richtig aussprechen und schreiben.	Ich kann die Vokabeln aus Lektion 3 richtig aussprechen und schreiben und eine passende Mindmap mit mindestens 30 Begriffen aufstellen.	Ich kann die Vokabeln aus Lektion 3 richtig aussprechen und aufschreiben und eine passende Mindmap mit mindestens 50 Begriffen aufstellen.
Grammatik	…		

21.4 Reflexionsaufgabe

- Warum ist laut Hattie die Selbsteinschätzung besonders lernwirksam?
- Beschreiben Sie bitte den Unterschied zwischen Selbsteinschätzung und Selbstreflexion.

22. Selbstreflexion Lehrerinnen und Lehrer

In der Bildungsforschung hat das Thema Selbstreflexion in den vergangenen Jahren an Bedeutung gewonnen. Untersuchungen belegen, dass Selbstreflexion die Lehr- und Lernkompetenz steigert, weil über das eigene Denken und Handeln nachgedacht wird. Ihre Persönlichkeit steht im Mittelpunkt der Selbstreflexion. Sie gewinnen Erkenntnisse und ziehen Schlussfolgerungen für vergangene und zukünftige Entscheidungen.

Folglich ist Selbstreflexion ein Lernprozess und ein Korrektiv für eine professionelle Weiterentwicklung. Wesentlich ist, dass Sie mehr Kontrolle über Ihr eigenes Verhalten haben und die Effizienz Ihres Verhaltens einschätzen und verbessern können.

Nur wenn Sie wissen, warum Ihnen etwas gelingt, können Sie Ihre Stärken festigen und ausbauen. Andererseits sollten Sie wissen, warum etwas misslingt. Nur dann können Sie Ihre Schwächen verringern.

Professionell handeln heißt reflektiert handeln.

22.1 Selbstreflexion bei Lernprozessen

Im pädagogischen Kontext geht es bei der Selbstreflexion um eine Verbesserung des Lernens. Sie sind danach in der Lage, planmäßig vorzugehen, und erhöhen die Wahrscheinlichkeit, dass Ihr Verhalten für den Lernprozess angemessen ist. Aufgrund der Bedingung, dass Sie Ihre Handlungen hinterfragen, gelingt es Ihnen besser, die Unterrichtsphasen sinnvoll miteinander zu verknüpfen und Handlungsalternativen einzusetzen. Sicherlich werden Sie bei weiteren Unterrichtsvorbereitungen Ihre Zielvorstellungen mit den Lernvoraussetzungen der Schülerinnen und Schüler abgleichen und Inhalte und Methoden entsprechend planen. Sie werden im Verlauf des Unterrichtens und bei der Nachbereitung Erfolge und Misserfolge kontrollieren.

Beide Aspekte, Erfolg und Misserfolg, machen die Selbstreflexion erforderlich, damit Sie zukünftig „Gutes" sichern und „Schwaches" vermeiden. Sämtliche Prozesse der Selbstreflexion sind ohne Disziplin nicht möglich. Nehmen Sie sich die Zeit dafür und schaffen Sie Routinen! Sofern Sie eine andere Perspektive einbeziehen können, kann das hilfreich sein. Durch den Abgleich von Fremd- und Selbsteinschätzung können weitere Aspekte sichtbar werden.

Vermeiden Sie, sich zu sehr auf die eigenen Schwächen und Fehler zu konzentrieren. Arbeiten Sie zuerst am Gelingen!

22.2 Methoden und Inhalte der Selbstreflexion
Die beiden folgenden Beispiele erläutern die Methode:

1. Fiktives Beispiel:
In Ihrem Unterricht gibt es eine Phase für eine Partnerarbeit. Sie bemerken, dass einige Schülerinnen und Schüler nicht bei der Sache sind, miteinander schwätzen oder aus dem Fenster gucken. Sie versuchen, durch Blickkontakt, die Schüler zu aktivieren. Allerdings ohne spürbaren Erfolg. Sie sind unzufrieden mit Ihrem Unterricht.
   Welche Inhalte wird Ihre Reflexion im Nachhinein haben?

Das können Ihre Fragestellungen sein:
– Lag die mangelnde Mitarbeit an den Schülerinnen und Schülern oder an meiner Planung?
– War meine Aufgabenstellung passend? Gab es Über- oder Unterforderung?
– Sollte ich andere Arbeitsmaterialien bereitstellen?
– Sollte ich die Untätigkeit der Schüler akzeptieren?
– Was kann ich tun, um das Verhalten zukünftig zu verhindern?
– Sollte ich von der Klasse ein Feedback einholen?

2. Fiktives Beispiel:
In Ihrem Deutsch-Unterricht (Klasse 10, Realschule) sollen die Schülerinnen und Schüler ein eigenes kurzes Gedicht schreiben. Sie erläutern die Struktur, das Versmaß und den Themenbereich an einem Beispiel. Sie verfestigen in der Klasse die Merkmale des Gedichts. In einer terminierten Einzelarbeit sammelt jeder Schüler Ideen und notiert sie auf dem Arbeitsblatt. Nach einer Partnerarbeit verfasst jeder für sich sein Gedicht. Anschließend präsentieren einzelne vor der Klasse ihr Ergebnis. Die Schülerinnen und Schüler geben dafür jeweils ein konstruktives Feedback.

Das können Ihre Fragestellungen sein:
– Wie sieht meine Bilanz der Stunde aus?
– Welche Planungsdetails haben zu dem Unterrichtserfolg geführt?
– Wie zufrieden bin ich mit dem Schülerverhalten?
– Hätte ich auf die Tipps, die auf der Fensterbank liegen, ein zweites Mal hinweisen müssen?
– Warum komme ich in der Parallelklasse nicht zum gleichen Resultat?
– Wie kann ich die Schüler mit geringen Deutschkenntnissen noch besser einbinden?
– Was haben meine Schüler heute dazugelernt?

Zur regelmäßigen Nachbereitung Ihres Unterrichts zählt die Selbstreflexion. Insbesondere bei schwierigen Situationen empfiehlt es sich, eine kurze Notiz anzufertigen. Achten Sie darauf, sowohl positive als auch negative Aspekte zu formulieren. Sie werden feststellen, dass im Laufe der Zeit die Anzahl der positiven Inhalte zunimmt.

- Notieren Sie Datum, Klasse, Thema der Unterrichtsstunde und Stundenverlauf. Beschreiben Sie mit zwei bis drei Sätzen Ihr Handeln und das Schülerverhalten. Gibt es einen Aspekt, der das Unterrichtsgeschehen geprägt hat? Gibt es Situationen, die Sie im Nachhinein anders gestaltet hätten?

Übrigens: Sie können gar nicht vermeiden, dass Sie immer dazulernen.

22.3 Unterrichtsstunden reflektiert nachbereiten

Die folgende Reflexionsmethode (nach J. Scrivener) besteht aus drei Stufen: Erinnern, Reflektieren und Planen. Einen Teil des Fragenkatalogs lesen Sie hier. Probieren Sie die Methode aus!

Finden Sie für sich *eine* Frage aus jedem Abschnitt für Ihre regelmäßige Reflexion. Sofern Sie es einrichten können, diskutieren Sie die Antworten mit einer Kollegin oder einem Kollegen.

A Erinnern
- Fassen Sie die Hauptphasen des Unterrichts zusammen.
- Nennen Sie drei Dinge, die nach Plan liefen.
- Nennen Sie drei Dinge, die nicht nach Plan liefen.
- Nennen Sie einige Interventionen, die Sie während des Unterrichts getätigt haben.
- Notieren Sie Kommentare oder Feedback von Schülerseite.

B Reflektieren
- Nennen sie einige Momente, in denen die Schüler etwas gelernt haben.
- Wann wurde die Zeit besonders effektiv genutzt?
- Haben Sie erreicht, was sie erreichen wollten?
- Zu welchen Momenten hätten Sie eindeutiger sein sollen?
- Wann wurde Zeit vergeudet?

C Erkennen und Planen
- Würden Sie die Stunde noch einmal so halten?
- Was würden Sie genauso, was anders machen?
- Welche Schlussfolgerungen ziehen Sie aus der Lernorganisation?

- Wie würden Sie zukünftig auf Unterrichtsstörungen reagieren?
- Was haben Sie für sich gelernt?

(vgl. Scrivener 1998)

22.4 Checkliste für die Selbstreflexion

Daten über Unterricht zu gewinnen und diese für die Unterrichtsentwicklung zu nutzen, ist wesentlicher Teil des Projekts EMU von Prof. Andreas Helmke. Das Akronym EMU steht für „Evidenzbasierte Methoden der Unterrichtsdiagnostik und -entwicklung". Im Zentrum der Methoden steht das Lernen der Schülerinnen und Schüler. Ihnen stehen unter www.unterrichtsdiagnostik.com zahlreiche professionelle Arbeitshilfen zur Verfügung.

Die folgende Checkliste ist dem Programm EMU entnommen.

Checkliste für die Selbstreflexion "Unterricht aus Sicht der Lehrergesundheit"

BILANZ	Vielleicht frage ich dazu einmal meine Schülerinnen und Schüler?
Die Zufriedenheit mit der Wirksamkeit des eigenen Unterrichts ist ein wichtiger Beitrag zur Förderung der Gesundheit. Wie sieht meine Bilanz der Stunde aus?	
Ziele → Welche Ziele wollte ich mit dieser Stunde erreichen? → Habe ich diese Ziele erreicht? → Haben meine Schüler/innen heute etwas dazugelernt? Welche Rolle spielen für Zufriedenheit oder Unzufriedenheit meine *Erwartungen* und mein *Anspruchsniveau* (an mich selbst und an meine Schüler/innen)?	→ EMU-Schülerfragebogen "Ich habe in dieser Unterrichtsstunde etwas dazugelernt"
Stundenverlauf → Mit welchen Phasen des Stundenverlaufs bin ich *zufrieden*? → Welche Situationen, Ereignisse oder Aspekte der Stunde sind mir in dieser Stunde besonders gelungen, welche habe ich als „gute Praxis" in Erinnerung, worüber habe ich mich *gefreut*? → Gibt es etwas, womit ich nicht so zufrieden bin, was vielleicht anders hätte laufen können? Woran zeigt sich das? Was wäre womöglich eine bessere Alternative gewesen?	→ EMU-Schülerfragebogen "Ich fand diese Unterrichtsstunde abwechslungsreich und anregend"
Effizienz → Wenn ich an die Vorbereitung dieser Stunde denke: Wie schätze ich die *Effizienz* ein? War das Verhältnis zwischen Aufwand und Ertrag angemessen? → Wie ließe sich der Aufwand für die Stundenvorbereitung verringern?	
UMGANG MIT EMOTIONEN	

Quelle: Helmke et al. (2016) im Rahmen von EMUplus

Mein Tipp: Widmen Sie sich bei Ihrer Reflexion über Ihren Unterricht nur einem Aspekt aus der Checkliste. Hilfreich für Sie sind ebenso die drei Fragen am Ende dieses Abschnitts. Ganz gleich, mit welchen Unterlagen Sie Ihr Handeln einschätzen – wesentlich ist, dass Sie es regelmäßig tun.

Lassen Sie sich für die Selbstreflexion Zeit und entwickeln Sie dafür – vielleicht am Ende des Arbeitstages – eine regelmäßige Routine. Selbstreflexion ist keine einmalige Angelegenheit. Täglich 15 bis 20 Minuten genügen, um einige positive sowie negative Situationen zu rekapitulieren. Noch einmal:
1. Was lief heute gut? Warum? Was mache ich beim nächsten Mal wieder so?
2. Was lief nicht gut? Warum? Hätte ich in der Situation anders handeln können?
3. Was liegt morgen an? Wo kann ich mir Unterstützung suchen? Welche Erfahrungen fehlen mir?

Selbstreflexion ist wichtig, damit Sie sich beruflich und persönlich weiterentwickeln, um erfolgreich und gelassen handeln zu können.

22.5 Reflexionsaufgabe

- Warum dient es Ihrer eigenen Professionalisierung, wenn Sie regelmäßig über Ihr Unterrichten reflektieren?
- Welche Erfahrungen haben Sie über Selbstreflexion bereits gesammelt?

23. Nur kein Stress

Eine große Anzahl der Lehrerinnen und Lehrer fühlt sich durch ihre Arbeit überlastet und leidet unter Stress. Stress ist eine natürliche Reaktion auf psychische oder körperliche Belastungen. Sofern dieser Stress andauernd auftritt, ist er gesundheitsschädlich und kann zu Burn-out führen. Kennzeichnend für Burn-out sind …
- Müdigkeit und Erschöpfung,
- mangelnde Freude am Beruf,
- Angst vor dem Berufsalltag sowie
- verringerte Leistungsfähigkeit.

Beachten Sie bitte noch einmal den Fragebogen zu den Belastungsfaktoren in Kapitel 2.

Die Medizin unterscheidet zwischen positivem und negativem Stress. Der positive Stress, auch als Eustress bezeichnet, ist ein Muntermacher, der die Leistungsfähigkeit und das Wohlbefinden steigert. Dagegen ist der Disstress negativ und führt zu Erschöpfung, Überforderung und Burn-out.

23.1 Stressfaktoren in der Schule

1. Während des Vormittags befinden Sie sich in einem angespannten Modus permanenter Anforderungen. Sie müssen unterrichten, auf Fragen der Schülerinnen und Schüler eingehen, Streit schlichten, Aufsicht führen, Eltern beraten und Arbeitsmaterialien suchen.
2. Die Arbeiten zu Hause sind durch die Vorbereitungen auf den nächsten Tag geprägt. Dazu kommen die Korrekturen von Klassenarbeiten, Telefonate mit Eltern, eventuell Konferenzen und Dienstbesprechungen. Das Problem vieler Lehrer ist, dass sie nicht zwischen Schularbeit und Privatleben unterscheiden können. Dann vermengen sich die Unterschiede und die Regeneration unterbleibt. Diese Kolleginnen und Kollegen sind mental 24 Stunden am Tag im Beruf.
3. Insbesondere für Berufsanfänger ist die Kooperation innerhalb des Kollegiums von hoher Relevanz. Wenn der Austausch unterbleibt, verstärkt sich die Unsicherheit und die Angst vor Fehlern. Wenn Ihr Kollegium konstruktiv zusammenarbeitet, profitieren Sie spürbar und verbessern Ihre Kompetenzen. Kompetentes Handeln trägt dann wesentlich zur Berufszufriedenheit bei.

Andererseits können Sie auch präventiv zu hohen Belastungen entgegenwirken.

23.2 Maßnahmen zur Stressbewältigung

1. Planen Sie den folgenden Arbeitstag strategisch. Mit dem „Eisenhower-Prinzip" (siehe Kapitel 24) strukturieren Sie Ihre Arbeitsanforderungen. Priorität hat Ihr Unterricht am nächsten Tag. Nutzen Sie das ADA-System für eine effiziente Unterrichtsvorbereitung mit hoher Schüleraktivität. Reduzieren Sie Ihre Papierberge und digitalisieren Sie Ihre Unterrichtsmaterialien. Sorgen Sie für einen papierlosen Schreibtisch. Sie denken zu Recht: Leichter gesagt als getan!
2. Viele Lehrkräfte schaffen es nicht, zwischen **Arbeit und Freizeit** zu trennen. Sofern Sie nicht mental andauernd in der Schule unterwegs sein wollen, brauchen Sie Distanz zum Beruf. Sorgen Sie für feste häusliche Arbeitszeiten und ziehen Sie eine klare Grenze zum Privatleben. Gönnen Sie sich täglich etwas fürs Gemüt und sorgen am Wochenende für einen absolut schulfreien Tag. Dann können Sie sich regenerieren und mit dem Partner oder mit Freunden Schönes oder Aufregendes erleben.
3. Bereiten Sie den **Unterricht** so vor, dass die Klasse vormittags mehr arbeitet als Sie. Sorgen Sie für eindeutige schriftliche Arbeitsaufträge, beachten Sie die Prinzipien des kooperativen Lernens oder der direkten Instruktion (siehe Kapitel 11 und 12) und die Einhaltung von Regeln und Ritualen (siehe Kapitel 15). Vermeiden Sie präventiv Unterrichtsstörungen. Achten Sie auf eine gerechte und transparente Leistungsbewertung (siehe Kapitel 17). Denken Sie daran: Sie sind kein Zauberkünstler und nicht jede Stunde muss interessant sein.

23.3 Stressabbau durch Balance

Leider gibt es kein Patentrezept für die gelingende Balance zwischen Berufs- und Privatleben. Hilfreich sind diese Tipps, um den zunehmenden Belastungen zu begegnen und gesund zu bleiben:

- Stellen Sie an sich selbst nicht zu hohe Erwartungen. Niemand ist perfekt und kann allen Anforderungen Ihres Lehrberufes genügen. Genießen Sie kleine Erfolge. Einem Schüler effektiv zu helfen, eine erfolgreiche Unterrichtsstunde, selbst neue Erfahrungen zu machen – führen Sie sich diese Erfolge vor Augen.
- Sorgen Sie dafür, dass Ihre Kernaufgabe, nämlich das Unterrichten, Priorität hat. Bei anderen Wünschen, die an Sie herangetragen werden, setzen Sie Grenzen.
- Beginnen Sie Ihren Unterricht ohne Hektik und konzentriert. Vergewissern Sie sich Ihres geplanten Unterrichtsverlaufs und atmen Sie, bevor Sie in die

Klasse gehen, tief durch. Gute Lehrer beginnen ihren Unterricht mit einem Ritual.
- Diskutieren Sie mit Kolleginnen und Kollegen über Unterricht, über einzelne Schüler und über gelingende oder gescheiterte Unterrichtssituationen.
- Bleiben Sie gesund durch Bewegung und ausgewogene Ernährung. Gehen Sie täglich spazieren oder treiben Sport. Das hilft garantiert, den Stress abzubauen.
- Bleiben Sie neugierig. Es gibt so vieles zu entdecken und in Ihrem so wichtigen Beruf eine Menge erfüllende Begebenheiten. Bewahren Sie die Gelassenheit und Freude, damit Sie Ihren Beruf mit Leidenschaft und der nötigen Widerstandskraft gerne ausüben. Verringern Sie Ihr Stresserleben durch Lebensfreude!

24.4 Stressfreier durch den Schulalltag

Diese Rituale helfen Ihnen, den alltäglichen Stress in der Schule zu verringern.

Tipps für Rituale	Das mache ich schon	Das werde ich versuchen	Das kann ich nicht
Vor dem Unterrichten: Ich bin eine Viertelstunde vor Unterrichtsbeginn in der Schule. Damit vermeide ich Hektik.			
Ich wiederhole für mich gedanklich den geplanten Unterrichtsverlauf.			
Ich gehe ruhig und nicht gehetzt in die Klasse.			
Ich stelle mich vor die Schülerinnen und Schüler, nehme Blickkontakt auf und begrüße freundlich mit einem Ritual.			
Ich präsentiere die Inhalte und die Sozialformen in der Stunde.			
Ich verwende diskrete akustische Signale für Unterrichtsbeginn und Wechsel der Phasen.			
Ich verwende akustische Signale, um Ruhe herzustellen.			
Ich visualisiere Abläufe.			
Ich sorge für absolute Ruhe bei der Einzelarbeit.			
Ich lobe die Klasse und einzelne Schüler.			
Ich schreie nicht.			
Ich beachte besondere Anlässe, z. B. Geburtstage.			
Ich gebe frühzeitig die Termine für Klassenarbeiten bekannt.			

Tipps für Rituale	Das mache ich schon	Das werde ich versuchen	Das kann ich nicht
Ich biete Hilfe an, wenn ein Schüler etwas nicht versteht.			
Ich beende den Unterricht mit einer Reflexionsphase über das Gelernte und einen Ausblick auf die nächste Stunde.			
Ich setze gelegentlich Feedbackbogen ein.			
Ich verlasse zur Pause als Letzter den Klassenraum.			
Ich nehme Ärger nicht mit nach Hause und bleibe nach Unterrichtsende noch ein paar Minuten im Lehrerzimmer.			
Ich freue mich auf …			

23.5 Reflexion

- Wie können Sie durch Ihr Handeln Burn-out vermeiden?
- Nehmen Sie Stellung zu der Aussage: „Stress kann förderlich und gesund sein."
- Es gibt zwei Arten von Stress: Eustress und Disstress. Zu welcher Kategorie neigen Sie?

24. Umgang mit Zeit

„Wenn jemand ständig keine Zeit hat, dann liegt es nur an seinen Prioritäten. Denn Zeit hat man nicht, Zeit nimmt man sich – vor allem für Menschen, die einem wirklich wichtig sind." (Unbekannter Verfasser)

Nehmen Sie sich Zeit!

Sie werden im Schulalltag immer wieder erleben, dass Ihnen für Ihre zahlreichen Aufgaben zu wenig Zeit zur Verfügung steht. Oft werden Sie abgelenkt, gestört und schieben Aufgaben, die besser sofort zu erledigen gewesen wären, vor sich her.

In den folgenden Abschnitten geht es darum, wie Sie Ihre Aufgaben möglichst strategisch erfolgreich bewältigen können und wie Sie eine Balance zwischen Arbeit und Erholung finden.

Die Ausführungen für die Schüler sollen helfen, deren Zeit gezielt einzusetzen.

24.1 Das Pareto-Prinzip

Ihre Königsaufgabe als Lehrkraft ist das Unterrichten. Dazu brauchen Sie Zeit zum Vorbereiten, Durchführen und Nachbereiten. Eigentlich ist damit eine Arbeitswoche gut ausgefüllt. Zusätzlich benötigen Sie Zeit für Eltern- und Schülerberatung, für die Bewertung der Schülerleistungen, Konferenzen und weitere Verwaltungsaufgaben. Engagierte Lehrkräfte haben eine wöchentliche Arbeitszeit weit über 40 Stunden hinaus. Dazu kommen zeitintensive Tätigkeiten als Klassenlehrer, Mitarbeit in Arbeitsgruppen, Besichtigungen und Klassenfahrten. Der Sonntag wird dann von vielen Lehrerinnen und Lehrern genutzt, um sich auf den Unterricht am Montag vorzubereiten. Sie werden die Ferien nötig haben, um sich vom täglichen Stress in der Schule zu erholen und danach wieder mit Energie in die Schule gehen zu können.

Ihre Zeit nutzen Sie mit mehr Gelassenheit und Erfolg, wenn Sie vermeiden, sich leicht ablenken zu lassen, und Ihre Zeit mit unwichtigen Dingen vertun. Das Pareto-Prinzip bezeichnet dieses Phänomen. Das Prinzip ist nach seinem Erfinder Alfredo Pareto benannt, der in Italien die Verteilung des Bodenbesitzes untersucht und festgestellt hat, dass 20 % der Staatsbürger circa 80 % des Vermögens besaßen. Auf andere Beispiele übertragen wird das 80:20-Prinzip deutlich:
- Kinder spielen zu 80 % der Zeit nur mit 20 % ihres Spielzeugs.
- 80 % Ihrer Anrufe führen Sie nur mit 20 % Ihrer Kontakte.

- 80% Ihrer Zeit tragen Sie nur 20% Ihrer Kleidung.
- **Achtung: Bei richtiger Verteilung der Aufgaben lassen sich mit 20% Aufwand 80% der Ergebnisse erzielen.**

Dieses Beispiel lässt sich auf Ihre berufliche Situation übertragen. Legen Sie bei Ihren Tätigkeiten für die Schule den Schwerpunkt auf die wichtigen Aufgaben. Sollten Sie wesentliche Aufgaben gleichzeitig zu erledigen haben, legen Sie eine Prioritätenliste an.

> **Tipps**, die Ihre Arbeit erleichtern und mit denen Sie Ihre Zeitnot lindern:

1. Nach einer Stunde Arbeitszeit eine kurze Pause mit Reflexion: „Habe ich mein Pensum geschafft? Wie geht es weiter? Wie lange? Bin ich noch fit?"
2. Ist mein Arbeitsplatz einladend? Liegt Unnützes herum? Kann ich mich hier gut konzentrieren? Stört mich das Telefon?
3. Wie belohne ich mich, wenn ich mit dem letzten Aufsatz fertig bin? Was möchte ich mit guten Freunden am Ende der Woche unternehmen?

24.2 Das Eisenhower-Prinzip

Zu den Klassikern des Zeitmanagements gehört das Eisenhower-Prinzip. Benannt ist es nach dem früheren US-Präsidenten, der dieses Verfahren vermutlich selbst angewendet hat. Die Botschaft ist der des Pareto-Prinzips ähnlich.

Die Matrix zeigt Ihnen Kategorien, mit denen Sie strukturiert in der Lage sind, Aufgaben einzuteilen. Ihre Aufgaben werden vier Quadranten zugeordnet:

A-Aufgaben
Wichtig und dringlich: Das sind die Aufgaben mit der größten Bedeutung. Diese Aufgaben verlangen Ihre Konzentration und erlauben keinen Aufschub.

Beispiel: Sie unterrichten in der 7b und müssen bis zur nächsten Woche Ihre Zeugniszensuren in die Klassenliste übertragen. Auf Ihrem Schreibtisch liegt noch die Klassenarbeit. Die Korrektur hat höchste Priorität.

B-Aufgaben
Wichtig, aber nicht dringlich: Das sind Aufgaben, die nicht kurzfristig erledigt werden müssen, aber dennoch Ihre Konzentration und Kompetenz verlangen. Sie sind gut beraten, sich für die Erledigung eine Deadline zu setzen.

Beispiel: Die Fachkonferenz Mathematik hat beschlossen, die schuleigenen Arbeitspläne zu überarbeiten. Jeder Fachkollege konzipiert dafür eine Unterrichtseinheit nach der bekannten Vorlage. Sie haben für das Thema „Pythagoras" bis Ende des Jahres Zeit.

C-Aufgaben

Dringlich, aber nicht wichtig: Das sind Aufgaben, die kurzfristig erledigt werden sollen, aber keinen besonderen Wert haben. Im Umgang mit älteren Schülern werden Sie manche Aufgaben delegieren können. Die Erfahrung zeigt, dass diese Aufgaben mehr Zeit in Anspruch nehmen, als sie verdienen, und dadurch „Zeitfresser" sind.

Beispiel: Sie organisieren einen Museumsbesuch und prüfen, ob jeder Schüler bezahlt hat. Dann ermahnen Sie die Ausreißer und kontrollieren die Summe.

D-Aufgaben

Weder wichtig noch dringlich: Das sind Aufgaben, bei denen es eigentlich gleichgültig ist, ob sie erledigt werden. Diese Aufgaben gehören am besten auf den Kompost oder in den Papierkorb. Bitte sofort in die blaue Tonne.

Beispiel: Sie bekommen Prospekte und Flyer für einen Schüleraustausch oder eine Zusatzrente. Beides ist für Sie ohne Relevanz.

A-Aufgaben	B-Aufgaben
wichtig und dringlich	wichtig, aber nicht dringlich
Diese Aufgaben erledigen Sie sofort.	Für diese Aufgaben erstellen Sie einen Zeitplan, bis wann Sie sie erledigen werden.
C-Aufgaben	D-Aufgaben
dringlich, aber nicht wichtig	weder wichtig noch dringlich
Bei diesen Aufgaben planen Sie eine effiziente Organisation ohne belastende Faktoren.	Diese Aufgaben müssen Sie nicht erledigen. Prüfen Sie, welche Aufgaben darunter fallen.

Die Schwierigkeit, die sich anfangs im Umgang mit dem Raster ergibt, ist, die Bedeutsamkeit der Aufgaben zu erkennen. Die Beispiele oben helfen Ihnen dabei weiter. A-Aufgaben haben absolute Priorität und damit sollten Sie starten. Insbesondere für Berufsanfänger besteht die Gefahr, einen hohen Zeitanteil für C- und D-Aufgaben zu verwenden. Allerdings wird Ihnen mit der Zeit die sichere Zuordnung immer besser gelingen. Ihnen empfehle ich daher, dieses Muster auf einem DIN-A4-Blatt täglich zu verwenden. Wenn Sie die Matrix nur gelegentlich nutzen, verlieren Sie leicht den Überblick.

Übung:
1. Notieren Sie auf einer Seite die Aufgaben, die kurz- und mittelfristig von Ihnen innerhalb eines Monats zu erledigen sind. Vielleicht nutzen Sie dafür eine sogenannte To-do-Liste.
2. Markieren Sie auf dieser Liste, ob es sich um eine A-, B-, C- oder D-Aufgabe handelt.
3. Nehmen Sie eine Matrix und übertragen Sie die Aufgaben.
4. Jetzt erledigen Sie zuerst die wichtigen und dringlichen.
5. Nach ein paar Tagen: Schätzen Sie ein, wie viel Prozent Ihrer Arbeitszeit Sie für die einzelnen Bereiche verwendet haben. Denken Sie an Pareto zurück!
6. Überlegen Sie in Ruhe, was Sie tun können, um ausreichend Zeit für die A- und B-Aufgaben zu haben und mit den anderen gelassener umzugehen.

24.3 Fragebogen zum Umgang mit Zeit

Kreuzen Sie zügig an:

	trifft zu	trifft teilweise zu	trifft nicht zu
Ich habe genug Zeit, meine Aufgaben zu erledigen.			
Meine Zeitplanung halte ich ein.			
Meinen Terminkalender aktualisiere ich täglich.			
Meine Aufgaben erledige ich nach Wichtigkeit.			
Mein Schreibtisch ist aufgeräumt.			
Ich plane meine Aufgaben schriftlich.			
Mir ist klar, welche Aufgaben wichtig und dringlich sind.			
Ich habe keine unerledigten Aufgaben, die mich belasten.			
Wenn ich arbeite, lasse ich mich nicht ablenken.			
Ich verzichte nicht auf Erholung und Entspannung.			

Sind Sie mit Ihrer Auswertung zufrieden? Das ist erfreulich.

Falls das nicht der Fall ist und Sie mehrfach „trifft nicht zu" angekreuzt haben, ändern Sie Ihre Strategie. Welche negativen Einschätzungen wollen Sie sukzessive verändern? Wie überprüfen Sie die Schritte? Hilfreich für eine Neujustierung ist jemand an Ihrer Seite, dem Sie vertrauen und der Ihre Arbeitssituation einschätzen kann.

Achten Sie darauf, nicht Ihre gesamte verfügbare Zeit zu verplanen. Es gibt so viel Unvorhergesehenes, mit dem Sie nicht rechnen. Es genügt, wenn Sie

circa 60 % Ihrer Zeit in einer Matrix notieren. Sollten Sie für den zukünftigen Arbeitstag also acht Stunden verfügbare Zeit haben, verplanen Sie nur fünf.
Und vergessen Sie nicht: Es muss nicht alles perfekt sein.

24.4 Zeit zum Lernen für Schülerinnen und Schüler

Viele Schülerinnen und Schüler klagen über fehlende Zeit, weil sie schlecht organisiert sind.

Zudem ist ihr Alltag oft prall gefüllt: Da sind die Hausaufgaben, die Nachhilfe in Englisch, die Vorbereitung auf den nächsten Test etc. Oft bleibt für private Hobbys, für Fußball, Tennis oder Kino gar keine Zeit mehr übrig. Helfen Sie Ihren Schülern bei der richtigen Zeitplanung und Organisation. Schon Grundschüler sind in der Lage, einen Terminkalender zu führen, und alle benötigen ein Hausaufgabenheft. Im Terminkalender sind die Termine der Klassenarbeiten und Tests notiert und der Schüler sieht, wann er das Referat in Deutsch zu halten hat und wann der Vokabeltest in Französisch vorgesehen ist. Eine verlässliche Übersicht bringt eine Struktur in das Schulleben und ermöglicht das rechtzeitige Vorbereiten auf Überprüfungen. Der Vokabeltest, der erst in der Fünf-Minuten-Pause vorbereitet wird, nützt dem nachhaltigen Lernen wenig.

Bei älteren Schülern kann auch das Eisenhower-Prinzip helfen, um eine Struktur in den Schulalltag zu bringen. Damit lernen Schülerinnen und Schüler gleichzeitig, mehr Verantwortung für ihr eigenes Lernen zu übernehmen.

Beispiel-Wochenplan

23.11.2020 bis 29.11.2020

	wichtig	weniger wichtig
Montag		
Dienstag		
Mittwoch		
Donnerstag		

	wichtig	weniger wichtig
Freitag		
Samstag		

In den meisten Schulen ist der Alltag durch Hektik, Lärm und Unruhe gekennzeichnet. Schüler und Lehrer sind davon gleichermaßen betroffen. Kann es trotzdem gelingen, den Schülern mehr Zeit beim Lernen zu schenken?

Beim Unterrichten führt der immer noch übliche 45-Minuten-Takt zu mehr Nachteilen als Vorteilen. Innerhalb kurzer Zeit müssen sich Schüler auf einen neuen Stoff, auf einen anderen Lehrer und vielleicht auf einen neuen Unterrichtsraum einstellen. Zudem zeigen Beobachtungen, dass in 45-Minuten-Stunden die Phasen zum Konsolidieren, zum Üben und zur Reflexion vernachlässigt werden.

Immer mehr Schulen bevorzugen für das Unterrichten die 60-Minuten-Unterrichtsstunde. Anders als beim 90-Minuten-Modell findet dabei auch in den sogenannten Kurzfächern zweimal in der Woche Unterricht statt. Dadurch ist er im Vergleich zu den großen Zeitblöcken spürbar wirksamer. Vielleicht regen Sie eine Diskussion über die Rhythmen der Unterrichtszeiten an Ihrer Schule an.

Nachhaltiges Lernen braucht Zeit. Schüler brauchen im Unterricht Phasen der Stille, Zeit zum Nachdenken und – damit sie selbstständig lernen können – auch Freiräume. Früher hat man dafür das Wort Muße verwendet. Sie können mit Ihrer Unterrichtsgestaltung ein wenig dazu beitragen, wenn Sie für die Schüler eine lernförderliche Atmosphäre schaffen, in der sie ausreichend Zeit beim Lernen haben. Sorgen Sie für …
- mehr Ruhe im Unterricht,
- Entschleunigung,
- einen angenehm gestalteten Klassenraum,
- anregende Unterrichtsmaterialien,
- Transparenz bei Ihren Zeitvorgaben,
- eine gute Arbeitsatmosphäre,
- Feedback und Evaluation und
- ruhige Gespräche mit einzelnen Schülern und der Klasse.
- Nehmen Sie sich Zeit!

24.5 Zeit zum Träumen

*„Nimm dir Zeit zum Träumen
das ist der richtige Weg zu den Sternen.
Nimm dir Zeit zum Nachdenken,
das ist die Quelle der Klarheit
Nimm dir Zeit zum Lachen
das ist die Musik der Seele
Nimm dir Zeit zum Leben
das ist der Reichtum des Lebens
Nimm dir Zeit zum Freundlichsein,
das ist das Tor zum Glück."*

Verfasser: Unbekannt

Hinweis: Sind Sie an einem akademischen Austausch zum Thema Zeit interessiert? Dann finden Sie geistreiche Anregungen bei dem „Verein zur Verzögerung der Zeit" in Klagenfurt.

25. Ein Kanon für junge Lehrer

Sie finden im folgenden Abschnitt einen Text, der für junge Lehrer und Lehrerinnen verfasst worden ist und Empfehlungen für das Lehrerverhalten in den ersten Berufsjahren bietet. Betrachten Sie den Text mit einem leichten Augenzwinkern.

Vademecum für junge Lehrer – 1909 verfasst

Gottlieb Leuchtenberger war Direktor eines preußischen Gymnasiums und hatte 1889 in einer Direktorenkonferenz die Aufgabe bekommen, Grundregeln für junge Lehrer zu verfassen. Seine Arbeit, die Sie nachfolgend lesen können, hat viel Anerkennung gefunden. Sie wurde 1909 mit dem Titel „Vademecum für junge Lehrer" publiziert.

Erst 1982 wurde sie wiedergefunden und – in leicht veränderter Schreibweise – veröffentlicht.

Die Frankfurter Allgemeine Sonntagszeitung hat den Text am 05.09.2004 veröffentlicht und mit dieser Bemerkung versehen.

„Weil wir sie für nachdenkenswerter als vieles halten, was junge Lehrer an erziehungswissenschaftlichen und didaktischen Ratschlägen bekommen ..."

Der Kanon

1.	Gehe nie in eine Stunde ohne Vorbereitung!
2.	Vergegenwärtige dir erstens, was du zunächst zu wiederholen und welche häusliche Aufgabe du zu kontrollieren hast!
3.	Sodann überschaue, sichte und ordne den Stoff, den du neu darbieten, klar machen und entweder einüben oder dem Gedächtnis der Schüler aneignen willst, und zerlege ihn in die Abschnitte (kleine Einheiten), in denen du ihn der Klasse glaubst am besten bieten zu können!
4.	Dabei hast du dich einerseits an das eingeführte Lehrbuch anzuschließen, andererseits aber dich so zum freien Herrn über den Stoff und seine Anordnung zu machen, dass du bei der Durchnahme in der Klasse das Lehrbuch ganz und gar entbehren kannst.
5.	Auch die Beispiele, die du zur Veranschaulichung und zur ersten Einübung nötig hast, musst du schon zu Hause auswählen oder dir selbst bilden und sie dir so aneignen, dass du im Unterricht frei über sie verfügst.
6.	Sei darauf bedacht, das Neue, das du darbieten willst, mit dem in Verbindung zu bringen, was die Schüler schon wissen!
7.	Bei dieser ganzen Vorbereitung kontrollierst du dich am besten, indem du dir Stoff, Lehrgang, Beispiele, wenn auch nur kurz und andeutungsweise, schriftlich vorzeichnest.

8.	Nach jeder Stunde gib dir genau Rechenschaft von dem Gang, den die Stunde genommen hatte!
9.	Die Unterrichtsstunde hast du gleich nach dem Glockenzeichen zu beginnen und gleich nach dem Glockenzeichen zu schließen.
10.	Fange den Unterricht nicht an, bis alle Schüler grade sitzen!
11.	Bei allem Reden der Schüler halte auf Vernehmlichkeit und Deutlichkeit und vergewissere dich, wenn du zweifelhaft bist, ob man den Sprecher auch am äußersten Ende verstanden hat!
12.	Kommt es (wie bei den Sprachen und der Mathematik) mehr auf ein Können an, so übe sicher ein, teils an Beispielen, die du selbst geboten, teils nach dem etwa eingeführten Hilfsbuch!
13.	Die Regel, die du einüben willst, sprich zunächst aus! Dann lass sie sofort in einem Beispiel erscheinen, das du sagst und an die Tafel schreibst! An dem Beispiel verdeutlichst du dann die Regel. Nun lass sie auch von den Schülern aus dem Beispiel aufstellen! Füge ein zweites und drittes Beispiel hinzu, bis die Schüler die Regel wirklich verstanden haben! Gehe nicht eher weiter, als bis die Schüler in der Anwendung der Regel wirklich Sicherheit haben!
14.	Vermeide Abschweifungen und bleibe streng bei der Sache! Wo aber Erkenntnisse, welche die Schüler auf anderen Gebieten schon gewonnen haben, dienen können zur Verdeutlichung dessen, was du klar machen willst, benutze sie und schließe so das Neue an schon Bekanntes an!
15.	Wo du irgend Gelegenheit hast, unterstütze das, was du sagst, durch das, was du zeigst: Karten, Bilder, Modelle und dgl.; vor allem aber die Schultafeln sind dazu da.
16.	Deine Fragen sind an alle Schüler gestellt. Darum mache nach jeder eine kurze Pause; dann erst rufe den Einzelnen auf, der deine Frage beantworten soll!
17.	In jeder Stunde muss möglichst jeder Schüler gefragt werden oder irgendwie „drankommen". Es ist ein großer Fehler, 10 Schülern je 5 Fragen zu geben und 30 Schülern gar keine.
18.	Lehre und frage nicht auf einen Einzelnen los, indes du die anderen unbeschäftigt lässt!
19.	Fürchte dich nicht vor der kleinen Pause, die entsteht, bis du die nächste Frage stellst: Sie will doch überlegt sein, und Überlegung kostet eben Zeit.
20.	Lerne gut fragen: deine Frage sei inhaltlich klar, formell kurz und grammatisch richtig, d. h. so gebaut, dass das Fragewort an richtiger Stelle steht! Merkst du, dass eine Frage nicht gut war, so stelle, ehe du zur Antwort aufforderst, eine besser gebaute, klarere, kürzere, wohl auch statt einer inkorrekten, unklaren, zusammengesetzten, drei korrekte, klare, kurze, einfache!
21.	An Fragen, auf die nur ein Ja oder Nein folgen soll oder kann, gewöhne dich nicht!
22.	Frage nie: „Verstanden?" – Solltest du es doch tun, so wird der Zuhörende wissen, dass du selbst sicher bist, man habe dich nicht verstanden.
23.	Unterbrich den Schüler nicht beim ersten halben oder schiefen Ausdruck, sondern lass ihn seinen Satz beenden, und wenn er mehrere Sätze zu sagen hat, so lass ihn diese alle beenden, ehe du verbessern oder ergänzen lässt!
24.	Spaziere nicht in der Klasse umher, sondern wähle einen festen Standort, von welchem alle Schüler dich und du alle Schüler sehen kannst! Das wird gewöhnlich ein Platz in der Nähe des Katheders sein.
25.	Zeige dich deinen Schülern gegenüber stets als gebildeten Mann! Lass dich ihnen gegenüber ja nicht in vulgären Redensarten gehen!
26.	Unterlass alle Bemerkungen über Berufsstellung, Stand, Schicksale des Vaters oder der Mutter eines Schülers!

27.	Habe keine Lieblinge und möge keinen „nicht leiden"!
28.	Immer umfasse und halte mit dem Blick alle Schüler, aber ohne unstet die Augen umherzuwerfen! Dazu gehört Gespanntheit bei innerer und äußerer Ruhe und Gehaltenheit.
29.	Sei immer eingedenk, dass du nicht deine Redefertigkeit zeigen, sondern deinen Schülern die Zunge lösen sollst!
30.	Lächerlich wäre es, wenn du Schülern der unteren und mittleren Klassen mit Gelehrsamkeit imponieren wolltest.
31.	Wolle nicht dich zur Geltung bringen, sondern die Sache!
32.	Sage es dir täglich, dass du der Schüler wegen da bist, nicht diese deinetwegen!
33.	Läuft dir im Unterricht oder in der Korrektur ein Irrtum unter, so beweise den Schülern, dass die Wahrheit auch über dir steht!
34.	Erwecke Interesse, und du braucht wenig besondere Mittel der Disziplin im Unterricht.
35.	Wenn die Aufmerksamkeit matt werden will, desgleichen, wenn etwas besonders Wichtiges als solches bezeichnet oder eingeprägt werden soll, ist auch das Chorsprechen zu empfehlen.
36.	Rechne nicht auf schnellen Erfolg! Werde nicht missmutig, ungeduldig, verzagt! Suche den Grund mangelnder Erfolge immer zum großen Teil auch bei dir!
37.	Brich nicht so leicht den Stab über einen Schüler!
38.	Hast du in der Stunde Veranlassung zur Unzufriedenheit mit einem Schüler, so werden nicht gleich aufgebracht: Er ist je ein Kind. Schau ihn an, dass er merkt, was du willst, und weiter tue zunächst nichts! Merkt er's nicht, so halt ein wenig im Fragen oder im Vortrag inne und lass den Blick auf ihm ruhen! Hilft auch das nicht oder hält es nicht vor, so musst du freilich das tadelnde Wort anwenden.
39.	Aber nur nicht schimpfen! Auch keine Moralpredigt! Auch keine Ironie, keinen Spott!
40.	Versuche es, in den Unterrichtsstunden überhaupt ohne Strafen durchzukommen! Du wirst sehen: Wenn du wirklich nicht das deine, sondern das, was des Schülers ist, suchst, es geht.
41.	Komm nicht immer wieder auf einen bestraften Fehler zurück und trage nicht nach!
42.	Die häusliche Aufgabe stelle den Schülern nicht erst mit dem Glockenschlage, und sorge dafür, dass jeder sie sich richtig in sein Aufgabenbuch schreibt!
43.	Bedenke, dass außer dir noch andere Leute da sind, die an die Zeit und Kraft der Schüler mit ihren häuslichen Aufgaben Anforderungen stellen!
44.	Hast du Arbeiten im Fache Deutsch zu korrigieren, so lass stehen, was nicht geradezu falsch ist, und zeige, dass du weißt, du habest den Aufsatz eines Schülers vor dir!
45.	Klassenarbeiten müssen aufs sorgsamste mit den Schülern vorbereitet sein, dürfen nicht Regeln unnatürlich gehäuft bieten und müssen kurz genug sein, um mit Ruhe und Sammlung angefertigt werden zu können.
46.	Verhüte das Abschreiben durch stete Aufmerksamkeit! Finden sich Übereinstimmungen, die darauf schließen lassen, es habe einer vom andern abgeschrieben, so trägst du die Hauptschuld.

Quelle: Frankfurter Allgemeine Sonntagszeitung, 5.9.2004

25.1 Reflexionsaufgabe

- Was fällt Ihnen beim Lesen dieses Textes auf? Achten Sie dabei nicht auf manche verstaubten Wörter oder auf die direkte Anrede, sondern auf den Inhalt. Sind nicht manche Ratschläge heute genauso aktuell wie vor mehr als 110 Jahren?
- Vergleichen Sie den alten Kanon von 1909 mit den Ausführungen in Kapitel 2 über den Lehrerberuf. Welche Gemeinsamkeiten erkennen Sie und welche Unterschiede fallen Ihnen auf?

Nachwort

Wir schreiben das Jahr 2030.

Die Sommerferien haben begonnen. Sie sitzen in einem Eiscafé, genießen die Sonne und den Cappuccino, der vor Ihnen auf dem Bistrotisch steht. Ihre Erinnerungen gehen zurück auf das Jahr 2020.

Sie erinnern sich an die ersten Tage in der Schule, an Ihren Neustart als Lehrer für Mathematik und Sport. Ihnen wird die Anspannung wieder bewusst, als Sie Ihre erste Unterrichtsstunde in einer 7. Klasse gehalten haben. Bruchrechnen stand auf dem Stundenplan. Sogar einzelne Schüler haben Sie vor Augen. Marvin, der überhaupt nicht aufgepasst hat, oder Simon, der immer mit Zwischenrufen störte. Sie denken daran, wie unzufrieden Sie mit Ihrer ersten Stunde waren und wie sehr Sie sich damals Unterstützung gewünscht haben.

Die Aufmunterungen aus dem Kollegium „Das wird schon!" haben sie als nicht wirklich hilfreich empfunden.

Der Überforderung, die Sie in diesen ersten Schulwochen empfunden haben, wird Ihnen wieder bewusst. Ihre Zweifel, ob der Schritt in den Lehrerberuf überhaupt der richtige war. Die schlaflosen Nächte, das Unwohlsein, wenn Sie an bevorstehende Unterrichtsstunden dachten, und die Sorge, Wichtiges vergessen zu können.

Zum Glück hat Ihnen damals wenigstens eine Referendarin zur Seite gestanden. Sie hat Ihnen viele Stunden zugehört und immer Verständnis für Ihre Zweifel gehabt. Ihr verdanken Sie viele Anregungen für den Unterricht, aber auch für den menschlichen Umgang mit Ihren Schülern. Von ihr haben Sie gelernt, hinter die Kulissen zu sehen. So wie bei dem Schüler aus einer 9. Klasse, dem es damals so gut gelang, Sie zu provozieren. Allein durch seine Körperhaltung konnte er Sie innerlich zum Schäumen bringen. Ihnen ist es damals sehr schwergefallen, ihn nicht anzuschreien und kurzerhand einfach hinauszuwerfen.

Erst später haben Sie gespürt, dass Daniel Sie nicht nur provozieren wollte, sondern vielmehr durch sein auffälliges Verhalten Ihre Aufmerksamkeit suchte. In einem Vier-Augen-Gespräch, in dem Sie eigentlich sein Fehlverhalten ansprechen wollten, haben Sie ihn mit Ihren einfühlsamen Fragen soweit erreicht, dass er Ihnen sein Herz ausschüttete und von familiären Problemen erzählte. Sie konnten ihm helfen, indem Sie mit seinen Eltern sprachen. Daniel hat sich später in der 10. Klasse zu einem Ihrer zuverlässigsten Schüler entwickelt.

Das war Ihr Verdienst und Ihr erster pädagogischer Erfolg!

Vielleicht erinnern Sie sich auch noch an die Schulleiterin von damals, die für Sie ein richtiges Vorbild gewesen ist. Sie schätzten ihre natürliche Autorität. Oder mochten Sie, dass sie immer präsent, freundlich und gelassen war? Hat Sie ihr Umgang mit den Eltern beeindruckt? Oder die Art, wie sie das Kollegium zusammenhielt? Vermutlich sind es viele Wahrnehmungen, die Ihnen rückblickend durch den Kopf gehen und die Sie entscheidend auf dem Weg in den neuen Beruf vorangebracht haben.

Heute, zehn Jahre später, sehen Sie Ihre komplette Entwicklung. Gewachsen sind Sie an drei Komponenten:
1. Sie haben häufig die Möglichkeit genutzt, im Unterricht anderer Kolleginnen und Kollegen zu hospitieren. Besonders der Austausch mit erfahrenen Lehrkräften hat Ihnen geholfen, über den Umgang mit schwierigen Schülern und die Aktivierung der Klasse zu lernen.
2. Sie haben sich in den schwierigen Phasen, die Sie anfangs hatten, nicht hängen lassen. Gut, dass Sie über die Niederlagen reflektieren konnten und die Ursachen erforscht haben.
3. Sie haben an diversen Fortbildungsveranstaltungen teilgenommen, sich im Netz informiert, den Austausch mit anderen „Neulehrern" gesucht und geübt, die eigene Situation aus anderer Perspektive wahrzunehmen und das Unvorhergesehene in der Schule als Normalität zu erleben.

Heute sind Sie mit sich zufrieden. Sie haben einen anstrengenden, aber wunderschönen Beruf, den Sie nie mehr aufgeben möchten. Aber sie wissen auch, dass gutes Lehren nie Stillstand bedeutet, dass Weiterbildung nach wie vor wichtig ist, damit Ihre Schülerinnen und Schüler den Unterricht und die Lehrerpersönlichkeit bekommen, die sie verdienen und die ihnen den bestmöglichen Weg in die Zukunft ebnet. Als „alter Hase" unterrichten Sie mit Freude, Struktur und Gelassenheit.

Ausgewählte Quellen

Achour, Sabine u. a. (2020) (Hg.): Methodentraining für den Politikunterricht (Neuauflage), Frankfurt/M.

Berliner Morgenpost: Traumlehrer – Jugendliche sagen, was wichtig ist; 9.3.2009.

Borsch, Frank (2018): Kooperatives Lernen, Stuttgart

Bugis 2019 (Arbeitsschutz und Gesundheitsmanagement in Schulen und Studienseminaren), Hannover

Camus, Albert (1995): Kleine Prosa, Hamburg

Dorlöchter (2006): pädagogik-unterricht, Paderborn

Eichhorn, Christoph (2015): Classroom-Management, Stuttgart.

Fadel, Charles (2015): Die vier Dimensionen der Bildung, Hamburg.

GEW NRW (2011) (Hg.): Frischer Wind in den Köpfen. (Sonderdruck), Bochum.

Göppel, Rolf (2014): Gehirn, Psyche, Bildung, Stuttgart.

Hagemann, Wolfgang (2009): Burnout bei Lehrern, München

Hattie, John (2015): Lernen sichtbar machen, Hohengehren.

Heimann, Paul (1997): Unterricht, Analyse und Planung, Braunschweig.

Helmke, A. (2007). Einblick in die Lehr-Lern-Situation. In T. Riecke-Baulecke (Hg.): Schulleitung-Plus. Schule und Unterricht erfolgreich gestalten (S. 88–101/208–209). München: Oldenbourg.

Helmke, Andreas (2012): Unterrichtsqualität und Lehrerprofessionalität, Seelze.

Ilien, Albert (2005): Lehrerprofession, Wiesbaden

Jank/Meyer (2002): Didaktische Modelle, Berlin

Jank, W./Meyer, H (2005): Didaktische Modelle. 7. Aufl., Berlin: Cornelsen Verlag.

Keck, Rudolf (2001): Erziehungspartnerschaft zwischen Elternhaus und Schule,?

Klein-Landeck, Michael (2010): Unterrichtsentwicklung mit Erfolg, Berlin

Kleist von, Heinrich (1805): Über die allmähliche Verfertigung der Gedanken beim Reden, Frankfurt/M.

Kliebisch, Udo (2018): Kompetenztraining, Hohengehren

Klippert, Heinz (2012): Heterogenität im Klassenzimmer, Weinheim

Korte, Martin (2017): Wir sind Gedächtnis, München

Krause, Christina (2012): Gesundheitsressourcen erkennen und fördern, Göttingen

Kretschmann, Rudolf (2001): Stressmanagement für Lehrerinnen und Lehrer, Weinheim

Leuchtenberger, Gottlieb (1909): Vademecum für junge Lehrer, Paderborn

Lohmann, Gerd (2007): Mit Schülern klarkommen, Berlin

Meyer, Hilbert (2016): Was ist guter Unterricht?, Berlin

Müller, Eric (2016): Politik und Co. Hamburg, Bamberg

Müller, Frank (2012): Differenzierung in heterogenen Lerngruppen, Schwalbach/Ts.

Müller, Frank (2014a): Methodenbuch Differenzierung, Schwalbach/Ts.

Müller, Frank (2014b): Ideenpool Differenzierung, Schwalbach/Ts.

Omer, Haim (2015): Autorität durch Beziehung, Göttingen

Reusser, Kurt (1993): Verstehen lernen und lehren, Bern

Riedl, Alfred (2010): Grundlagen der Didaktik, Stuttgart

Schlee, Jörg (2014): Schulentwicklung gescheitert, Stuttgart

Scrivener, Jim (2012): Classroom Management, Cambridge

Städeli, Christoph (2013): Klassenführung, Bern

Städeli, Christoph (2013): Kompetenzorientiert unterrichten – das AVIVA-Modell, Bern

Steffen, Ulrich (2014): Lernen nach Hattie: Wie gelingt guter Unterricht?, Weinheim

Weinert (2001): Leistungsmessungen in Schulen, Weinheim

Weinert, Franz E. (2014): Leistungsmessungen in Schulen, Weinheim

Winter, Dr. Felix (2012): Leistungsbewertung, Hohengehren

Winterhoff, Michael (2019): Deutschland verdummt, Gütersloh

Frank Müller

Methodenbuch Differenzierung
Alltäglicher Umgang mit Heterogenität 1

Unterricht differenziert zu gestalten, ist eine der wesentlichen Forderungen, die heutzutage an Lehrkräfte gerichtet werden. Das Methodenbuch und die dazugehörige CD bieten praktische Hilfen, Beispiele und Vorlagen sowie Methoden, die sofort im Unterricht umgesetzt werden können.

Buch + CD: ISBN 978-3-95414-028-2, 160 S., € 32,00
PDF: ISBN 978-3-95414-108-1, € 19,99

Frank Müller

Ideenpool Differenzierung
Alltäglicher Umgang mit Heterogenität 2

Differenzierung, Umgang mit Heterogenität, individuelle Förderung – dieser praxisorientierte Grundschulband bietet nicht nur kurze Begriffsklärungen und theoretische Untermauerung, sondern auch einen randvollen Pool an handfesten Anregungen, Beispielen und Tipps.

Buch + CD: ISBN 978-3-95414-031-2, 192 S., € 32,00
PDF: ISBN 978-3-95414-109-8, € 19,99

Frank Müller

Differenzierung in heterogenen Lerngruppen
Praxisband für die Sekundarstufe I

Das Buch bitetet praktische Hilfen, alltaugstaugliche Beispiele und viele hilfreiche Vorlagen, um in allen Fächern der Klassenstufen 5-10 mit schnellen und einfachen Mitteln einen differenzierten Unterricht zu gestalten.

Buch + CD: ISBN 978-3-95414-003-9, 200 S., € 34,80
PDF: ISBN 978-3-95414-057-2, € 21,90

Eschborner Landstr. 42-50, 60489 Frankfurt/M.
Tel.: 069/7880772-0, Fax: 069/7880772-25
info@debus-paedagogik.de
www.debus-paedagogik.de

Heterogenität im Klassenzimmer

Methoden, Bespiele und Übungen zur Menschenrechtsbildung

Fühlen Sie sich als Pädagogin oder Pädagoge auch wenig vorbereitet auf die „Pluralität im Klassenzimmer"? Nehmen Sie verstärkt diskriminierendes, gewaltförmiges Geschehen in Ihrer Lerngruppe wahr? Sind Sie mit antisemitischen, islamfeindlichen und antihomosexuellen Verhaltensweisen konfrontiert und tun Sie sich schwer damit, das Geschehen einzuordnen und entsprechende Handlungsoptionen zu entwickeln?

In diesem Buch werden Ideen und Erfahrungen präsentiert, wie eine Auseinandersetzung mit Heterogenität im Klassenzimmer aussehen kann. Die Autoren reflektieren Alltagssituationen im pädagogischen Raum, strukturieren diese und entwickeln Handlungsoptionen für Ihren (Schul)Alltag. Die theoriegeleiteten Analysen der pädagogischen Praxis sind mit zahlreichen methodischen Anregungen gespickt und bieten erprobte Handlungsempfehlungen aus der Praxis für Ihre Praxis.

ISBN 978-3-95414-041-1, 208 Seiten, € 22,80
PDF: ISBN 978-3-95414-110-4, € 17,99

Die Autoren

Christa Kaletsch
M.A., Fachjournalismus Geschichte, Trainerin, Beraterin und Programmentwicklerin in den Bereichen konstruktive Konfliktbearbeitung, Mediation, Partizipation und Zivilcourage.

Stefan Rech
M.A., Kulturanthropologe, Mediator und Dialogprozessbegleiter. Seit 15 Jahren freier Trainer, Konzeptentwickler und Berater für Demokratiepädagogik in der schulischen und außerschulischen Bildungsarbeit.

Eschborner Landstr. 42-50, 60489 Frankfurt/M.
Tel.: 069/7880772-0, Fax: 069/7880772-25
info@debus-paedagogik.de
www.debus-paedagogik.de

Hans Brügelmann, Annemarie von der Groeben, Hilbert Meyer, Renate Nietzschmann, Susanne Thurn

Bildung gegen Spaltung
Eine Streitschrift

Mehr Bildungsgerechtigkeit ist in unserer Gesellschaft Konsens. Aber wir kommen diesem Ziel nicht näher. Mit zunehmender Spaltung der Gesellschaft wächst sogar die Ungleichheit der Bildungschancen. Eine gründliche Neuorientierung tut not. Dafür entwickeln die Autor*innen das Konzept einer Schule ohne Aussonderung. Sie beschreiben, was schief läuft, aber auch, was in den „Bildungskoffer" gehört, den alle Kinder am Ende der KiTa-Zeit erworben haben und den später alle Jugendlichen beim Verlassen der Regelschule in ihr zukünftiges Leben mitnehmen sollten. Die Autor*innen sagen, welche Standards für Bildungsgerechtigkeit als Richtschnur der notwendigen Entwicklungsarbeit dienen können, und beschreiben, wie die „Traumschule" aussieht, in die alle gerne gehen und die den Schüler*innen und Pädagog*innen zur Heimat wird.

ISBN 978-3-95414-169-2, 176 Seiten, € 22,90
PDF: ISBN 978-3-95414-170-8, € 20,99

ISBN 978-3-95414-164-7, 184 Seiten, € 22,90

ISBN 978-3-95414-106-7, 112 Seiten, € 14,90

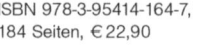

Eschborner Landstr. 42-50, 60489 Frankfurt/M.
Tel.: 069/7880772-0, Fax: 069/7880772-25
info@debus-paedagogik.de
www.debus-paedagogik.de